城乡特困人员救助供养调查研究报告

王杰秀　主编

中国社会科学出版社

图书在版编目（CIP）数据

城乡特困人员救助供养调查研究报告 / 王杰秀主编 . —北京：中国社会科学出版社，2020.7
ISBN 978-7-5203-6717-2

Ⅰ.①城… Ⅱ.①王… Ⅲ.①贫困—社会救济—研究报告—中国 Ⅳ.①D632.1

中国版本图书馆 CIP 数据核字（2020）第 113302 号

出 版 人	赵剑英
责任编辑	王莎莎
责任校对	张爱华
责任印制	张雪娇

出　　版	中国社会科学出版社
社　　址	北京鼓楼西大街甲 158 号
邮　　编	100720
网　　址	http://www.csspw.cn
发 行 部	010-84083685
门 市 部	010-84029450
经　　销	新华书店及其他书店
印　　刷	北京君升印刷有限公司
装　　订	廊坊市广阳区广增装订厂
版　　次	2020 年 7 月第 1 版
印　　次	2020 年 7 月第 1 次印刷
开　　本	710×1000　1/16
印　　张	22.5
插　　页	2
字　　数	323 千字
定　　价	138.00 元

凡购买中国社会科学出版社图书，如有质量问题请与本社营销中心联系调换
电话：010-84083683
版权所有　侵权必究

编委会

主　　编：王杰秀

副主编：赵　曼　付长良

成　　员：（按姓氏拼音排序）

　　　　　安　超　鲍莹莹　陈　宇　陈雨涵　程翔宇
　　　　　代刘邹　甘丹丽　葛艳艳　何　凡　胡晓蔓
　　　　　江治强　李　莼　李　想　李亚琪　李　真
　　　　　刘振杰　汪李娜　王诗洁　王轶群　姚　琛
　　　　　张　静

项目组织：张　静　江治强　刘振杰　安　超

目　录

总报告　城乡特困供养制度运行调查报告 ……………（1）
　　第一节　制度背景 …………………………………………（1）
　　第二节　调查基本情况 ……………………………………（10）
　　第三节　调查结论 …………………………………………（15）
　　第四节　制度展望 …………………………………………（23）

分报告一　特困人员认定管理研究报告 ……………………（30）
　　第一节　特困人员认定政策解读 …………………………（30）
　　第二节　特困人员认定条件合规性分析 …………………（35）
　　第三节　特困人员认定管理分析 …………………………（51）
　　第四节　总结与讨论 ………………………………………（71）

分报告二　特困人员生活状况研究报告 ……………………（77）
　　第一节　特困人员生活保障政策解读 ……………………（77）
　　第二节　分散供养特困人员生活状况分析 ………………（81）
　　第三节　集中供养特困人员生活状况分析 ………………（122）
　　第四节　总结与讨论 ………………………………………（156）

分报告三　特困人员健康状况研究报告 ……………………（164）
　　第一节　特困人员健康保障政策解读 ……………………（164）
　　第二节　分散供养特困人员健康状况分析 ………………（167）

第三节　集中供养特困人员健康状况分析 …………（194）
  第四节　总结与讨论 ………………………………（219）

分报告四　特困人员照护服务状况研究报告 ……………（227）
  第一节　特困人员照护保障政策解读 ……………（227）
  第二节　分散供养特困人员照护服务状况分析 …（232）
  第三节　集中供养特困人员照护服务状况分析 …（249）
  第四节　总结与讨论 ………………………………（262）

分报告五　特困供养机构运行状况研究报告 ……………（268）
  第一节　特困供养机构政策解读 …………………（268）
  第二节　特困供养机构基本状况分析 ……………（271）
  第三节　总结与讨论 ………………………………（321）

附录　调查问卷 ……………………………………………（331）

参考文献 ……………………………………………………（350）

后　记 ………………………………………………………（353）

总报告　城乡特困供养制度运行调查报告

"城乡特困人员调查"项目于 2018 年 6 月正式启动。该调查项目是民政部政策研究中心主持的重大项目——"托底性民生保障政策支持系统建设"的子项目之一,旨在通过实地调查和微观研究,深入了解我国城乡特困人员的生活现状和保障情况,分析评估特困人员民生兜底保障需求及特困供养制度的政策执行绩效,为进一步完善该项具体制度和整个社会救助制度体系提供决策支持。

本调查项目的执行情况是:2018 年 6 月至 8 月之间,由来自 10 所高校[①]的师生所组成的调查团队分别在 9 省(直辖市)11 个地市,同步组织开展实地调查。调查采取多阶段抽样和简单随机抽样的方法抽取样本。调查形式包括问卷调查、深度访谈、现场观察和电话回访。

第一节　制度背景

一　托底性民生保障

现实社会中,总会存在因各种原因"走在最后的一部分人"。这部分人属于习近平总书记提出的"三个聚焦"中的"聚焦特殊群

---

① 10 所高校分别是:东部地区的吉林大学、济南大学、南京师范大学、福建师范大学;中部地区的中南财经政法大学、信阳师范学院;西部地区的四川大学、重庆大学、西安交通大学和四川理工学院。

体"。"托底"保障是《中华人民共和国宪法》所规定的生存权保障的实现形式。党和政府历来强调"保基本、托底线、救急难"。早在2013年经济工作会议上，习近平总书记就提出"坚持宏观政策要稳、微观政策要活、社会政策要托底，努力实现三者有机统一"的精辟论断。"托底性民生保障"构成了社会保护的"最后一道防线"，借此实现了基本生活保障和基本社会服务的全民覆盖。这既是社会公平正义的重要体现和共享发展成果理念的具体实践，也是《中华人民共和国宪法》所规定的保障公民生存权的具体实现形式。

二 政策沿革

特困人员供养制度的雏形是农村五保供养制度。五保供养制度始建于1956年初，依托于集体经济，要求农业生产合作社"对于生活没有依靠的老、弱、孤、寡、残疾的社员，……保证年幼的受到教育和年老的死后安葬，使他们生养死葬都有依靠"。城市里面类似于农村五保对象的困难群体是"三无"人员。特困人员的称谓源自2014年2月21日以中华人民共和国国务院令第649号发布的《社会救助暂行办法》（以下简称《暂行办法》）。《暂行办法》作为我国第一部统筹各项社会救助制度的行政法规，首次用法规的形式将城市"三无"人员和农村"五保户"统称为"特困人员"。《暂行办法》共设置了13章70条。其中，特困人员供养与最低生活保障、受灾人员救助、医疗救助、教育救助、住房救助、就业救助和临时救助等制度并列，设专章予以规范。

《暂行办法》的实施，标志着我国托底性民生保障有了质的飞跃，得以在更高的制度平台上运行。首先，《暂行办法》以行政法规的形式编织了一张相对完整严密社会安全网，特困供养制度是这张社会安全网的网底。"兜底不破"，有效地保障了特困人员的基本生存权利和人格尊严。其次，《暂行办法》通过既定的行政程序，保障特困人员求助有门、受助及时，维护了社会稳定。处于民生保障"网底"的困难人群，当其生存状态恶化时，如果对其诉求回应不及时、保障力度不够，有可能转变为社会不稳定因素。

2016年2月，国务院印发了《关于进一步健全特困人员救助供养制度的意见》（国发〔2016〕14号），要求在全国进一步健全城乡统筹、制度完善、运行规范、与经济社会发展水平相适应的特困人员救助供养制度，提出了健全特困人员救助供养制度总体要求和基本原则，明确了制度内容、工作程序、保障措施等内容。随后，民政部、各省（自治区、直辖市）先后出台了相关配套政策。

2019年4月，国务院办公厅印发《关于推进养老服务发展的意见》（国办发〔2019〕5号），明确要求实施特困人员供养服务设施（敬老院）改造提升工程。2019年9月初，民政部、发展改革委、财政部印发《关于实施特困人员供养服务设施（敬老院）改造提升工程的意见》（民发〔2019〕80号），民政部、财政部、人力资源社会保障部印发《关于进一步加强特困人员供养服务设施（敬老院）管理有关工作的通知》（民发〔2019〕83号），分别从特困人员供养服务设施设备的"硬件"提升和管理服务的"软件"改善方面做出具体部署。

经过六十余年的发展，我国逐步形成了相对完善的特困人员供养制度体系。

表1　　　　　　　　特困人员救助供养政策梳理

发布时间	发文单位	文件名称
1956年6月	全国人民代表大会	高级农业生产合作社示范章程（1956年6月30日第一届全国人民代表大会第三次会议通过）
1958年12月	中国共产党第八届中央委员会第六次全体会议	关于人民公社若干问题的决议（1958年12月10日中国共产党第八届中央委员会第六次全体会议通过）
1960年4月	全国人民代表大会常务委员会	1956年到1967年全国农业发展纲要（主席令第15号）
1982年12月	民政部	关于开展农村五保户普查工作的通知（民〔1982〕农99号）
1994年1月	国务院	农村五保供养工作条例（国务院令第141号）

续表

发布时间	发文单位	文件名称
1996年8月	全国人民代表大会常务委员会	中华人民共和国老年人权益保障法（主席令第73号）
1997年3月	民政部	农村敬老院管理暂行办法（民政部令第1号）
2004年8月	民政部、财政部、国家发展和改革委员会	关于进一步做好农村五保供养工作的通知（民发〔2004〕145号）
2006年1月	国务院	农村五保供养工作条例（国务院令第456号）
2006年10月	中国共产党第十六届中央委员会	中共中央关于构建社会主义和谐社会若干重大问题的决定（中发〔2006〕19号）
2006年12月	民政部	关于印发《"农村五保供养服务设施建设霞光计划"实施方案》的通知（民发〔2006〕206号）
2008年10月	中国共产党第十七届中央委员会	中共中央关于推进农村改革发展若干重大问题的决定（中发〔2008〕16号）
2009年5月	中共中央办公厅、国务院办公厅	关于完善村级组织运转经费保障机制促进村级组织建设的意见（中办发〔2009〕21号）
2010年10月	民政部	农村五保供养服务机构管理办法（民政部令第37号）
2014年2月	国务院	社会救助暂行办法（国务院令第649号）
2016年2月	国务院	关于进一步健全特困人员救助供养制度的意见（国发〔2016〕14号）
2016年7月	民政部	关于贯彻落实《国务院关于进一步健全特困人员救助供养制度的意见》的通知（民发〔2016〕115号）
2016年10月	民政部	关于印发《特困人员认定办法》的通知（民发〔2016〕178号）
2017年2月	国务院	关于印发"十三五"国家老龄事业发展和养老体系建设规划的通知（国发〔2017〕13号）
2018年12月	全国人民代表大会常务委员会	中华人民共和国老年人权益保障法（2018修正）（主席令第24号）
2019年4月	国务院办公厅	关于推进养老服务发展的意见（国办发〔2019〕5号）
2019年8月	民政部、发展改革委、财政部	关于实施特困人员供养服务设施（敬老院）改造提升工程的意见（民发〔2019〕80号）
2019年9月	民政部、财政部、人力资源社会保障部	关于进一步加强特困人员供养服务设施（敬老院）管理有关工作的通知（民发〔2019〕83号）

三 制度结构

(一) 覆盖人群

特困人员主要覆盖特困老人、特困儿童和特困残疾人三个类别。政策层面的表述是"城乡老年人、残疾人以及未满16周岁的未成年人，同时具备以下条件的，应当依法纳入特困人员救助供养范围：(一) 无劳动能力；(二) 无生活来源；(三) 无法定赡养、抚养、扶养义务人或者其法定义务人无履行义务能力"。在现实中，三类特困群体多有重叠，如特困老人有可能是重度残疾人。

《2018年民政事业发展统计公报》数据显示，截至2018年底，全国共有农村特困人员455万人，比上年减少2.6%。全年支出农村特困人员救助供养资金306.9亿元。全国共有城市特困人员27.7万人，比上年增长9.1%。全年支出城市特困人员救助供养资金29.5亿元。[1] 还有一些徘徊在"三无"界定标准周边，由于某项条件差那么"一点"而没有统计在特困群体内的边缘特困群众。到底有多少，尚无确数，但是，绝大部分特困人员被纳入了"低保"范围。

特困老人。最初定义有"三不靠"老人或者"失依"老人[2]之说。"三不靠"指的是单位靠不上、子女靠不上和社会救济靠不上[3]。"三不靠"或"失依"是农村五保对象和城镇"三无"人员的生存状况的真实写照。

特困儿童。2013年6月，民政部在开展适度普惠型儿童福利制度建设的试点过程中，将儿童群体划分为孤儿、困境儿童、困境家庭儿童、普通儿童4个层次。同年11月，《中共中央关于全面深化改革若干重大问题的决定》(2013年11月12日中国共产党第十八届中央委

---

[1] 民政部：《2018年民政事业发展统计公报》。
[2] 郑杭生、李迎生：《全面建设小康社会与弱势群体的社会救助》，《中国人民大学学报》2003年第1期。
[3] 孙才坚、徐静罡、周裕智、吴国卿、仲伟安、宋佩秋、冯筱明：《上海市卢湾区社区特困老人医疗服务的社会救助研究》，《中华医院管理杂志》2000年第12期。

员会第三次全体会议通过）提出健全困境儿童分类保障制度。困境儿童包括因家庭贫困导致生活、就医、就学等困难的儿童，因自身残疾导致康复、照料、护理和社会融入等困难的儿童，以及因家庭监护缺失或监护不当遭受虐待、遗弃、意外伤害、不法侵害等导致人身安全受到威胁或侵害的儿童。事实上，孤儿、困境儿童以及困境家庭儿童都属于特困儿童，因其处于特殊困境和有特殊需求。

特困残疾人。特困残疾人既是困难残疾人又是重度残疾人（残疾等级为一级、二级）。重度残疾人贫困家庭难以脱贫的原因是医护支出大、家人受拖累，存在"照看一个、拖累一群、致贫一家"的恶性循环。

（二）制度架构

供养方式。供养方式分为集中供养和分散供养两种形式。涉及农村五保供养的工作条例有两部。《农村五保供养工作条例》（国务院令第141号，以下简称《旧条例》），其后有2006年1月11日国务院第121次常务会议通过并公布的《农村五保供养工作条例》（国务院令第456号，以下简称《新条例》）。在新旧两个农村五保供养的工作条例中，针对供养方式的规定是一致的。"五保"对象可自愿选择集中供养或分散供养。

供养内容。供养内容在基本一致中存在着地区差异。基本内容包括：为特困人员提供粮油、副食品、生活用燃料、服装、被褥等日常生活用品和零用钱等基本生活条件；对生活不能自理的特困人员给予日常生活和住院期间的必要照料；根据特困人员的身体状况，提供医疗救助；将特困人员纳入住房保障特殊群体范围；妥善办理丧葬事宜；对在义务教育阶段、高中、普通高等教育阶段就学的特困人员给予教育救助等。

供养水平。目前，特困供养金标准由省、自治区、直辖市或者设区的市级人民政府综合考虑地区、城乡差异等因素确定和公布，并根据当地经济社会发展水平和物价变化情况进行适时调整。特困供养金标准原则上要求不低于当地低保补贴标准的1.3倍，但是每个地区的标准不一。例如,深圳市 2018 年特困人员基本生活供养金标准为本市当年最低生活保障标准的 1.6 倍。

供养设施。五保供养制度初建之际,供养设施由集体经济组织负责提供,个体差异颇大,因陋就简居多。即使在改革开放初期,敬老院或福利院等集中供养机构的用房,也大多是经改造修缮后加以使用的村集体用房。如下放农村知识青年的居住点、学校、祠堂、农场等,一般面积较为狭小,房屋较为破旧,设施较为不全。在其后的漫长历史时期内,从中央到地方均出台过许多政策举措改善特困人员的供养设施。但是,真正能够在全国范围内从整体上改善供养设施配置和提升供养设施功能的,首推两次专项行动。第一次专项行动是民政部印发《农村五保供养服务机构等级评定暂行办法的通知》(民发〔2012〕210 号),要求各个省市因地制宜地出台辖区内的"农村福利院等级管理办法"。此次等级评定工作设置了一星级、二星级和三星级,三星级为最高。星级评定实行百分制计分,涵盖基础设施、供养服务、内部管理、组织保障等内容。在基层实践中,农村福利院等级具体化为"硬件单元化、环境花园化、管理制度化、生活多样化"等"四化"目标。由于管理运营类的指标比较"软",各类供养机构均易于达标,能够有效地在等级评定中把优劣甄别开来的"硬核"指标是供养设施。借此,特困供养机构的设施得以改造和功能提升。第二次专项行动是本章专门阐述的全国养老院服务质量建设专项行动,第二次专项行动在供养设施的新建与改造力度以及实施效果方面超过了第一次专项行动。

(三) 制度特征

制度属性。建立于 1956 年的农村五保供养制度,当时归属于农村集体福利事业,供养资金来源于集体出资。2000 年的农村税费改革曾经引发学术界对五保供养制度的属性是"社会福利"还是"社会救助"的讨论。其间,在以新旧《农村五保供养工作条例》为政策分水岭方面,学界是取得了共识的。二者之间的最大区别是供养资金的来源不同。《旧条例》规定,"五保供养所需经费和实物,应当从村提留或者乡统筹费中列支";《新条例》规定,"农村五保供养资金,在地方人民政府财政预算中安排"。显然,《新条例》明确了五保供养由政府筹资、政府主导,"标志着农村五保供养正式纳入现代社会救助体系,而且五保户供养制度的发展方向将是综合性保障"①。

城乡统一程度。由于农村五保制度在相当长的历史时期依托于农村集体经济,导致了多年来的城乡分治。城镇则将其辖区内的"三无"人员列为了城镇低保对象。直到2014年发布了《暂行办法》,才将农村"五保"对象、城镇"三无"人员以及困境儿童统称为"城乡特困人员",并且规定,对于因为先天或后天不可抗原因造成的"三无"人员,国家不论城乡都实施高于低保标准给予供养的特殊政策。

四 服务质量建设专项行动

民政部等六部门自2017年起联合启动了为期四年的全国养老院服务质量建设专项行动。特困供养机构是专项行动的重点对象之一。拥有养老服务执法职能的多个专业部门,深入特困供养机构的现场一线,针对以下事项进行排查:建筑物、食品、药品的安全情况;用火、用电、取暖设施、消防设施等消防安全情况;冬暖工程的实施以及老人越冬防寒的情况;24小时值守制度执行情况;生活、就餐和活动区的布局与运行情况;突发事件应急预案设置情况等。通过专项检查、现场核验,要求立行立改,集中力量打"歼灭战"。这种拉网式的联合检查,雷厉风行,铁腕、铁面、铁痕,见效快、威慑力相当强,一些多年久攻不下的"硬骨头"得到清除。并且,在四年一轮的政策周期内,一张蓝图绘到底,长短结合、滚动拓展、压茬推进,旨在确保特困供养机构的基础性指标能够达标且不反弹,直至排查发现的所有重大安全隐患全部消除。

---

① 邹文开:《我国"五保"供养制度的沿革及其前景分析》,《求索》2004年第1期。

五　沧桑巨变，功莫大焉

自 1956 年建立农村五保供养制度至今，特困供养制度已经经历了六十余年的演化变迁。制度成果可以用八个字概括：沧桑巨变，功莫大焉。虽然特困供养制度存在着一些亟待完善之处，但是，毕竟有一张制度兜底的社会安全网，兜住了这个最弱势群体的基本生存权，摆脱了"无依无靠、不救不活"的困境。

农村五供养保制度建立之初，要求农业生产合作社"对于生活没有依靠的老、弱、孤、寡、残疾的社员……保证年幼的受到教育和年老的死后安葬，使他们生养死葬都有依靠"。当年的农村五保供养制度是一种低水平带有救济色彩的基层福利。2014 年《暂行办法》的实施，构建了统一的、覆盖全体城乡特困人员的生活、医疗、教育、住房等的托底保障制度。以下五个方面的转变，使特困供养制度有了质的飞跃，并且在社会救助发展史上具有里程碑意义。一是从一种依托农村集体经济的基层福利走向了以行政法规为基础的现代社会救助制度；二是特困供养资金从"村提留、乡统筹"的费用列支走向了由各级政府财政预算支出进行安排；三是从村社层面互助性质的集体责任走向了制度化的国家责任；四是制度架构从城乡分治逐步走向了城乡统一；五是从选择性的济贫扶困走向了综合性的兜底保障。

特困供养制度的演化变迁，始终伴随着国家经济社会的发展而趋于完善。其演进轨迹呈现出体制机制建设从无到有、覆盖人群从狭窄到"应保尽保"、兜底保障水平从低到高的螺旋上升过程。这是一个不断积蓄保障能力，经由量的积累而突破为质变的历程。虽然在发展过程中存在这样或那样不尽如人意的现象，但是，只有将这些发展中的问题置于整个经济社会的发展历程中加以解决，方能够使特困供养制度逐步走向定型和成熟。

特困供养制度极具中国特色。六十余年来走过的制度建设之路是践行中国特色社会主义的一种探索，并且对于全球减贫效应的贡献也是巨大的。根据文献搜索，国外并没有特困人员的称谓，孤寡老人问题并不突出，相关研究文献甚少。国外关于生活困难老年人（包括孤寡老人）的研究，主要集中在其营养状况、身心健康以及性别差异。由于女性的平均预期寿命高于男性，因而国外多是针对老年寡妇的生存境况及其社会保护的关注。

第二节 调查基本情况

一 调查样本情况

本调查项目涵盖我国东中西部的 8 个省份和 1 个直辖市，最终获取有效问卷 5156 份，其中，获取集中供养机构①有效样本 120 个、集中供养特困人员有效样本 2532 个、分散供养特困人员有效样本 2504 个。

（一）调查对象

本调查项目的调查对象包括：城乡分散供养特困人员、城乡集中供养特困人员和城乡特困供养机构。其中，特困人员的认定依据《社会救助暂行办法》（国务院令第 649 号）、《国务院关于进一步健全特困人员救助供养制度的意见》（国发〔2016〕14 号）以及《民政部关于印发〈特困人员认定暂行办法〉的通知》（民发〔2016〕178 号）等相关文件规定，即，无劳动能力、无生活来源且无法定赡养、抚养、扶养义务人，或者其法定赡养、抚养、扶养义务人无赡养、抚养、扶养能力的老年人、残疾人以及未满 16 周岁的未成年人。

（二）调查内容

针对城乡特困人员的调查内容主要包括：人口特征、基本生活状况、健康状况、基本需求及特困供养政策评价等。

针对集中供养机构的调查内容主要包括：供养机构的基本行政、设施设备供给状况、工作人员配备状况、院办经济状况以及供养机构内的医疗机构状况等。

---

① 包括福利院、养老院、敬老院、光荣院等多种形式。

（三）调查地点

调查地点的选取，主要是基于我国城乡特困人员的分布情况，优先考虑经济发展水平相对较低、特困人员数量较多的地区作为本次调查的备选地点。经数次遴选，确定在东、中、西省份的11个地市开展调查。具体包括：江苏（南通市）、福建（福州市）、山东（济南市）、河南（安阳市、信阳市）、湖北（荆门市）、四川（成都市、自贡市）、重庆（万州区）、吉林（长春市）、陕西（咸阳市）。图1显示了全国31个省（自治区、直辖市）2017年底特困供养人数的大体分布。由于各地的人口基数不同，该图显示的仅只是一个具体时段特困人员供养指标的横断面。

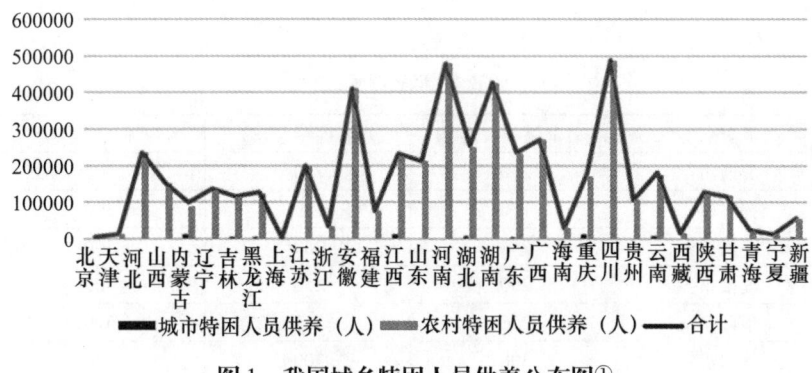

图1 我国城乡特困人员供养分布图①

（四）拟调查样本数量及配额

本项目拟调查城乡特困人员共计5000户（名）（占全国特困人员比重大约为1‰），包括：集中供养特困人员2500户（名），分散供养特困人员2500户（名）。每个样本区需要完成的有效调查问卷的数量，按该省份占全部调查省份特困人员总量的比例加以确定。经测算后的每个样本区的拟调查数量如表2、表3所示。

---

① 数据来源：民政部内部资料。

表 2　　　　　　　　　　调查数量配额表一

调查市	调查配额（名/户）
江苏（南通市）	500
福建（福州市）	300
山东（济南市）	500
河南（安阳市、信阳市）	1000
湖北（荆门市）	600
四川（成都市、自贡市）	1000
重庆（万州区）	500
吉林（长春市）	300
陕西（咸阳市）	300

注：调查配额（户）数计算公式：5000×2017年底该省城乡特困人员数/2017年底调查的9省份城乡特困人员之和。

表 3　　　　　　　　　　调查数量配额表二

调查点	集中供养（名）	分散供养（户）	合计（名/户）
南通市	250	250	500
福州市	150	150	300
济南市	250	250	500
安阳市	250	250	500
信阳市	250	250	500
荆门市	300	300	600
成都市	250	250	500
自贡市	250	250	500
万州区	250	250	500
长春市	150	150	300
咸阳市	150	150	300

注：集中供养：分散供养＝1∶1。

二　调查数据质量控制

为了确保调查数据的有效性，使之能够全面反映城乡特困供养政策施行的真实状况，本调查项目制定了一系列旨在保障调查质量的举措。

(一) 访员招募与培训

1. 调查员招募

民政部政策研究中心在上述 11 个调查样本区的民政厅（局）的支持下，在位于当地的高校中，遴选了具有专业知识背景、实地调查经验丰富并熟悉调查样本区情况的调查团队负责人，再由调查团队负责人招募和组织入户调查员和督导员。

2. 调查员培训

调查启动前对调查员、督导员进行了培训，旨在使所有参与调查的人员了解政策背景及其条款，熟悉问卷结构及其重点、入户调查与回访的流程等。

（1）培训重点

培训重点是使访员能够建立起各个工作环节之间的逻辑联系。

基础理论：围绕社会调查的相关理论、技术和有关政策开展培训。主要包括入户访谈技巧、随机原则、调查立场等基础知识或规则；组织学习特困供养制度的沿革与现行规定等。

操作方法：对调查问卷、填答方法、编码填写、质量控制管理，以及调查的每一阶段和每一道工序的规定，访谈中突发问题的预案等进行讲解培训。

检查验收：对检查验收的标准、程序、方法、要求等进行培训。

（2）培训方式

课堂讲解：以讲解问卷、学习调查方法与相关法规政策为主，使访员掌握调查的技术流程和操作方法，了解调查质量要求。

小组讨论：针对调查问卷或调查规程中的问题，组织调查人员讨论，消除疑难，提高调查人员实际调查能力。

调查模拟：根据实际情况选择一定数量被访对象进行试调查，为实际开展调查打好基础。

（二）调查抽样控制

本调查项目以科学有效、方便执行为原则，对城乡特困人员进行严格规范的抽样和编码。抽样采用了多阶段抽样和简单随机抽样相结合的方法。

1. 抽样程序

第一步，在市级范围内抽取乡镇（街道）。根据经济发展水平及特困人员分布状况，将全市所有乡镇（街道）划分为"高、中、低"三类，每类乡镇（街道）随机抽取的数量为：（1）调查任务为500名以上的地市，每类乡镇（街道）不低于3个，共计不低于9个；（2）调查任务为300名的地市，每类乡镇（街道）不低于2个，共计不低于6个。抽取到的每个乡镇（街道）均需有特困人员集中供养机构。

第二步，在抽中的乡镇（街道）抽取调查对象。分散供养特困人员：在抽中的乡镇（街道），根据登记在册的乡镇（街道）全部分散供养特困人员名录，采取等距抽样等方法，随机抽取适当数量的调查对象。集中供养特困人员：在抽中的乡镇（街道）的敬老院（或福利院）内，根据登记在册的特困人员名录，采取等距抽样等方法，随机抽取适当数量的调查对象。

2. 抽样准备

抽样工作由各样本区调查团队负责人具体负责。工作启动前的准备工作如下：

第一，掌握基本信息。主要包括：全市县（区）数量及按人均GDP等指标衡量的县域经济发展水平；全市特困供养人员数量及其在县（区）、乡镇（街道）的分布情况。

第二，熟悉相关政策。重点了解国家层面和当地有关特困供养方面的政策法规，熟知特困人员的认定标准、审批程序、供养内容及管理服务制度安排。

第三，测算样本配额。根据所承担的调查任务量及当地特困人员的规模和分布情况，按上述规定确定拟调查的乡镇（街道）和集中供养机构数目，测算每一个乡镇（街道）需要调查的样本数量。

（三）入户访问

一是根据具体调查任务和工作进度，将访员分成若干小组，每个小组由3—5人组成，明确访员、督导员、质检员的职责分工，确保调查质量和效率。

二是在入户调查过程中，同步进行问卷质量的检查，发现无效问卷应及时返工补救，确保回收问卷全部符合要求。

三是在调查期间，定期向民政部政策研究中心通报调查实施进展，接受指导并做好对有关问题的反馈。

（四）问卷整理与报送

调查完成后，根据问卷整理与报送等规范性要求，对已填答的调查问卷进行合规性检查。重点检查事项包括：笔迹是否清晰、信息是否完整，有关缺失项、跳答项是否合规，是否存在逻辑矛盾等。

第三节　调查结论

本调查项目实行入户（集中供养机构和分散供养居住地）的问卷调查。访员的主要任务是和调查对象进行面对面的访谈，以及在调查现场，针对居住条件，如生活区、食堂、活动区、消防设施、冬暖工程设施和用于种养殖的自有菜地、猪圈鸡笼等情况进行实地观察和必要的询问。对于需要进一步了解的问题，则与当地的村镇干部，尤其是乡镇政府的"民政专干"进行讨论。从实施效果看，此举可以获得更多且更为深入的第一手信息资料，使之与问卷调查所获信息之间有直观的印证，有利于提高调查结论的信度、效度和区分度。

一　城乡特困供养制度普遍建立

2014—2016年是特困供养制度建设的重要时期，系列政策密集出台。2014年发布的《暂行办法》，将城市"三无"人员救助和农村"五保"对象供养统一为特困供养制度。2016年2月《国务院关于进一步健全特困人员救助供养制度的意见》（国发〔2016〕14号）出台，进一步明确了特困救助供养的对象、范围、内容和标准。同年10月，民政部印发《特困人员认定办法》。截至2017年底，全国31个省（自治区、直辖市）和新疆生产建设兵团全部出台了有关特困人员救助供养的配套政策。

目前，特困供养作为民生工程的重中之重，列入了从中央到地方的各级国民经济和社会发展五年规划和年度计划之中，并且纳入到各级党委政府的重要议事日程中。

二 供养水平逐年提高，城乡差异显著

（一）总体供养水平不断提高

全国特困人员救助供养补助水平逐年提高（详见表4）。调查样本区的供养金标准（基本生活标准和护理补贴标准，截至2018年8月）与上年相比，均有不同程度的提升。

特困人员供养金标准和生活水平呈现逐步提高的态势。例如，20世纪90年代之前，农村五保户由村集体或乡镇供养，部分农村地区的年供养标准是"三个六"，即600斤谷、6斤油和60元钱。依照当时的物价水平以及当地居民的生活水平，"三个六"的供养标准仅能维持五保老人的温饱。联产承包责任制的推行，导致集体经济逐渐解体。20世纪90年代以后的农村五保供养，逐步实行县级统筹，地方财政给予补助，供养标准逐年提高。2000年前后，各地对五保户供养的财政转移支付力度加大，逐步走向了以国家供养为主。

目前，来自财政转移支付的特困人员供养资金来源有多个渠道。包括：地方政府一般性财政转移支付、福利彩票公益金、扶贫资金、国家公益事业项目资金等。其中，地方政府一般性财政转移支付是特困供养的主要来源。各地财力差距大，中央财政转移在东、中、西部地区的分配比例也不同，导致地方政府的支付水平参差不齐，特困供养对象的认定标准、服务水平也差异很大。

目前，各地积极探索特困供养资金和资源的"社会化"路径。形成中央财政、地方财政、社会各界捐赠和民间投资共同建设特困供养机构（敬老院、福利院等）的格局。尽管养老服务业的市场化全面提速，但是，特困供养属于政府托底责任的本质属性并没有改变，"众人拾柴"可以使火焰更高。

表4　　　　2012—2018年全国特困人员救助
平均供养补助水平　　　　单位：元/人·年

年份	城市	农村
2018	10649.82	6745.05
2017	8346.46	5769.97
2016	9230.77	4606.56
2015	7352.94	4064.25
2014	6710.53	3587.22
2013	4883.72	3207.37
2012	4848.48	2657.62

数据来源：根据民政部统计公报计算得出。

（二）供养金标准的城乡差异明显但呈现缩小态势

一是分散和集中供养特困人员的基本生活标准，在调查样本区的农村平均为604.59元/月—615.25元/月之间；在调查样本区的城市，平均为879.48元/月①。

二是护理补贴标准呈现出"城市集中供养标准＞农村集中供养标准＞城市分散供养标准＞农村分散供养标准"的态势。在各类供养形式内部，自理能力越强，护理补贴越低。详见图2和表5。

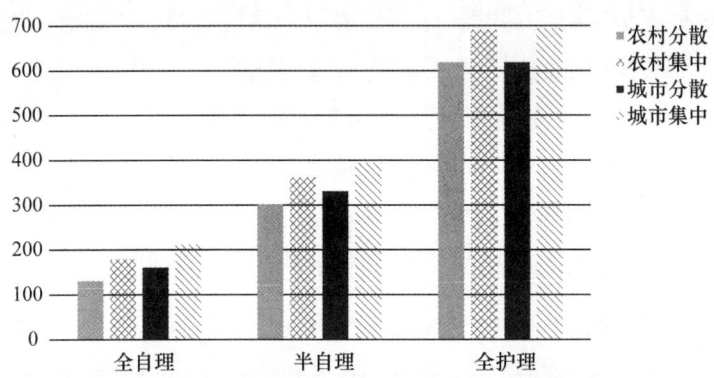

图2　调查样本区各类特困人员平均护理补贴水平（单位：元/月）

---

① 咸阳市、成都市、自贡市未明确供养标准，在计算平均值时未将其纳入。

表 5　　　　　　　东中部地区平均供养标准　　　　单位：元/月

		全自理		半自理		全护理	
		东	中	东	中	东	中
农村分散	基本生活标准	683.95	411.26	683.95	411.26	683.95	411.26
	护理补贴标准	145.33	120.44	327	269.33	552	765.22
农村集中	基本生活标准	683.95	440.89	683.95	440.89	683.95	440.89
	护理补贴标准	226.13	120.44	427.4	269.33	672.4	765.22
城市分散	基本生活标准	947.4	652.89	947.4	652.89	947.4	652.89
	护理补贴标准	145.33	203.33	327	352.22	552	765.22
城市集中	基本生活标准	947.4	652.89	947.4	652.89	947.4	652.89
	护理补贴标准	231.33	203.33	432.6	352.22	677.6	765.22

（三）供养金标准地区差异明显

东部地区供养人员的基本生活标准高于中部地区[①]，但是，东部地区全护理供养人员的护理补贴标准低于中部地区。

调查发现，有关特困人员供养金补贴标准，在循着"城市集中供养标准＞农村集中供养标准＞城市分散供养标准＞农村分散供养标准"阶梯逐级下降的同时，还伴随着一个显性态势，亦即越是发达地区，特困供养标准的城乡差异越小，反之则越大，呈现区域发达程度与供养标准的城乡差异程度呈反向关系的态势，这是一个可喜的现象。特困人员供养金标准的城乡差异原本就是城乡二元结构的表现形式之一。城乡二元结构的缩小会导致特困人员供养金标准的城乡差异的缩小，其背后的作用力，有来自政策的推动，但更多的是市场演化所致。（详见表6）。

---

① 东部地区包括福州、南通、济南、长春四地；中部地区包括荆门、安阳、信阳三地；西部地区包括重庆、成都、自贡、咸阳四地。因西部地区只有重庆市的数据，不具有代表性，故未计算西部地区供养标准的平均值。

表6　　　　　2017年全国城乡特困人员救助供养水平（含临时救助）　　单位：元/人·年

地区	城市	农村
全国	8344.53	5769.29
北京	26564.42	17324.67
天津	16029.22	17799.68
河北	5180.55	5470.30
山西	4441.78	4620.68
内蒙古	15528.89	6777.88
辽宁	8403.25	4549.94
吉林	7739.23	2116.47
黑龙江	12402.49	5832.26
上海	8617.14	15325.48
江苏	6083.67	7206.14
浙江	9650.92	9648.54
安徽	4485.08	4982.12
福建	7979.72	8753.82
江西	8887.43	4941.60
山东	9214.64	5267.55
河南	4891.91	4259.04
湖北	10436.35	9375.95
湖南	12949.24	5420.12
广东	10452.05	9219.36
广西	16482.13	4591.90
海南	19086.72	7251.72
重庆	7180.26	8748.45
四川	4312.60	4349.61
贵州	6308.43	6346.81
云南	10668.49	5587.63
西藏	—	8528.30

续表

地区	城市	农村
陕西	10281.35	8109.22
甘肃	4775.07	4865.98
青海	27978.90	10697.75
宁夏	18685.38	5945.37
新疆	5600.70	3784.21

数据来源：根据《中国民政统计年鉴》计算得出。

说明：表中数据的计算公式为特困人员供养救助经费（含临时救助）/特困人员救助供养人数。

在特困人员供养金补贴标准既定的情况下，能够立竿见影地提高特困人员生活水平的途径就是发展"院办经济"。乡镇的敬老院和福利院一般地处农村或市郊，建设期的规划设计，一般都留有可观的空地供机构种菜、养猪、养鸡。办得好的院办经济，基本可以实现蔬菜、肉类和蛋类的自产自给自足。访员观察到湖北沙洋县的一个特困供养机构，圈养了5头大肥猪。问及具体情况，供养机构负责人回答说，一头猪长到近300斤时才杀。杀猪可以改善院民生活，吃不完就腌起来。该供养机构的青菜和蛋类也可自产自给自足。访员随机揭开院食堂的锅盖，炒菜中的肉和蛋的分量还真不少。

三 医疗保障满意度较高，医疗服务基本"可及"

在调查中，有关医疗保障满意度问项的汇总得分较高。调查结果显示，69.34%的分散供养人员，其医疗费用的"大头"由政府承担；66.97%的集中供养人员表示"生病有人管，看病拿药不花钱"。就医疗服务可及性而言，40.64%的分散供养人员15分钟内可以从居住地到达最近的医疗机构，39.17%的集中供养机构内配备有医疗机构或医务室。

政策规定，特困人员实行免费医疗保障。同时要求供养机构为每位老人建立健康档案，每年安排老人进行免费健康体检。对特困人员新农合（现为城乡居民社会医疗保险）的个人缴费部分给予全额资助，门诊医疗费用除了医保基金给予规定额度的报销之外，还落实了大病医疗救助，全额解决特困人员的住院费用。上述几项保障叠加起来，特困人员的医疗费用基本是由政府全额承担。调查中发现的不足之处是集中供养机构在内设医务室、医护人员配备、常用急用药品和医疗器材的拥有方面参差不齐，有一部分流于形式。

四　新建或改造的供养设施达到较高建设标准

近年来，特困人员供养机构依标准配置设施或提高标准。一是新建设施和危房改造扩建必须符合《特困人员供养服务设施（敬老院）建设标准》（建标184—2017）；二是实施了"冬暖工程"；三是实施了以消防安全设施、无障碍设施和特护设施改造为重点的"平安工程"。

调查发现，样本区的集中供养机构一般占地面积较为宽敞，用房以砖混结构或框架结构的低层楼房为主，住房大多都配有卫生间；"冬暖工程"和"平安工程"的硬件均已安装；部分集中供养机构安装了户外视频监控、烟感报警器、喷淋设施，有的特困机构的床头位置还装有紧急呼叫按钮。但是，也有部分供养机构存在着"形象工程"的问题，例如，"冬暖工程"利用率低，集中取暖室的面积不达标，空调未按照要求正常使用。访员曾问及多个供养机构的多位老人有关空调的使用情况，有相当部分的老人回答"空调都安了，但是怕费电，不常开""热水也不是天天都有"。

五　供养机构的安全防范上了台阶

调查员发现，通过连续两年的"服务质量建设专项行动"，调查样本区的供养机构，接受过多个部门的联合执法大检查。尤其是2017年的大检查要求对照影响养老院服务质量的运营管理、生活服务、健康服务、社会工作服务、安全管理的5个方面进行了"五查五改、对标达标"，对可能存在的风险已经进行了"拉网式"的排查，在强力推动之下，供养机构的安全防范水平有所提高。

(一) 风险防控意识"入脑入心"

特困供养机构历来是安全风险频发的敏感区域，例如，火灾、食物中毒、疫病流行、医疗事故、合同纠纷、机构关闭时老人安置不善，以及涉老欺诈、虐待老人等。这些事件具有"不特定性"，亦即受到侵害的对象和可能造成的危害后果，事前往往无法预料和控制。然而，这些事件又关系到公序良俗，最易上"热搜"。尤其是在网络传播和舆情"发酵"过程中，往往会由一个独立事件演化为网络舆情事件，乃至演化成为冲击道德底线的公共安全事件。因此，必须具有"如临大敌、如履薄冰"的风险防控意识。

调查发现，特困供养机构负责人的风险意识较强，普遍认为自身的重要责任底线是绝对"不能出事""不能出大事"，尤其是"不能死人"。对此，不仅有高度共识，并且能够列出有关"无意外伤害、无非正常死亡、无院民走失、无疫病流行、无医疗事故、无欺老虐老、无食品中毒、无房屋倒塌"等重大安全事件的具体要求。

(二) "细节决定成败"转化为"行为链"

特困供养人员多为老年人、残疾人，失能失智人员占有相当部分的比重，行为能力不足，对火灾危险性的认识也会不足；即便是具有一定行为能力的特困人员，一旦面临事故，往往因为老眼昏花、行动迟缓，存在着不会报警、不会灭火、不会逃生等现象。有鉴于此，相当部分的特困供养机构强调执行环节的"做细""做扎实"。事实上，"细节决定成败"，"不能出事"的前提不仅仅是将各种风险隐患消灭在萌芽状态，更是要顺藤摸瓜，落实在"行为链"管理的每一个环节上，天天抓、时时抓。以消防安全为例，"做细"的举措包括：冬季须集中烤火；老人上床取暖须配用热水袋，不得使用火笼烤火；电风扇不得放在床上吹风；不得点燃蚊香驱蚊；灶间严禁堆放易燃物品；炊事人员在作业时严禁吸烟；灭火器挂设齐全等。在规范管理水平方面，访员观察到，规章制度的条文都"上了墙"，访员询问供养机构的管理人员和护理人员有关规章制度的内容，被询问方的知晓度较高。目前，关于特困供养机构的安全防范任务是打造长效机制。

（三）特困供养资金安全长效机制基本建立

调查中发现，供养机构的供养资金来源较稳定，有关供养资金安全的机制设计和财务制度逐步趋于完善，但是执行中的弹性较大，监管难度较高。

1. 资金拨付中的牵制措施

特困供养机构运行的供养资金包括各级财政安排的专项供养资金、社会捐赠收入、院办经济收入和其他收入；管理人员的报酬及缴纳的社会保险费所需资金由本级财政安排解决；特困供养机构的工作经费按入住特困人员的年供养经费的一定比例（如15%）核定，纳入本级财政预算。显然，将上述三类资金来源单列，本身就体现了一种牵制机制的设计初衷，旨在规避后面两项支出越界蚕食特困专项供养资金。

2. 财务管理中的牵制措施

牵制措施分为两类：一类是具有普适性的"不相容职务相分离"的牵制措施。如，会计和出纳分设、开票和发货分设等。另一类是专门针对特困供养机构的牵制措施。主要有四项：一是特困供养机构的财务由乡镇（街道）财政所代管，敬老院设财务联络员一人。二是供养机构的各项收支纳入财政所实行统一核算，严格收支两条线管理，严禁坐收坐支。三是供养机构的日常开支实行备用金限额管理制度。备用金限额由各乡镇（街道）结合敬老院实际情况确定，一般不得超过10000元，严禁提取大额现金。四是特困集中供养资金、医疗救助资金等专项资金实行直接拨付。

第四节　制度展望

特困人员是社会弱势群体。针对这一群体的制度建设和各种政策的制定及其执行，是国家治理体系的一个组成部分，也是一个法治化建设的进程。2018年12月26日，新修改的《老年人权益保障法》发布，从6章50条扩展到9章85条。其中，写入新版《老年人权益保障法》的重点法条有：老年人精神赡养的权益保障；老年人财产等合法权益受到法律保护；建立失能护理补贴和高龄津贴制度；老年人享受社会服务受法律保护；解决养老服务设施建设"用地难"的特别规定；国家推进老年宜居环境建设等等。特困人员以特困老人为主体，《老年人权益保障法》提供了一个基本遵循。

一　长效机制，机构的"撤并、改建、扩建、适当集中"

《全国养老院服务质量大检查指南》设置了百余项指标，织就了管控风险的密网。特困供养机构在过了"筛淘"之后，又经历了"一院一策"的整治，情况大为改观。目前，底数大致摸清、问题基本凸显，下一步的工作重心是建立"长效机制"。总体思路是，将各级各类特困供养机构统一纳入市一级的养老服务骨干网建设的大盘子中，统筹布局，合理分流。实施路径是通过"撤并、改建、扩建、适当集中"，整合资源、优化结构，提升服务品质，彻底消除安全隐患。

（一）统筹布局，建设区域性养老服务中心

1. 釜底抽薪，依法关停不合格机构

需要关停的供养机构，要么是建筑设计不符合消防规范且无法整改的，要么是因为属于"闲、散、小、远"等"先天不足"因素导致整改不经济的。

老旧特困供养机构的消防设施的不达标，大多是历史遗留问题，目前的整改属于还历史欠账。20世纪末至21世纪初，各地加大集中供养比例，以改变分散供养五保对象生活质量普遍低下的问题。集中供养所需用房，多由废旧的办公楼、学校、供销社仓库等稍经修缮而成，这些老旧基础设施往往不具备升级改造价值。目前的做法有二：一是裁并消防设施改造不经济、入住人员少、管护力量不足的"闲、散、小、远"的特困供养机构；二是归并重组相邻乡镇的供养机构，提高集中度。

2. 创办一批跨乡镇的区域性养老服务中心

创办一批有较好供养服务能力的区域性养老服务中心，使其作为

支点,发挥好"杠杆性"的救助作用,同时可以引领农村养老服务业的发展。区域性养老服务中心具有开放性,既能优先满足辖区内生活不能自理特困人员的集中照护需求,又能为贫困家庭、计划生育特殊家庭以及其他高龄、独居失能老年人提供生活照料、介入护理等服务。

(二) 护理设施的新建和改扩建以及"适老化"改造

在打造区域性养老服务中心的过程中,无论是原有特困供养机构的新建抑或改造扩建,都是养老服务的供给侧结构性改革。施政重点是护理床位的增量、增能和增效。具体路径有二:一是增设养护院、开辟院内的失能失智老年人特护区或照护单元,促进护理规范达标;二是通过"科技赋能",进行"适老化"改造,升级硬件设施,打造无障碍化通道和活动空间。

二 评估分流,保护分散供养人员的合法权益

(一) 特困人员的生活自理程度经由第三方评估

特困人员的分流依据,需经过第三方专业评估。对于生活能够自理并且愿意分散供养的,优先考虑分散供养;对于失能、半失能和失智的特困人员,统一入住前述的养护院或特护区;对于生活能够自理的特困人员,可就地就近入住养老服务机构。特困人员与其他入住老人的区别,仅仅在于特困人员的缴费是由财政埋单而已。

(二) 保护和尊重特困人员的财产权

一是特困人员入住集中供养机构后,针对其原有房屋、承包土地以及拥有林权的山林等财产的处置权和收益权,应尽快出台更加规范、更加细致的规定。二是依法处置特困人员去世之后的遗产,不给那些因贪图特困老人身后遗产而争当监护人的人员以可乘之机。

(三) 保护和尊重特困人员对于供养方式的选择权

对于那些有自理能力的特困人员,须由其自主选择是集中供养还是分散供养。一是任何人不得以任何方式实施强迫或逼迫特困人员选择。对特困人员所在村集体、监护人或其他人为图谋特困人员的财产

而强制其入住集中供养机构的行为，视其情节轻重，进行问责、追责乃至追究法律责任。二是留下特困人员转换供养方式的政策"接口"。例如，特困人员入住集中供养机构之后，对其房屋和承包地等保留一段时间，避免发生因"家没了""房子被拆了"而不能转回为分散供养的情形发生。

（四）规范特困人员分散供养监护人资格且加强监管

一是规范特困人员分散供养监护协议书。协议书涉及甲、乙、丙、丁四方主体。其中，甲方为特困人员、乙方为监护人、丙方为村委会、丁方为乡（镇）人民政府。该协议必须经特困人员本人申请，乡（镇）人民政府、村委会、特困人员和监护人四方协商一致，方能生效。

二是落实乙方的监护责任。包括妥善安排好被监护特困人员的吃、穿、住、医、葬等相关事项；善待被监护特困人员，不得歧视、虐待、遗弃被监护特困人员；注意被监护特困人员的健康状况，特困人员有大病要及时向村、乡（镇）报告，并同时送医院治疗，需要住院的要自主负责护理。

三是针对分散供养特困人员的监护人资格进行定期的审核评估，剔除那些常年外出打工或者不尽力、不尽责乃至欺老、虐老的监护人。

四是建立针对分散供养特困人员的联络走访制度。乡镇人民政府依托民政专干，建立联络人登记及其探视走访、应急处置的帮扶制度；以政府购买服务的方式，由社工机构或社会组织提供精神关爱、心理疏导、危机干预等服务。有关社工机构、基层老年协会、社会组织和村医等均可通过有关程序承接上述政府购买服务项目。

三 质量建设，对标服务质量的国家标准

我国《养老机构等级划分与评定》国家标准于2019年7月1日首次发布并实施，按照综合服务能力从低到高划分了从一星到五星的5个等级，业界称之为"评星国标"。它既是机构运营的"起跑线"，也是监管的"底线"，各地政府应以此作为奖优罚劣的政策抓手。

（一）鼓励质量达标机构参加等级评定

对于那些经过对标《全国养老院服务质量大检查指南》，管理服务质量类指标合格率达到90%以上，乃至已经实现不合格指标"清零"的特困供养机构，鼓励其在对照国家标准进行自查整改的基础上参加等级评定。主管部门应组织第三方机构进行评估验收；启动养老机构等级评价示范工程，推出星级示范机构；建立星级养老机构信息定期发布制度，推动形成养老机构等级管理长效机制。

（二）督促不达标机构开展整治与质量提升

地处偏远农村的特困供养机构，在落实"五防"（防火、防盗、防触电、防食物中毒、防走失）方面，除了通过"物防、技防和人防"以及"首问负责制"的规章制度的执行，完成"规定动作"之外，还要有接地气的"自选动作"，做到"保险加根杠"，有效降低安全事故的概率。例如，在消防安全方面，除了建立"微型消防站"，还要改造"阳光厨房"，禁用柴灶和瓶装煤气，以及同一楼层的消防栓箱间距不得超过25米等。

（三）切断"海因里希"事故因果链的风险点源及其传导链条

追溯特困供养机构中存在的突发性安全事故的根源，绝大部分是先有风险的点源，进而连接成线源，再由线源合围成面源，最终酿成了一触即发的"火药桶"。前述风险点源中，只要有一项出了问题，就如同推倒了多米诺骨牌而引爆事故。这正如"海因里希"因果连锁论所言，伤亡事故的发生不是一个孤立的事件，尽管伤害可能在某瞬间突然发生，却是一系列事件相继发生的结果。倘若移去连锁反应中的一块骨牌，则连锁机制被破坏，事故过程被中止。就特困供养机构的风险防范而言，物防、技防和人防都非常重要。既要消除物理的不安全状态，也要杜绝人的不安全行为。人具有主观能动性，可能是促成安全的最重要因素，也可能其本身就是最不安全的因素。

四 法人登记，探索供养机构综合监管新路径

（一）健全机构设置许可取消后的法人登记制度

目前的特困供养机构以政府投资举办的公益性机构为主，也有少

量特困供养机构属于民办非企业性质。2019年1月，养老机构设置的行政许可取消，实行法人登记制度，监管重心随之移至事中和事后。

特困供养机构依法办理法人登记，明确机构性质、法人资格和主体责任，有利于规范监管和分类分级监管。对于县（市、区）、乡（镇、街道）两级人民政府利用国有资产举办的特困供养机构，按规定办理事业单位法人登记；对于其他社会组织和个人利用非国有资产举办的特困供养机构，应当根据有关规定办理民办非企业单位。

法人登记制度是针对供养机构实施综合监管的基础性制度。通过明确机构性质、法人资格和主体责任，列出"履职照单免责、失职照单问责"的责任清单，实施分类分级监管。"责任清单"监管倒逼各专业部门对自身职责范围内监管负全责，做到守土有责、守土负责和守土尽责。

（二）推行"双随机、一公开"抽查机制与黑名单制度

一是制度管人比"人盯人"要可靠得多。"双随机"的"现场检查"是"事前管标准、事中管检查、事后管处罚、信用管终身"的核心环节，以低成本实现精准监管；而"一公开"则赋予其公信力，通过对失信行为的记录、公示、预警和惩戒，起到"抽检一部分、警示一大片、规范全行业"的效果。

二是依法保护特困人员的合法权益，确保不发生触及道德底线、安全底线的重大事故。无论是分散供养特困人员的监护人，抑或集中供养机构的管理人员，还是其他任何集体或个人，凡是有歧视、侮辱、虐待或者遗弃特困人员的，视情节轻重，给予不同程度的惩治；凡是涉及法律法规规定的违法行为，移交司法部门。

（三）进行供养机构使用财政资金的跟踪审计和绩效评估

1. 跟踪审计

跟踪审计的专业性强，具有监管者地位超脱、监管内容全面深入、监管结果客观公正的特点。跟踪审计主要是指由相关部门组织，跟踪监督那些涉及财政资金投入或使用福利彩票公益金的养老服务领域重点建设项目、重大资金实施过程的合法性、真实性和规范性。针对特困供养机构的运行特点，将特困供养机构的财务审计纳入乡镇领导干部经济责任审计范畴，重点关注财政拨付的供养经费和"冬暖工程"等的补助款是否专款专用、会计工作是否合规、内部管理制度是否健全、财务收支手续是否完善、零花钱是否及时足额发放等。

2. 绩效评估

特困供养机构所运用的资金以财政转移支付（包括福利彩票公益金）为主要来源，包括建设项目以及各种政府补贴。财政资金使用的绩效评估作为一种监管方式的内在机理是监管部门通过委托第三方专业机构的方式，对上述资金的管理使用状况进行综合评估或满意度评价。经评估认定的不合格者，政府有权按照既定程序扣减或停止对相关服务的资助。

绩效评估的瞄准机制有二：一是财政资金使用的合法合规性及其效率评估；二是受资助（补贴）项目的建设效益和使用效果评估。据此形成了两类监管对象：一是对涉及财政资金投入或福利彩票公益金分配使用的政府职能部门的监管，旨在保证政府购买基本公共服务的合法合规性和合理性，规避和遏制套利、权力寻租和管制俘获；二是对承接财政资金或福利彩票公益金使用的养老服务的特困供养机构、投资商等的监管，旨在保证其履行合同约定。

分报告一　特困人员认定管理研究报告

本分报告首先对特困人员认定、管理等方面的政策进行了基本描述，在此基础上，使用调查数据阐释特困人员的人口特征、残疾状况、资产拥有状况，分析特困人员认定及管理中存在的突出问题，最后提出相应的对策建议。

第一节　特困人员认定政策解读

特困人员救助供养制度，是国家为完善社会救助体系、保障城乡特困人员基本生活、编密织牢民生安全网而实施的一项托底保障救助制度。特困人员认定旨在精准救助、精准帮扶，以实现制度的可持续性。

一　特困人员认定与退出条件

新中国成立以来，我国先后建立并完善了农村五保供养制度、城市"三无"人员救济制度。2014年，国务院公布施行了《社会救助暂行办法》（国务院令第649号），将城乡"三无"人员保障制度统一为特困人员救助供养制度。

2016年，国务院印发《关于进一步健全特困人员救助供养制度的意见》（国发〔2016〕14号，以下简称《意见》），明确规定特困人员救助供养的对象范围、供养内容和供养标准，并对特困人员救助供养的申请、审核、终止等流程和工作做出严格规范。《意见》要求：

政府为无劳动能力、无生活来源且无法定赡养、抚养、扶养义务人，或者其法定赡养、抚养、扶养义务人无赡养、抚养、扶养能力的老年人、残疾人以及未满 16 周岁的未成年人，提供基本生活、照料服务、疾病治疗、殡葬服务等方面的托底保障，做到应救尽救、应养尽养。

随后民政部制定《特困人员认定办法》（民发〔2016〕178 号），对"无劳动能力""无生活来源""无法定赡养、抚养、扶养义务人"群体的社会救助问题进行了明确规定。

（一）关于"无劳动能力"的认定

"无劳动能力"的认定依据包括申请人的年龄、残疾状况和患重病等情况。无劳动能力人员主要包括：60 周岁以上的老年人、未满 16 周岁的未成年人、部分残疾人员以及各省、自治区、直辖市人民政府根据实际情况规定的其他情形。其中，被认定为无劳动能力的残疾人员包括：残疾等级为一、二级的智力和精神残疾人员，以及残疾等级为一级的肢体残疾人员。一般而言，无劳动能力的人员无法获得满足其基本生存的劳动收入。

（二）关于"无生活来源"的认定

"无生活来源"指缺乏维持基本生活所需的稳定经济来源，其认定依据为申请人的收入和财产状况。无生活来源不等于无收入，而是收入总和低于当地最低生活保障标准，且财产状况符合当地特困人员财产状况规定的。

收入状况包括：工资性收入、经营性收入、财产性收入、转移性收入等各类收入，但不包括城乡居民基本养老保险中的基础养老金、基本医疗保险等社会保险和高龄津贴等社会福利补贴。即便特困人员的社会保障及福利收入与其他收入相加超过当地最低生活保障标准，也不能因此将之排除在特困供养制度之外。

财产状况包括：现金、存款、商业保险等金融资产，土地、房产、车等固定资产以及其他资产。财产状况认定标准由市级以上地方人民政府制定，并报同级地方人民政府确定并公布，不同地区的特困人员财产状况认定存在差别。

（三）关于"无法定赡养、抚养、扶养义务人"的认定

"法定义务人"是指与特困人员直接相关、有义务为其提供基本生活支持的人员，包括法定赡养人、法定抚养人和法定扶养人。其中，法定赡养人是指老年人的子女以及其他依法负有赡养义务的人，包括婚生子女、非婚生子女、养子女和依法负有赡养义务的继子女以及孙子女、外孙子女等。法定抚养人是指未成年人或者不能独立生活的成年人的父母以及其他负有抚养义务的人，包括生父母、养父母和有抚养关系的继父母以及祖父母、外祖父母。法定扶养人包括配偶和依法负有扶养义务的兄弟姐妹。

满足特困人员申请条件的人员，应无法定义务人或法定义务人无履行义务能力。其中，"无法定义务人"是指，对于60岁以上的老年人，其没有子女或养子女等法定赡养人或者法定赡养人不具备赡养老人的能力；对于未满16周岁的未成年人，其没有父母或养父母等法定抚养人，或法定抚养人不具备抚养未成年人的能力；对于重度残疾人，其没有亲属或监护人等法定扶养义务人，或者亲属和监护人缺乏扶养能力。

"无履行义务能力"包括以下情况：法定义务人同样符合特困人员救助供养条件；法定义务人属于60周岁以上老年人或重度残疾的最低生活保障对象，并且财产状况符合当地规定的特困人员财产状况规定；法定义务人无民事行为能力、被宣告失踪或者在监狱服刑，同时，财产状况符合当地规定的特困人员财产状况规定。

特困人员情况发生变化，且不再符合上述认定条件时，或者死亡（被宣告死亡）、被宣告失踪、进入监狱服刑，将退出救助供养。其中未成年人，若年满16周岁后仍在接受义务教育或在普通高中、中等职业学校就读，可继续享有救助供养待遇。退出供养的原特困人员，若符合最低生活保障、医疗救助、临时救助等其他社会救助条件的，可按规定办理相应救助手续。

二 特困人员认定流程

特困人员认定包括申请、受理、审核、审批和确定等一系列流

程，其中，每一项环节均明确规定了责任主体和工作要求，以确保精准认定，精准救助。

（一）申请、受理

特困人员救助供养申请分为两种情况：一是申请人主动提出供养申请，申请人需本人或委托村（居）民委员会或其他人，向户籍所在地的乡镇人民政府（街道办事处）提出书面申请，并准备符合特困人员认定条件的相关证明材料，包括身份证明，关于劳动能力、生活来源、财产状况以及赡养、抚养、扶养情况的书面声明和信息真实完整承诺书，残疾人还应提供残疾证原件和复印件，身患重病人员还应提供区级以上医院出具的疾病诊断证明；二是基层政府有责任及时发现符合特困认定的人员并帮助申请，乡镇人民政府（街道办事处）、村（居）民委员会若发现辖区内有居民符合特困救助供养条件但却未纳入特困供养的，应及时告知其特困救助供养政策，帮助其进行申请。

乡镇人民政府（街道办事处）负责审查申请人或代理人提交的申请材料，材料齐备的，予以受理；材料未齐备的，一次性告知其申请人或代理人补齐所有规定材料。

（二）审核、公示

乡镇人民政府（街道办事处）负责审核申请人是否符合特困供养认定条件。审核方式包括入户调查、邻里访问、信函索证、民主评议、信息核对等。审核内容包括申请人的经济状况、实际生活状况以及赡养、抚养、扶养状况。审核意见在申请人所在村（社区）公示 7 天，对于无异议的，乡镇人民政府（街道办事处）将审核意见连同申请书、调查核实等相关材料报送县级人民政府民政部门审批。

（三）审批、公布

县级人民政府民政部门负责批准申请。县级人民政府民政部门在随机抽查核实后，对符合条件的申请予以批准，并向申请人发放《特困人员救助供养证》，建立救助供养档案，给予救助供养待遇，并在申请人所在的乡镇人民政府（街道办事处）、村（社区）公布。

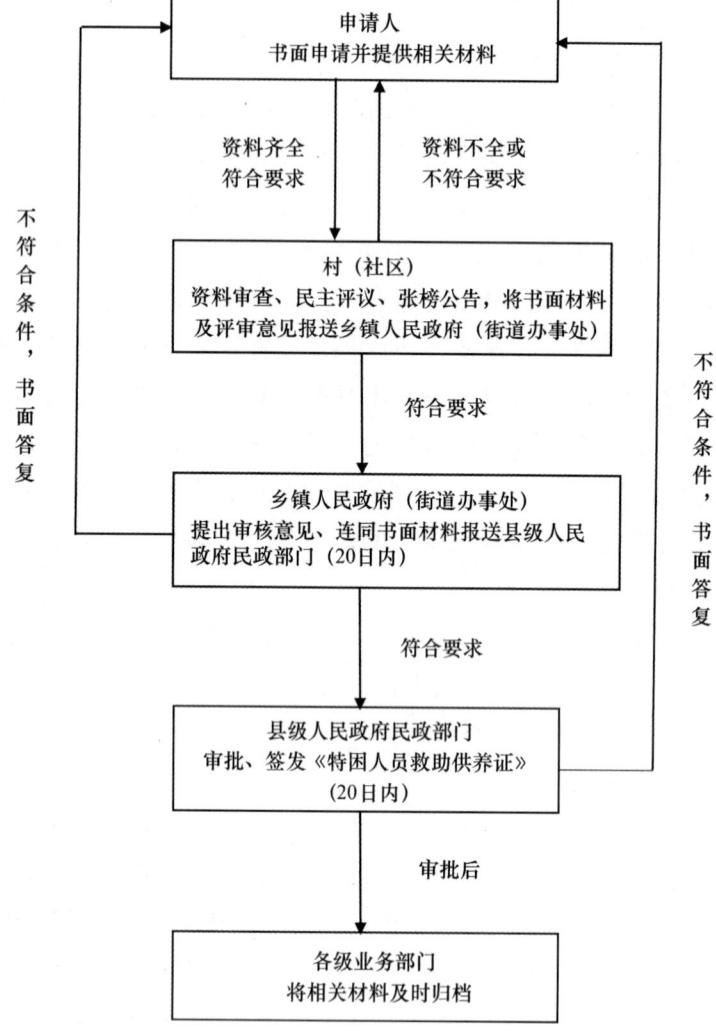

```
        ┌─────────────────────────┐
        │       申请人            │
  ┌────→│ 书面申请并提供相关材料  │←────┐
  │     └─────────────────────────┘     │
  │       ↓ 资料齐全   ↑ 资料不全或     │
  │         符合要求     不符合要求     │
  │     ┌─────────────────────────┐     │
不│     │        村（社区）        │   不│
符│     │ 资料审查、民主评议、张榜 │   符│
合│     │ 公告，将书面材料及评审意 │   合│
条│     │ 见报送乡镇人民政府（街道 │   条│
件│     │        办事处）          │   件│
，│     └─────────────────────────┘   ，│
书│              ↓ 符合要求            书│
面│     ┌─────────────────────────┐   面│
答│     │  乡镇人民政府（街道办事处）│  答│
复│     │ 提出审核意见、连同书面材料│  复│
  │     │ 报送县级人民政府民政部门  │    │
  │     │       （20日内）          │    │
  │     └─────────────────────────┘     │
  │              ↓ 符合要求              │
  │     ┌─────────────────────────┐     │
  │     │   县级人民政府民政部门   │     │
  └─────│ 审批、签发《特困人员救助│─────┘
        │   供养证》（20日内）     │
        └─────────────────────────┘
                 ↓ 审批后
        ┌─────────────────────────┐
        │      各级业务部门        │
        │   将相关材料及时归档     │
        └─────────────────────────┘
```

图 1-1 特困人员申请流程图

三　特困人员供养形式

特困人员救助供养形式包括分散供养和集中供养。分散供养是指特困人员在自己或亲属、监护人家中居住，乡镇人民政府（街道办事处）在其本人同意的基础上，委托其亲友或村（居）民委员会、供养服务机构、社会组织、社会工作服务机构等提供日常看护、生活照料、住院陪护、社区日间照料等服务,一些地方也探索实施家庭托养、寄养和社会助养等形式,确保特困人员"平日有人照应、生病有人看护"。集中供养是指特困人员在当地供养服务机构(如农村敬老院或养老服务中心)供养。

特困人员可以根据自己的意愿和实际需求选择供养形式。与此同时,政府鼓励和支持具备生活自理能力的特困人员在家分散供养;对于完全或者部分丧失生活自理能力的特困人员,优先为其提供集中供养服务。对于未满16周岁的特困人员,安置到儿童福利机构供养。

四 政策衔接

特困人员与最低生活保障对象、孤儿、残疾人以及遭受自然灾害的灾民等共同构成社会救助的主体。其中,特困人员是我国现阶段最困难、最脆弱、最需要救助的人群。

不同社会救助项目的人员认定存在交叉重合,但救助标准有所差异,因此,政策衔接十分重要。具体来讲,同时满足特困人员救助供养和孤儿认定条件的未成年人,已纳入孤儿基本生活保障范围的,不再适用特困人员救助供养政策;纳入特困人员救助供养范围的,不再适用最低生活保障政策,不再享受养老服务补贴;纳入特困人员救助供养范围的残疾人,不再享受困难残疾人生活补贴和重度残疾人护理补贴。但是,符合相关条件的特困人员,可同时享受城乡居民基本养老保险、基本医疗保险等普惠性社会保障和高龄津贴等福利补贴。

第二节 特困人员认定条件合规性分析

本节使用调查数据,分析特困人员的基本人口特征以及残疾状况、资产拥有情况,并结合调查中遇到的真实案例,对特困人员认定进行合规性分析。

一 特困人员基本人口特征

（一）性别构成

特困人员性别构成比例严重失衡，男性特困人员远远多于女性。调查数据显示（见表 1-1），女性特困人员平均比例不足一成，仅为 9.53%，其中，集中供养的女性特困人员比例更低，仅为 8.89%。可能的原因是，由于传统的"婚嫁彩礼"习俗，一些比较贫穷的男性出不起彩礼钱、娶不起媳妇，只能一直"打光棍"，他们年老后没有法定赡养人或扶养人，只能靠政府救助。而女性只要不是严重残疾或不能生育，大多数会结婚并生育子女，从而拥有法定赡养人或扶养人，由此导致女性特困人员的比例较低。这种情况在农村更为普遍。

表 1-1 特困人员性别分布状况

	总体		分散供养特困人员		集中供养特困人员	
	频数	百分比(%)	频数	百分比(%)	频数	百分比(%)
男性	4556	90.47	2249	89.82	2307	91.11
女性	480	9.53	255	10.18	225	8.89

（二）城乡分布

特困人员城乡分布存在较大差异，城市特困人员显著少于农村。调查数据显示（见表 1-2），城市特困人员仅占调查总数的 7.91%。从供养方式来看，分散供养特困人员中城市人员占比 6.19%，集中供养特困人员中城市人员占比 9.60%。

表 1-2 特困人员城乡分布状况

	总体		分散供养特困人员		集中供养特困人员	
	频数	百分比(%)	频数	百分比(%)	频数	百分比(%)
城市	396	7.91	154	6.19	242	9.60
农村	4613	92.09	2334	93.81	2279	90.40

(三) 婚姻状况

特困人员多处于独居非婚状态。数据显示（见表1-3①），特困人员中处于非婚状态的比例为90.78%，其中未婚的占比为78.23%，离异的占比为4.04%，丧偶的占比为8.51%，相比之下，处在已婚状态的特困人员仅占9.23%。从供养方式来看，分散供养特困人员的已婚比例略高于集中供养特困人员。独居非婚状态较多，意味着九成以上的特困人员没有配偶陪伴，导致他们不仅缺乏生活支持和照料，而且缺乏精神陪伴。

表1-3　　　　　　　　特困人员婚姻分布状况

	总体		分散供养特困人员		集中供养特困人员	
	频数	百分比(%)	频数	百分比(%)	频数	百分比(%)
未婚	3934	78.23	1962	78.39	1972	78.07
已婚	464	9.23	262	10.47	202	8.00
离异	203	4.04	99	3.96	104	4.12
丧偶	428	8.51	180	7.19	248	9.82

(四) 子女情况

有无法定赡养人员或法定赡养人员有无能力供养，是特困人员认定的重要条件之一。调查数据显示（见表1-4），超九成的特困人员无子女，有子女的特困人员仅占5.33%。集中供养特困人员中有子女的比例略高于分散供养特困人员。

表1-4　　　　　　　　特困人员有无子女状况

	总体		分散供养特困人员		集中供养特困人员	
	频数	百分比(%)	频数	百分比(%)	频数	百分比(%)
有子女	268	5.33	121	4.84	147	5.81
无子女	4762	94.67	2380	95.16	2382	94.19

---

① 表格中百分比一列相加总数会出现99.99%或100.01%的情况，是四舍五入时出现的微小误差。后文中类似情况，也是这个原因，不再进行说明。

调查发现，部分有子女的特困人员，其子女确无赡养能力，如子女是特困人员或重度残疾等。但也存在部分子女具有赡养能力却被纳入特困供养的人员，主要情况分为两种：一是特困人员有女无子（即没有儿子但有已出嫁的女儿，或者有儿子但儿子已入赘），二是有养子女或继子女。

案例1-1：陈某，女，85岁，丧偶，有三个女儿，均已出嫁。陈某自己单独居住，身体状况相对较好，目前勉强能够生活自理。老人生病时，几个女儿轮流回来照顾。当地工作人员表示，陈某没有儿子，女儿都已出嫁，很早就被列入"五保"供养，现在陈某年龄已经很大了，生活存在诸多不便，就没有（从特困救助供养中）清退出去。

从案例来看，部分被认定为特困人员的老人并非没有赡养人，只是出于传统"重男轻女""养儿防老"的思想观念，认为出嫁的女儿是别人家的人，没有赡养父母的义务，因此不将其作为法定赡养人看待。调查发现，不少农村地区将"有女无子"和"儿子入赘"的农村老人纳入"五保"供养，随后在制度合并时纳入"特困"。实际上，这类人员并不符合特困人员认定条件。此外，个别老人有养子女、继子女，但子女不履行赡养义务，或子女与老人合谋隐瞒真相，从而也在享受特困供养待遇。

案例1-2：郑某，男，66岁，已婚，无亲子女，但收养了一个女儿。郑某目前与老伴同住，两人身体状况一般。养女很少管他们，也不给他们钱，只在生病时偶尔来看望一下。

从案例来看，不仅部分地区没有将"养子女"纳入法定赡养人范围，而且实际部分养子女也并不履行赡养义务。近年来，各地开展清查工作，要求"有女无子"或有养子女、继子女且子女有赡养能力的对象退出特困救助供养,但仍有不少对象应退未退。

(五) 受教育程度

特困人员受教育程度整体较低。调查数据显示(表1-5),小学及以下受教育程度的特困人员比例为90.65%,其中,51.52%的特困人员没有上过学;中学及以上受教育程度的特困人员比例不足10%,其中,高中及以上受教育程度的特困人员比例仅为1.37%。从供养方式来看,集中供养特困人员中没有上过学的比例略高于分散供养特困人员,两者分别为54.47%和48.54%。特困人员受教育程度整体偏低,在一定程度上意味着他们的社会经济地位和生存能力偏低。

表1-5　　　　　　　　　　特困人员受教育状况

	总体		分散供养特困人员		集中供养特困人员	
	频数	百分比(%)	频数	百分比(%)	频数	百分比(%)
没有上过学	2590	51.52	1214	48.54	1376	54.47
小学	1967	39.13	1037	41.46	930	36.82
初中	401	7.98	216	8.64	185	7.32
高中/中专/技校	66	1.31	34	1.36	32	1.27
大专及以上	3	0.06	0	0	3	0.12

(六) 年龄分布

1. 特困人员年龄分布状况

(1) 特困人员年龄分布概况

特困供养对象主要为老人,也包括较低比例的孤儿和中青年。调查数据显示(见表1-6),特困人员中60岁及以上老人的比例较高,为85.94%;孤儿的比例较低,仅为0.38%;中青年的比例为13.78%。分散供养特困人员与集中供养特困人员的年龄分布也符合这一趋势,其中,分散供养特困人员中60岁及以上的比例为83.96%,同一年龄段的集中供养特困人员的比例为88.08%;分散供养特困人员中的孤儿与集中供养特困人员中的孤儿的比例分别为

0.44%和0.12%；分散供养特困人员中的中青年和集中供养特困人员中的中青年的比例分别为15.60%和12.00%。

表1-6　　　　　　　　　特困人员年龄分布列表

	总体		分散供养特困人员		集中供养特困人员	
	频数	百分比(%)	频数	百分比(%)	频数	百分比(%)
16岁以下	14	0.38	11	0.44	3	0.12
16—59岁	691	13.78	389	15.60	302	12.00
60岁及以上	4309	85.94	2093	83.96	2216	88.08
合计	5014	100.00	2493	100.00	2521	100.00

由表1-7可知，特困人员的平均年龄为68.25岁，60岁及以上特困人员的平均年龄为71.53岁，中青年的平均年龄为48.97岁，16岁及以下青少年的平均年龄为9.64岁。从供养方式来看，集中供养特困人员总体年龄高于分散供养特困人员，集中供养特困人员的平均年龄为69.55岁，分散供养特困人员的平均年龄为66.93岁。

表1-7　　　　　　　　　特困人员年龄描述

	总体		分散供养特困人员		集中供养特困人员	
	均值	观察值	均值	观察值	均值	观察值
16岁以下	9.64	14	9.91	11	8.67	3
16—59岁	48.97	691	47.97	389	50.26	302
60岁及以上	71.53	4309	70.76	2093	72.26	2216
总体	68.25	5014	66.93	2493	69.55	2521

（2）特困人员享受救助供养时的年龄分布

纳入特困救助供养时的年龄是评价特困人员认定是否合规的一项重要指标。一般而言，除重度残疾人、重病患者等特殊对象外，特困人员被纳入特困救助供养时应达到60周岁或小于16周岁，各地根据当地财政状况也可适当放宽特困人员年龄限制。调查数据显示（见表1-8），60岁及以上纳入特困救助供养的人员占到总调查对象的66.65%，16岁以下纳入特困人员救助供养的仅占到0.54%。值得注意的是，16—59岁的中青年特困人员占比32.81%，可见残疾与重病导致的困难比例相对较高。

表1-8　　　　　特困人员享受救助供养时年龄分布概况

	总体		分散供养特困人员		集中供养特困人员	
	频数	百分比(%)	频数	百分比(%)	频数	百分比(%)
16岁以下	26	0.54	18	0.74	8	0.33
16—59岁	1588	32.81	756	31.12	831	34.48
60岁及以上	3226	66.65	1655	68.14	1571	65.19
合计	4840	100.00	2429	100.00	2410	100.00

具体来看（见表1-9），特困人员享受救助供养的平均年龄为60.13岁，其中，未成年人平均8.27岁开始享受特困人员救助供养，60周岁以上人员平均65.85岁享受特困人员救助供养。

表1-9　　　　　特困人员享受救助供养时的年龄描述

	总体		分散供养特困人员		集中供养特困人员	
	均值	观察值	均值	观察值	均值	观察值
16岁以下	8.27	26	8.06	18	8.75	8
16—59岁	49.35	1588	48.45	756	50.18	831
60岁及以上	65.85	3226	65.40	1655	66.32	1571
总体	60.13	4840	59.70	2429	60.56	2410

注：这里的"16岁以下""16—59岁"和"60岁及以上"是以特困人员享受供养救助时的年龄划分。

2. 分散供养特困人员享受救助供养时的年龄分布

由表1-8和表1-9可知，分散供养特困人员被纳入救助供养时的平均年龄为 59.70 岁，其中 16 岁以下被纳入救助特困供养的特困人员的平均年龄为 8.06 岁，共有 18 人，占总调查对象的 0.74%，16—59 岁被纳入救助供养的特困人员的平均年龄为 48.45 岁，共 756 人，占比 31.12%；60 岁及以上被纳入救助供养的特困人员的平均年龄为 65.40 岁，共 1655 人，占比 68.14%。

不同人口特征的分散供养特困人员享受救助供养时的年龄存在差异（见表 1-10）。从性别来看，男性分散供养特困人员享受救助供养时的平均年龄为 59.75 岁，略高于女性特困人员。

表 1-10　　分散供养特困人员享受救助供养时的年龄描述

		均值	标准差	观测值
性别	男性	59.75	10.86	2190
	女性	59.17	16.05	239
城乡	城市	57.68	12.47	149
	农村	59.87	11.32	2265
残疾状况	残疾	52.06	12.80	740
	非残疾	63.05	8.96	1679
婚姻状况	有配偶	63.30	8.04	252
	无配偶	59.27	11.73	2176
受教育程度	没有上过学	60.58	11.35	1168
	小学	59.69	10.69	1014
	初中	56.18	13.20	212
	高中/中专/技校	51.09	17.93	32

从城乡差异来看，城市分散供养特困人员享受救助供养时的平均年龄为 57.68 岁，农村的平均年龄为 59.87 岁，城市分散供养特困人员享受救助供养时的年龄低于农村。

从残疾状况来看，有残疾的分散供养特困人员享受救助供养时的平均年龄为 52.06 岁，远低于非残疾人员。这是因为残疾人员受劳动能力限制，经济状况和生存能力相对较差，较早符合认定条件，因此残疾人员被纳入特困时的年龄显著低于非残疾人员。

从婚姻状况来看，有配偶分散供养特困人员享受救助供养时的平均年龄为 63.30 岁，无配偶人员为 59.27 岁，有配偶人员被认定为特困时的年龄高于无配偶人员。这是因为有配偶人员的健康状况和经济状况相对较高，且配偶间可以相互照料，整体生活条件相对于无配偶人员较好。

从受教育程度来看，随着受教育程度的提高，分散供养特困人员被认定为特困人员时的年龄不断降低，其中，受教育程度为高中/中专/技校的特困人员被纳入特困供养时的平均年龄最低，仅为 51.09 岁。一般而言，受教育程度越高的人，其社会经济地位和生存能力越高；但是部分受教育程度高的特困供养人员，由于遭遇不测导致重度残疾①，因而丧失劳动能力和收入来源。因此，对他们进行特困人员资格认定时，就会放松对年龄条件的要求。在这种情况下，受教育程度高的特困供养人员能够享受到救助供养的年龄反而较早。

3. 集中供养特困人员享受救助供养时的年龄分布

由表 1-8 和表 1-9 可知，集中供养特困人员被纳入救助供养时的平均年龄为 60.56 岁，其中 16 岁以下被纳入救助供养的特困人员的平均年龄为 8.75 岁，共 8 人，占总调查对象的 0.33%；16—59 岁被纳入救助供养的特困人员的平均年龄为 50.18 岁，共 831 人，占比 34.48%；60 岁及以上被纳入救助供养的特困人员的平均年龄为 66.32 岁，共 1571 人，占比 65.19%。

不同人口特征的集中供养特困人员享受救助供养时的年龄存在差异（见表 1-11）。从性别来看，女性集中供养特困人员享受救助供养时的平均年龄为 63.82 岁，男性为 60.25 岁。从城乡差异来看，城市集中供养特困人员平均 58 岁被认定为特困人员，农村为 60.82 岁。从残疾状况来看，残疾和非残疾集中供养特困人员在享受救助供养时的年龄差别较大，残疾人员享受救助供养时的平均年龄为 54.98 岁，

---

① 调查中遇到的较多情况是：发生意外成为肢体残疾人、受到精神刺激成为精神残疾人以及患有重大疾病成为生活难以保障的人。

非残疾人员为62.81岁。从婚姻状况来看，有配偶特困人员享受救助供养时的平均年龄为62.44岁，无配偶人员为60.38岁。从受教育程度来看，受教育程度越高，特困人员享受救助供养时的年龄越早，受教育程度为高中/中专/技校和大专及以上的特困人员被纳入救助供养时的年龄分别为57.29岁、55.00岁。

表1-11　集中供养特困人员享受救助供养时的年龄描述

		均值	标准差	观测值
性别	男性	60.25	10.82	2200
	女性	63.82	11.94	211
城乡	城市	58.00	11.73	235
	农村	60.82	10.86	2166
残疾状况	残疾	54.98	12.23	690
	非残疾	62.81	9.57	1707
婚姻状况	有配偶	62.44	10.31	194
	无配偶	60.38	11.02	2212
受教育程度	没有上过学	61.00	11.57	1295
	小学	60.66	9.87	897
	初中	57.36	10.40	181
	高中/中专/技校	57.29	14.88	31
	大专及以上	55.00	21.21	2

4. 集中供养特困人员入住供养机构时的年龄分布

集中供养特困人员入住供养机构的时间与其被认定为特困人员的时间存在偏差。集中供养特困人员多居于户籍所在地的供养机构。一般而言，特困人员被批准纳入救助供养之后才能入住供养机构，即集中供养特困人员入住供养机构的时间应晚于其被认定为特困人员的时间。但调查数据显示（如图1-2）：9.90%的集中供养特困人员入住供养机构时的年龄小于其被纳入救助供养时的年龄，即存在部分集中供养特困人员先入住供养机构、后被纳入特困供养的情况；入住供养机构早于特困认定三年及以内的人员占比5.66%，入住供养机构早于特困认定三年以上的人员占比4.24%。

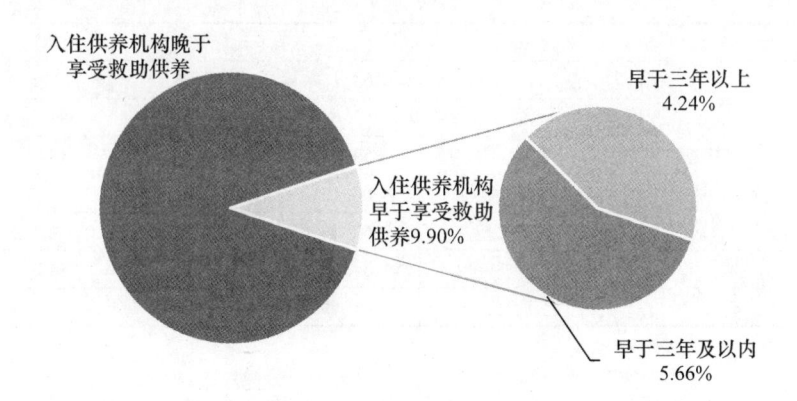

图 1-2 集中供养特困人员认定时间与入住供养机构时间差

具体来看（见表 1-12），集中供养特困人员入住供养机构时的平均年龄为 62.67 岁，高于享受救助供养时的年龄（60.56 岁）。不同人口特征下集中供养特困人员入住时的年龄差异较大（见表 1-13）。

表 1-12　集中供养特困人员入住供养机构时的年龄概况

入住供养机构年龄	平均值	标准差	最小值	最大值	观测值
	62.67	11.30	0	93	2476

表 1-13　不同人口特征下集中供养特困人员入住供养机构时的年龄描述

		均值	标准差	观测值
性别	男性	62.41	11.14	2256
	女性	65.25	12.52	220
城乡	城市	59.70	12.03	240
	农村	62.98	11.18	2225
残疾状况	残疾	56.93	12.31	713
	非残疾	65.01	9.97	1749
婚姻状况	有配偶	64.42	9.91	196
	无配偶	62.50	11.39	2275

续表

		均值	标准差	观测值
受教育程度	没有上过学	63.15	12.06	1342
	小学	62.64	9.98	911
	初中	59.57	10.76	184
	高中/中专/技校	60.13	14.31	31
	大专及以上	60.00	14.14	2
房产状况	有房产	64.40	10.27	843
	无房产	61.78	11.69	1632

从性别来看，女性入住供养机构时的平均年龄高于男性，男性集中供养特困人员入住供养机构时的平均年龄为62.41岁，女性为65.25岁。部分原因在于女性特困人员一般只有在身体不能自理、生活难以维持的情况下才会选择集中供养。

从城乡差异来看，农村集中供养特困人员入住供养机构时的年龄高于城市人员，城市集中供养特困人员入住供养机构时的平均年龄为59.70岁，农村为62.98岁。

从残疾状况来看，是否残疾的集中供养特困人员在入住供养机构时的年龄存在显著差异，残疾人员平均在56.93岁时入住供养机构，非残疾人员平均在65.01岁时入住供养机构。原因在于，重度残疾人员可能在较年轻时就满足特困供养认定中"无劳动能力"的条件。

从婚姻状况来看，有配偶集中供养特困人员入住供养机构时的平均年龄晚于无配偶人员，有配偶集中供养特困人员入住供养机构时的平均年龄为64.42岁，无配偶人员为62.50岁。

从受教育程度来看，随着受教育程度的提高，集中供养特困人员入住供养机构时的年龄大体呈下降趋势。受教育程度越高，越早入住供养机构。

从房产状况来看，有房产集中供养特困人员入住供养机构时的平均年龄为64.40岁，无房产人员为61.78岁。部分原因在于无房产人员由于得不到住房保障，因此在满足特困供养条件后会尽早选择入住供养机构。

集中供养特困人员先入住供养机构、后纳入特困供养的做法，并不符合现行的特困救助供养政策规定。除了调查偏误（如调查对象记错入住机构的时间）以外，还可能存在以下两种原因：一是部分特困人员生活自理能力较差、患病无人护理，在达到60周岁之前，先自费入住供养机构，等到年满60周岁或符合特困人员认定条件之后再办理申请，由当地民政部门批准后，才获得正式的特困人员身份；二是部分地区推行提前"试住"供养机构的措施，为年满60周岁后即可符合特困人员认定条件的城乡居民提供"试住"供养机构的机会，目的是让特困人员提前适应供养机构的生活环境，对比不同供养方式下的生活内容和生活节奏，从而做出更适合自己的选择。

二 特困人员残疾状况

无劳动能力是特困人员认定的重要条件之一。调查数据显示（见表1-14），从残疾程度来看，29.73%的特困人员有不同程度的残疾。从供养方式看，分散供养特困人员中有残疾的人员比例为30.82%，略高于集中供养特困人员（28.66%）。

表1-14　　特困人员中是否残疾的比例分布

	总体		分散供养特困人员		集中供养特困人员	
	频数	百分比(%)	频数	百分比(%)	频数	百分比(%)
残疾	1489	29.73	768	30.82	721	28.66
非残疾	3519	70.27	1724	69.18	1795	71.34

残疾等级是判定特困人员活动能力和自理能力的重要指标，也是判定特困人员照料护理标准档次的依据。调查数据显示（见表1-15），在残疾特困人员中，残疾等级为一级和二级的占比较高，合计为61.28%。具体分析可知，分散供养的残疾特困人员中残疾为一级、二级的人员各占24.89%和41.16%；集中供养的残疾特困人员

中，残疾为一级和残疾二级的人员各占17.76%和37.86%。

表1-15　　　　　　　特困人员残疾等级分布

残疾级别	总体			分散供养特困人员			集中供养特困人员		
	频数	百分比（%）	占所有人员百分比（%）	频数	百分比（%）	占所有人员百分比（%）	频数	百分比（%）	占所有人员百分比（%）
一级	282	21.63	5.85	176	24.89	7.24	106	17.76	4.43
二级	517	39.65	10.72	291	41.16	11.97	226	37.86	9.45
三级	343	26.30	7.11	155	21.92	6.38	188	31.49	7.86
四级	162	12.42	3.36	85	12.02	3.50	77	12.90	3.22

注：这里将"不知道"作为缺失值处理，残疾分散供养特困人员中有55人不知道残疾等级，占比7.22%，残疾集中供养特困人员中有99人，占比14.22%。表中占所有人员百分比是指每一残疾等级的人员占该分散/集中/总体特困人员的比例。

调查发现，有较高比例的残疾特困人员选择在家里分散供养。原因在于，一方面，听力残疾、言语残疾和视力残疾对残疾人的活动能力和自理能力影响较小，其他几类残疾（肢体残疾、智力残疾、精神残疾和多重残疾）在三级及以上时，对残疾特困人员活动能力和自理能力的影响也比较小；另一方面，残疾特困人员整体比较年轻，父母健在的比例较高，因此，父母更希望亲自照料子女而不愿意送其去集中供养。但必须指出的是，父母的照顾具有不可持续性，因为父母一旦患病或去世，重度残疾特困人员的生活将难以维持。

案例1-3：陈某，男，47岁，未婚，无子女，二级残疾。陈某左半身瘫痪，只剩右手可做简易动作，右腿可勉强挪动，无法承担正常体力工作。2016年7月，陈某申请成为特困人员，生活有了一点改善，但仍面临诸多困难。陈某全家至今仍住在一半土坯一半砖瓦的困难房，父母劳动能力有限，特困补助金仅够勉强果腹。陈某一直由其父母照顾,不愿入住福利院,但父母年事已高、身体较差,担心将来去世后,无人照顾陈某。

从案例可以看出,由父母照料的分散供养特困人员能够得到较为充分的照护,但问题在于:一方面,残疾特困人员的家庭经济状况一般较差,较重的护理负担会使整个家庭长期处于较低的生活水平;另一方面,承担主要照护责任的父母随着年龄的增长,其身体机能处于退化状态,一旦患病或离世,将留下残疾子女无人照顾。与此同时,这类残疾人员由于习惯了家庭生活,很难在短时间内适应供养机构的照料或其他陌生人的照料。

三 特困人员资产拥有状况

(一)土地拥有状况

特困人员有九成以上为农村户籍,拥有土地的人员占比相对较高,这里仅分析农村特困人员的土地拥有情况。具体来看(见表1-16),分散供养特困人员中拥有土地的占比为68.42%,集中供养特困人员中拥有土地的占比为47.45%,这是因为集中供养特困人员中存在被征地而进入救助供养范围或者土地不再属于自己管理的情况。

表1-16　　　　　　农村特困人员土地拥有状况

	总体		分散供养特困人员		集中供养特困人员	
	频数	百分比(%)	频数	百分比(%)	频数	百分比(%)
有土地	2678	58.07	1597	68.42	1081	47.45
无土地	1934	41.93	737	31.58	1197	52.55

注:表格中仅统计农村户籍的特困人员的土地拥有情况。

特困人员的土地主要由自己和亲属共同管理。具体来看(见表1-17),分散供养特困人员自己管理土地的比例为40.72%,因为有劳动能力的特困人员一般会选择继续耕种土地,以维持日常生活,若不能或不愿自己耕种,才委托给亲属和朋友管理,或承包流转。集中供养特困人员入住供养机构后,离自有土地较远,由自己管理的比例较小,所占比例仅为12.42%,而由亲属管理的比例高达62.28%。

表1-17　　　　　农村特困人员的土地管理人员列表

	总体		分散供养特困人员		集中供养特困人员	
	频数	百分比(%)	频数	百分比(%)	频数	百分比(%)
亲属	1303	48.98	636	40.03	667	62.28
朋友	67	2.52	39	2.45	28	2.61
村干部	90	3.38	17	1.07	73	6.82
流转	214	8.05	141	8.87	73	6.82
自己	780	29.32	647	40.72	133	12.42
无人管理	84	3.16	47	2.92	37	3.45
其他	122	4.59	62	3.90	60	5.60

注:表格中仅统计农村户籍的特困人员的土地拥有情况。

(二) 房屋拥有状况

调查数据显示(见表1-18),50.98%的特困人员拥有自己的房产。具体而言,分散供养特困人员中有房产的比例为68.21%,集中供养特困人员中有房产的比例仅为33.94%,远低于分散供养特困人员。

表1-18　　　　　　特困人员房产拥有状况

	总体		分散供养特困人员		集中供养特困人员	
	频数	百分比(%)	频数	百分比(%)	频数	百分比(%)
有房产	2567	50.98	1708	68.21	859	33.94
无房产	2468	49.02	796	31.79	1672	66.06

特困人员的房产主要由自己管理。具体来看(见表1-19),在有房产的特困人员中,75.44%的人员由自己管理房产,20.32%的人员由亲属帮忙管理。从供养方式来看,87.86%的分散供养特困人员和50.88%的集中供养特困人员的房产由自己管理,分散供养特困人员自己管理房产的比例较高,因为分散供养特困人员居住在自己家中

的比例较高。此外，在有房产的分散供养特困人员中，由亲属管理的占比10.18%，而集中供养特困人员中的这一比例高达40.40%，这表明多数特困人员在入住供养机构后，会将房产交由亲属管理。

表1-19　　　　　特困人员的房产管理人员列表

	总体		分散供养特困人员		集中供养特困人员	
	频数	百分比(%)	频数	百分比(%)	频数	百分比(%)
亲属	514	20.32	171	10.18	343	40.40
朋友	8	0.32	6	0.36	2	0.24
村干部	28	1.11	4	0.24	24	2.83
其他人	71	2.81	23	1.37	48	5.65
自己管理	1908	75.44	1476	87.86	432	50.88

整体来看，当前城乡特困人员供养基本实现了"应救尽救、应养尽养"，特困人员基本生活得到保障，最弱势、最困难的符合认定标准的人员基本被纳入救助供养范围。但问题在于，不少地方未建立特困人员动态评估机制，导致部分已不满足供养条件的"应退未退"人员存在，如存在"边缘特困""关系特困""有子女特困""维稳特困""补偿特困"和"扶贫特困"等。

第三节　特困人员认定管理分析

本节使用调查数据，对特困救助供养的申请、审核工作以及集中供养特困人员入住供养机构的情况进行分析，并结合实地调查案例，分析特困人员认定管理工作的效率及公平性评价。

一　特困人员认定申办情况

特困人员从申请特困人员救助供养到获得救助的整个过程中，"跑腿"（到政府办公/受理场所）次数，在一定程度上能够反映政府认定特困人员的办事效率和服务态度，也反映了特困人员获取特困救助供养的难度。

整体来看（见表1-20和表1-21），特困人员平均需要去政府办公/受理场所1.56次才能获得特困救助供养，只需办理一次的特困人员占比45.94%，超过三次及以上的占比11.03%，不清楚办理次数的占比34.85%。

表1-20　　　　　　　　特困人员认定申办频次描述

	均值（次）	最小值（次）	最大值（次）	观测值
总体	1.56	1	4	3273
分散供养特困人员	1.58	1	4	1828
集中供养特困人员	1.54	1	4	1445

表1-21　　　　　　　　特困人员认定申办频次列表

	总体		分散供养特困人员		集中供养特困人员	
	频数	百分比(%)	频数	百分比(%)	频数	百分比(%)
一次	2308	45.94	1278	51.06	1030	40.86
二次	411	8.18	221	8.83	190	7.54
三次	231	4.60	146	5.83	85	3.37
四次及以上	323	6.43	183	7.31	140	5.55
不清楚	1751	34.85	675	26.97	1076	42.68

注：这里将"不清楚"作为缺失值处理；将回答为"四次及以上"的计为四次。

需要指出的是，由于部分特困人员活动能力较差，不方便到政府办公/受理场所，基层工作人员上门帮助特困人员办理特困供养申请手续，一次性完成特困人员提出申请、村（居）民委员会审查材料的认定流程。整个申请、审核及至认定的过程不需要特困人员去到政府办公或受理场所一次[①]。

---

① 在数据分析中，我们将这种情况认定为去了1次。

(一) 分散供养特困人员认定申办频次

由表1-20和表1-21可知,分散供养特困人员认定需要去政府办公/受理场所申办特困人员救助供养的平均次数为1.58次,只去一次的占比51.06%,需要去三次及以上的人员比例较小,仅为13.14%。

不同人口特征的分散供养特困人员申办特困救助供养的频次存在差异。调查数据显示(见表1-22),从性别来看,男性分散供养特困人员去政府办公/受理场所办理申请的次数平均为1.58次,略少于女性(1.59次)。

表1-22　　不同人口特征下分散供养特困人员认定申办频次

		均值	标准差	观测值
性别	男性	1.58	1.00	1648
	女性	1.59	1.00	180
城乡	城市	1.68	1.04	112
	农村	1.58	1.00	1704
残疾状况	残疾	1.56	1.00	589
	非残疾	1.60	1.00	1228
婚姻状况	有配偶	1.66	1.03	186
	无配偶	1.57	1.00	1641
受教育程度	没有上过学	1.50	0.94	864
	小学	1.63	1.03	772
	初中	1.75	1.13	160
	高中/中专/技校	1.59	1.05	29
房产状况	有房产	1.54	0.97	1240
	无房产	1.68	1.06	588

注:这里将"不清楚"作为缺失值处理;将回答为"四次及以上"的计为四次。

从城乡差异来看,城市分散供养特困人员去政府办公/受理场所的次数平均为1.68次,农村为1.58次,说明农村分散供养特困人员申办特困救助供养相对简单,"跑腿"次数较少。调查发现,不少农村特困人员是由村干部发现并告知其相关政策,帮助其办理申请,如果准备材料较为齐备,那么受理过程也会更加顺利。

从残疾状况来看，残疾分散供养特困人员平均申办次数为1.56次，较非残疾人员要少，可能的原因是，残疾人员符合认定条件的外部特征较为明显，材料审查较为简单。

从婚姻状况来看，有配偶分散供养特困人员平均申请特困救助的次数约为1.66次，显著多于无配偶人员，这是因为有配偶人员的健康状况及经济条件相对较好，且有配偶能够相互照料，特困的外部特征不够明显，资料审查较为严格，因此一次性办理成功的几率较低。

从受教育程度来看，没有上过学和高中/中专/技校受教育程度的分散供养特困人员需要去政府办公/受理场所申办的次数较低，可能的原因在于：一是高中/中专/技校和小学受教育程度的分散供养特困人员有残疾的比例相对较高[①]，符合特困人员认定的条件较为明显，需多次办理方能通过的可能性较低；二是高受教育程度人员研读社会救助政策的能力较强，在办理特困申请时能够避免多次无效申请。

从房产状况来看，有房产分散供养特困人员申请特困救助的平均次数为1.54次，无房产人员为1.68次，有房产人员申请次数显著少于无房产人员，可能的原因是无房产人员身体状况较差，与亲属同住的较多，申请办理特困救助时由亲属帮忙准备材料和代其办理的可能性较高，但亲属一方面对特困人员的情况和相关政策不能尽知；另一方面其本身经济条件相对较好，可能增加政府对申请人经济状况审查的要求和难度。

（二）集中供养特困人员认定申办频次

由表1-20和表1-21可知，集中供养特困人员去政府办公/受理场所申办特困人员救助供养的平均次数为1.54次，略低于分散供养特困人员。其中，只需要去一次的比例为40.86%，需要去三次及以上的人员比例较低，仅为8.92%。

从不同人口特征维度来看（见表1-23），就性别而言，女性集

[①] 分析不同受教育程度的分散供养特困人员残疾比例可知，没有上过学的、小学、初中、高中/中专/技校等受教育程度的分散供养特困人员的残疾比例分别为：34.16%、25.61%、34.88%和41.18%。

中供养特困人员申办特困人员救助供养相对容易，统计结果显示，男性申办特困人员救助供养平均需要1.56次，女性为1.36次，男性高于女性。原因如前一节所述，集中供养的女性通常年纪较大、身体状况较差，符合认定的外部特征明确。

表1-23　不同人口特征下集中供养特困人员认定申办频次

		均值	标准差	观测值
性别	男性	1.56	0.99	1308
	女性	1.36	0.78	137
城乡	城市	1.59	1.08	118
	农村	1.53	0.96	1323
残疾状况	残疾	1.52	1.01	425
	非残疾	1.55	0.96	1009
婚姻状况	有配偶	1.67	0.96	131
	无配偶	1.53	0.97	1314
受教育程度	没有上过学	1.46	0.91	731
	小学	1.62	1.03	573
	初中	1.68	1.04	117
	高中/中专/技校	1.58	1.07	19
房产状况	有房产	1.41	0.86	485
	无房产	1.60	1.02	960

注：这里将"不清楚"作为缺失值处理；将回答为"四次及以上"的计为四次。

从城乡差异来看，城市集中供养特困人员在获得救助之前，平均需要申办1.59次，略高于农村。城市特困人员申办救助供养的次数略高，该情况与分散供养相似。从残疾状况来看，残疾集中供养特困人员申办救助供养的次数较低，平均需要1.52次，略低于非残疾人员，说明残疾人员申办特困救助供养相对简单。从婚姻状况来看，有配偶集中供养特困人员申办救助供养的次数平均为1.67次，无配偶人员为1.53次。从受教育程度来看，高中/中专/技校和小学受教育程度的集中供养特困人员获得救助供养前需要去政府办公/受理场所申办的次数相对较少，可能的原因与分散供养情况相似。从房产状况来看，有房产集中供养特困人员申请救助供养为1.41次，无房产人员为1.60次。可能的原因是有房产但选择集中供养的人员通常是自理能力很差、自主生活无法维持的人员，符合认定条件的特征较明显，且因为行动能力差，由基层工作人员代为办理的可能性更大。

二 特困人员认定审核情况

特困人员认定审核是实现特困人员"精准"认定的必要程序，也是强化政策监督检查、规范政府权力运行的重要举措。调查数据显示（见表1-24），政府对特困救助供养申请人开展入户审核的比例达到74.56%，未审核比例为14.26%，由于基层政府工作人员发现并协助其申请的人员，其基本情况已为有关部门所知，故未进行正式审核，不清楚是否进行过审核的特困人员比例为11.19%，这主要是因为部分特困人员认识能力偏差，不记得或不知道是否进行过审核。

表1-24　　　　　　　特困人员认定入户审核情况

	总体		分散供养特困人员		集中供养特困人员	
	频数	百分比（%）	频数	百分比（%）	频数	百分比（%）
审核	3739	74.56	2048	81.92	1691	67.24
未审核	715	14.26	289	11.56	426	16.94
不清楚	561	11.19	163	6.52	398	15.83

（一）分散供养特困人员认定审核情况

由表1-24可知，81.92%的分散供养特困人员申请人接受过入户审核，所占比重较大，说明分散供养特困人员的审核面较广，力度较大。

不同人口特征分散供养特困人员的申请审核情况差异较大（见表1-25）。从性别来看，女性分散供养特困人员接受过审核的比例高于男性。男性分散供养特困人员申请救助供养时接受过审核的比例为 86.88%，女性为 94.44%。从城乡差异来看，城市分散供养特困人员申请救助供养时被审核的比例为 89.44%。从残疾状况来看，残疾分散供养特困人员接受过审核的比例为 93.23%，非残疾人员为 85.01%。从婚姻状况来看，有配偶分散供养特困人员接受审核的比例为 91.20%，无配偶人员为 87.20%。从受教育程度来看，不同受教育程度分散供养特困人员的审核情况差异性不大，小学和高中/中专/技校受教育程度的人员被审核的比例最低，分别为 86.35% 和 86.67%，而初中受教育程度的人员被审核比例最高，为 89.81%。

整体来看，不同人口特征的分散供养特困人员审核比例分布与其申办频次差别情况大体一致，即申办频次高，审核比例也高。但是否残疾的审核比例与申办频次正好相反，即，相比非残疾人员，残疾人员的申办频次较低，但审核比例显著增高，这说明特困人员认定工作十分细致且严格，申办和审核为精准识别"上双保险"。

表 1-25　　不同人口特征下分散供养特困人员认定审核情况

		频数	百分比(%)
性别	男性	1827	86.88
	女性	221	94.44
城乡	城市	127	89.44
	农村	1906	87.43
残疾状况	残疾	675	93.23
	非残疾	1361	85.01
婚姻状况	有配偶	228	91.20
	无配偶	1819	87.20
受教育程度	没有上过学	999	88.33
	小学	835	86.35
	初中	185	89.81
	高中/中专/技校	26	86.67

注："不清楚"项作为缺失值处理；表格中的百分比表示在该横向类别的人群中，选项为该纵向选项的人员比例。以性别变量中男性为例，数值 86.88 表示男性分散供养特困人员有过入户审核的比例为 86.88%。

（二）集中供养特困人员认定审核情况

调查结果显示（见表1－24），67.24%的集中供养特困人员表示在申请特困救助供养时接受过政府审核，16.94%的集中供养特困人员表示未进行审核。集中供养特困人员审核比例小于分散供养特困人员，部分原因在于有相当比例的集中供养特困人员是由于政府工作人员了解其基本生活状况和家庭经济能力，从而在申请救助时未对其进行正式审核。

不同人口特征下集中供养特困人员的认定审核情况有所差别（见表1－26）。从性别来看，男性集中供养特困人员有过审核经历的比例为79.46%，女性为84.24%。

表1－26　不同人口特征下集中供养特困人员认定审核情况

		频数	百分比（%）
性别	男性	1536	79.46
	女性	155	84.24
城乡	城市	158	78.61
	农村	1527	80.03
残疾状况	残疾	512	85.33
	非残疾	1171	77.81
婚姻状况	有配偶	158	88.27
	无配偶	1533	79.10
受教育程度	没有上过学	916	82.08
	小学	608	75.43
	初中	132	84.62
	高中/中专/技校	27	90.00
	大专及以上	2	66.67
房产状况	有房产	568	79.44
	无房产	1122	80.09

从城乡差异来看，城市集中供养特困人员申请救助供养时接受过审核的人员占比78.61%，略低于农村人员。

从残疾状况来看，残疾集中供养特困人员接受过审核的比例远高于非残疾人员。统计结果显示，85.33%的残疾人员申请救助供养时接受过审核，非残疾人员仅占77.81%。

从婚姻状况来看，有配偶集中供养特困人员申请特困救助时接受过审核的比例高达88.27%。

从受教育程度来看，在不考虑频数较低的大专及以上受教育程度人员的情况下，随着受教育程度的提高，集中供养特困人员接受特困申请时审核工作的比例呈增加趋势，其中，高中/中专/技校受教育程度人员被审核的比例最高，达到90.00%。这符合前述申办频次低、审核比例高的要求。

从房产状况来看，对无房产集中供养特困人员的审核比例略高于有房产人员。前者为80.09%，后者为79.44%。

三 特困人员认定公正性评价

特困人员救助供养制度是完善社会救助体系、促进社会公平正义的重要举措。在特困人员认定工作中，申请、受理、审核、审批每一个环节都应贯彻公开、公平、公正原则，确保城乡特困人员在救助供养方面权利公平、机会公平、规则公平。而特困人员认定是否做到公开、公平、公正，特困人员最有发言权。问卷中关于申请救助供养过程的公正性评价问题，选项设置为："非常公正""比较公正""不太公正"和"很不公正"，分别赋值为1—4，数值越大，表示公正性评价越低。在实际分析过程中，本书将回答为"不清楚"的选项作为缺失值处理。

调查发现（见表1-27），特困人员对于救助供养工作办理公平性的总体评价为1.57分，介于"非常公正"和"比较公正"之间，评价较高。具体来看（见表1-28），42.65%的特困人员认为非常公正，46.41%的特困人员认为比较公正，2.28%的特困人员认为不太公正，0.48%的特困人员认为很不公正，8.18%的特困人员觉得说不清。

表1-27　　　　　　特困人员认定公正性评价描述

	均值（次）	最小值（次）	最大值（次）	观测值
总体	1.57	1	4	4594
分散供养特困人员	1.59	1	4	2354
集中供养特困人员	1.56	1	4	2240

注："不清楚"项作为缺失值处理。

表1-28　　　　　　特困人员认定公正性评价列表

	总体		分散供养特困人员		集中供养特困人员	
	频数	百分比(%)	频数	百分比(%)	频数	百分比(%)
非常公正	2134	42.65	1053	42.29	1081	43.02
比较公正	2322	46.41	1233	49.52	1089	43.33
不太公正	114	2.28	59	2.37	55	2.19
很不公正	24	0.48	9	0.36	15	0.60
说不清	409	8.18	136	5.46	273	10.86

（一）分散供养特困人员认定公正性评价及影响因素分析

由表1-27和表1-28可知，分散供养特困人员对认定工作公平性的整体评价平均为1.59分，介于"非常公正"和"比较公正"之间。具体来看，认为政府办理特困人员救助供养工作非常公正或比较公正的分散特困供养人员分别占比42.29%和49.52%。

不同人口特征的分散供养特困人员对于特困人员认定工作公正性的评价情况存在差别（见表1-29）。从性别来看，女性分散供养特困人员对特困人员认定工作的公正性评价略低于男性。

表1-29　分散供养特困人员对特困人员认定公正性评价的描述

		均值	标准差	观测值
性别	男性	1.59	0.57	2118
	女性	1.53	0.51	236
城乡	城市	1.56	0.57	147
	农村	1.59	0.56	2193

续表

		均值	标准差	观测值
残疾状况	残疾	1.57	0.53	722
	非残疾	1.59	0.58	1620
婚姻状况	有配偶	1.53	0.53	251
	无配偶	1.59	0.57	2103
受教育程度	没有上过学	1.57	0.56	1129
	小学	1.60	0.57	983
	初中	1.59	0.54	208
	高中/中专/技校	1.58	0.50	31
	大专及以上	—	—	0
房产状况	有房产	1.59	0.57	1612
	无房产	1.58	0.55	742

注:"说不清"项作为缺失值处理。

从城乡差异来看，城市分散供养特困人员认为特困人员认定工作公正的程度高于农村。调查数据显示，城市分散供养特困人员对特困人员认定工作公正性评价得分平均为1.56分，农村为1.59分。农村评价较低，可能的原因是农村地区人际关系复杂且信息传播较快，对于不符合认定的情况较易知晓。

从残疾状况来看，残疾人员对特困人员认定公正性的评价略高于非残疾人员。这是因为残疾人员由于整体状况较差，申请救助供养相对容易。

从婚姻状况来看，有配偶分散供养特困人员对于特困人员认定工作的公正性评价较高，均值为1.53，高于无配偶人员。

从受教育程度来看，不同受教育程度人员对于特困人员认定工作的公正性评价差异性较小。没有上过学的和高中/中专/技校受教育程度的人员对于政府办理特困人员认定工作的公正性评价略高于其他受教育程度人员。

从房产状况来看，有无房产分散供养特困人员对于特困人员认定工作公正性评价差异性较小。

结合不同人口特征的特困人员认定申办频次和审核比例分布整体

来看，申办次数越高、审核比例越高的群体，对特困人员认定工作的公平性评价越高。这说明特困人员对当前认定工作的程序和内容较为满意，同时也说明特困人员对政策公平、公正、公开的需求较高。

既往研究发现，营养状况（蛋白质摄入、维生素摄入）、经济状况以及健康状况等因素会影响特困人员对特困人员认定工作是否公正做出评价。笔者使用定序 Probit 模型，进一步分析这些因素是如何影响特困人员对特困人员认定工作公正性做出评价的。在分析过程中，认定公正性评价与上文描述分析部分的赋值一致。营养状况用荤菜食用情况衡量（由于特困人员食用水果较少，故这里没有将水果食用情况纳入回归模型）。来源于分散供养问卷中问题"您平常多久能吃一次荤菜"，受访对象回答为"几乎每天吃"赋值为1，表示"营养状况较好"；其他赋值为0，表示"营养状况较差"。从统计数据可知（见表1-30），分散供养特困人员的营养状况相对较差，均值为0.21，即每天能吃上荤菜的人员仅占21%。

表1-30 分散供养特困人员对特困认定公正性评价的数据描述性统计结果

变量	观测值	均值	标准差	最小值	最大值
认定公正性评价	2354	1.59	0.56	1	4
营养状况	2438	0.21	0.41	0	1
供养金知晓标准	2214	549.86	178.96	100	2000
是否需更多零花钱	2464	0.31	0.44	0	1
医疗费用负担情况	2407	2.23	1.09	1	4
自评健康	2501	0.27	0.44	0	1
是否残疾	2492	0.31	0.46	0	1
年龄	2493	66.93	11.63	3	98
性别	2504	0.90	0.30	0	1
城乡户籍	2488	0.06	0.24	0	1
婚姻状况	2503	0.10	0.31	0	1
是否有子女	2501	0.05	0.21	0	1
受教育程度	2501	1.63	0.70	1	4

经济状况用供养金知晓标准、是否需要更多零花钱和医疗费用负担情况来衡量，其中供养金知晓标准来源于分散供养问卷中问题"您每月享受的供养金是多少元"，该变量为连续变量，回归时取供养金标准的对数；是否需要更多零花钱为二分变量，来源于分散供养问卷中问题"您现在最大的愿望是什么"第四项中"有更多零花钱"变量，回答为"是"的赋值为1，表示"需要更多零花钱"；回答为"否"的赋值为0，表示"不需要更多零花钱"。医疗费用负担情况来源于分散供养问卷中问题"2017年，您看病花费的医疗费主要由谁来承担"，赋值方式为："政府全部承担"＝1，"政府承担大部分"＝2，"政府承担小部分"＝3，"自费"＝4。据统计分析可知（见表1-30），分散供养特困人员知晓的供养金标准均值为549.86元；31%的分散供养特困人员表示需要更多的零花钱；医疗费用承担的均值为2.23，介于"政府承担大部分"和"政府承担小部分"之间。

健康状况用自评健康状况和是否残疾来衡量，自评健康变量来源于分散供养问卷中"您认为自己的身体健康状况如何"，将回答为"好"的赋值为1；回答为"一般"和"差"的赋值为0。分散供养特困人员的自评健康状况均值为0.27，表明73%的分散供养特困人员认为自己身体健康状况较差。是否残疾变量来源于问卷中"您是否有残疾"，将回答为"是"的赋值为1；回答为"否"的赋值为0。数据统计可知，31%的分散供养特困人员有残疾。

此外，年龄、性别、城乡户籍、婚姻状况、是否有子女、受教育程度这些变量也会影响特困人员认定工作公正性评价生活满意度。其中，年龄为连续变量。性别变量将回答为"男"的赋值为1，将回答为"女"的赋值为0。城乡户籍变量将回答为"城市"的赋值为1，将回答为"农村"的赋值为0。婚姻状况将回答为"已婚"的赋值为1，将回答为"未婚""离异""丧偶"的赋值为0。是否有子女变量将回答为"有"的赋值为1，将回答为"无"的赋值为0，受教育程度变量将回答为"没上过学""小学""初中""高中/中专/技校"和"大专及以上"的分别赋值为1—5。从表1-30可知，分散供养特困人员的平均年龄为66.93岁，其中，九成为男性，94%为农村人员，仅10%为已婚状态，仅5%有子女，受教育程度的平均值为1.63，说明分散供养特困人员整体受教育程度偏低。

表1-31给出了定序Probit模型回归分析的结果。整体来看，自评健康状况显著影响分散供养特困人员对于政府办理特困人员认定工作的公正性评价，由于公正性评价是反向变量，因此自评健康好的分散供养特困人员认为政府办理特困人员认定工作公正性评价显著高于自评健康较差的人员。特困人员深受疾病的困扰，健康状况较好的特困人员能够办理特困人员救助供养，能够促进其对该项政策申请办理的正向评价。其他因素对分散供养特困人员对该项政策办理公正性评价的影响不显著。

表1-31 分散供养特困人员对特困认定公正性评价的影响因素分析

	认定公正性评价
营养状况	0.073
	(0.073)
供养金知晓标准对数	0.113
	(0.089)
是否需更多零花钱	0.086
	(0.061)
医疗费用负担情况（参照组：政府全部承担）	
政府承担大部分	0.013
	(0.068)
政府承担小部分	0.138
	(0.100)
自费	0.065
	(0.083)
自评健康	-0.128*
	(0.066)
是否残疾	0.077
	(0.066)
年龄	-0.003
	(0.003)

续表

	认定公正性评价
性别	0.080
	(0.090)
城乡户籍	-0.098
	(0.114)
婚姻状况	-0.123
	(0.091)
是否有子女	0.122
	(0.137)
受教育程度（参照组：没有上过学）	
小学	-0.009
	(0.060)
初中	0.021
	(0.098)
高中/中专/技校	-0.075
	(0.237)
Constant cut1	0.450
	(0.600)
Constant cut2	2.556**
	(0.607)
Constant cut3	3.285***
	(0.606)
Constant cut4	
N	1909
伪 R^2	0.006

注：括号内为标准差，***、**、*分别表示在1%、5%和10%的水平下显著。

（二）集中供养特困人员认定公正性评价及影响因素分析

由表1-27和表1-28可知，集中供养特困人员对特困人员认定工作公正性的整体评价平均为1.56分，介于"非常公正"和"比较公正"之间。具体而言，认为政府办理特困人员认定工作非常公正或比较公正的集中供养特困人员分别占43.02%和43.33%，集中供养特困人员对特困人员认定工作的公正性评价略高于分散供养特困人员。

不同人口特征下集中供养特困人员对特困人员认定工作公正性的评价情况存在差别（见表1-32）。从性别来看，不同性别的集中供养特困人员对特困人员认定工作的公正性评价差异性较小，其中男性平均得分为1.56分，女性为1.52分。女性对特困人员认定工作的公正性评价整体高于男性。

表1-32　集中供养特困人员对特困认定公正性评价的描述

		均值	标准差	观测值
性别	男性	1.56	0.58	2052
	女性	1.52	0.52	188
城乡	城市	1.70	0.63	204
	农村	1.54	0.57	2029
残疾状况	残疾	1.58	0.58	620
	非残疾	1.55	0.58	1608
婚姻状况	有配偶	1.57	0.54	183
	无配偶	1.55	0.58	2057
受教育程度	没有上过学	1.52	0.56	1209
	小学	1.60	0.60	831
	初中	1.59	0.62	167
	高中/中专/技校	1.52	0.59	25
	大专及以上	1.33	0.58	3
房产状况	有房产	1.54	0.57	773
	无房产	1.56	0.58	1466

注："说不清"项作为缺失值处理。

从城乡差异来看，城市集中供养特困人员对特困人员认定工作公正性的评价平均为1.70，农村人员为1.54，这是因为农村集中供养特困人员申请特困人员救助供养相对简单，且村干部对农村居民生活状况了解程度较高，不少特困人员由村干部帮忙申请，因此申请流程较为顺利。

从残疾状况来看，是否残疾对于集中供养特困人员对政府办理特困人员认定工作的公正性评价影响较小，而且无配偶人员的评价比有配偶人员的要高。

从受教育程度来看，随着受教育程度的提高，没有上过学和高中/中专/技校受教育程度的集中供养特困人员认为政府办理特困人员认定工作很公正高于其他受教育程度的人员。

从房产状况来看，是否有房产对于集中供养特困人员对特困救助办理工作的公正性评价影响较小，其中有房产人员经济条件较好，但也能够办理特困救助供养，享受与无房产人员同样待遇，因此满意度较高，对特困认定工作的公正性评价较高。

结合前文，关于营养状况、是否需要更多零花钱、医疗费用负担情况、自评健康、是否残疾等变量的测量，与本节分散供养特困人员对特困认定公正性评价的影响因素设定一致。

统计分析可知（见表1-33），68%的集中供养特困人员几乎每天能吃到荤菜，25%的集中供养特困人员表示需要更多零花钱，集中供养特困人员医疗费用负担平均为1.57，介于"政府全部承担"和"政府承担大部分"之间，34%的集中供养特困人员自评健康较好，29%的集中供养特困人员有残疾。以上几个变量具有显著性。

表1-33 集中供养特困人员对特困认定公正性评价的数据描述性统计结果

变量	观测值	均值	最小值	最大值
认定公正性评价	2240	1.56	1	4
营养状况	2496	0.68	0	1
入住供养机构年数	2487	6.85	0	55
是否领取养老金	2532	0.88	0	1
是否需更多零花钱	2513	0.25	0	1
医疗费用负担情况	2449	1.57	1	4
自评健康	2525	0.34	0	1
是否残疾	2516	0.29	0	1

续表

变量	观测值	均值	最小值	最大值
年龄	2521	69.55	5	106
性别	2532	0.91	0	1
城乡户籍	2521	0.10	0	1
婚姻状况	2526	0.08	0.27	0
是否有子女	2529	0.06	0	1
受教育程度	2526	1.56	1	5

入住供养机构年数和是否领取养老金，也会影响集中供养特困人员对特困认定工作的公正性评价。其中，入住供养机构年数为连续变量，集中供养特困人员平均入住供养机构6.85年。而是否领取养老金，以60岁为限额，大于60岁的人员，笔者认定为其领取养老金，赋值为1，小于60岁的人员，笔者认为没有领取养老金，赋值为0。统计分析可知，88%的集中供养特困人员达到了领取养老金的年龄。

此外，年龄、性别、城乡户籍、婚姻状况、是否有子女和受教育程度与前文设定一致。由表1-33可知，集中供养特困人员的平均年龄为69.55岁，其中，91%为男性，90%为农村户籍，仅8%的人员有配偶，6%的人员有子女，受教育程度的平均值为1.56，说明集中供养特困人员整体受教育程度偏低。

表1-34给出了定序Probit模型回归分析的结果。整体来看，集中供养特困人员的生活水平越好，对特困人员救助供养认定工作的评价越高。

表1-34 集中供养特困人员对特困认定公平性评价的影响因素分析

	认定公正性评价
营养状况	0.116**
	(0.059)
入住供养机构年数	0.001
	(0.004)
是否领取养老金	0.171
	(0.112)

续表

	认定公正性评价
医疗费用负担情况（参照组：政府全部承担）	
政府承担大部分	0.395***
	(0.069)
政府承担小部分	0.450***
	(0.153)
自费	0.444***
	(0.094)
是否需更多零花钱	0.027
	(0.062)
自评健康	-0.093*
	(0.056)
是否残疾	0.115*
	(0.063)
年龄	-0.005
	(0.004)
性别	0.005
	(0.097)
城乡户籍	0.248***
	(0.096)
婚姻状况	0.006
	(0.104)
是否有子女	-0.0001
	(0.112)
受教育程度（参照组：没有上过学）	
小学	0.161***
	(0.057)
初中	0.075
	(0.107)
高中/中专/技校	0.017
	(0.261)
大专及以上	-4.594***
	(0.253)
Constant cut1	0.080
	(0.242)

续表

	认定公正性评价
Constant cut2	2.047***
	(0.247)
Constant cut3	2.674***
	(0.257)
Constant cut4	—
	—
N	2056
R^2	0.027

注：括号内为标准差，***、**、*分别表示在1%、5%和10%的水平下显著。

营养状况较好的集中供养特困人员对特困人员认定工作公正性评价高于营养状况较差的人员；自评健康对特困人员认定工作公正性评价有显著的正向影响，自评健康较好的集中供养特困人员对特困人员认定工作的公正性评价高于自评健康差的人员；农村集中供养特困人员对特困人员认定工作公正性的评价显著高于城市；残疾集中供养特困人员对特困人员认定工作公正性评价显著低于非残疾人员；受教育程度为小学的集中供养特困人员对特困人员认定工作公正性评价显著低于没有上过学的人员，而大专受教育程度的集中供养特困人员对特困人员认定工作公正性评价显著高于没有上过学的人员；在医疗费用负担方面，政府承担医疗费用的程度越大，集中供养特困人员对于特困人员认定工作公正性的评价越高。入住供养机构年数、是否领取养老金以及是否需要零花钱变量对于特困认定工作的公正性评价影响不显著。

整体来看，特困人员对特困人员认定工作的公正性评价较高，但也有少部分特困人员评价较低，认为特困人员认定存在一定的"随意性"。困难群体发生困难的原因多种多样，不同的劳动能力及财产状况难以明确界定，基层民政工作人员在特困认定时拥有一定的"自由裁量权"，因此被一些群众误认为是"随意性"。

局部来看，个别基层工作人员工作效率低下或行为不当，损害了特困人员的切身利益，也伤害了整个社会的公平正义。究其原因，正因，正是因为特困认定标准不够细化、监督机制不尽完善，特困人员与政府工作人员之间信息不对称，才让某些人有了可乘之机。

特困人员救助供养旨在"兜底线"，从源头上保障最底层困难群体的基本生活需要，保障底层困难人员的生存权利和发展权利。从整体来看，特困人员认定申办、管理和审核的效率及规范性较高，尤其是基层民政干部践行"民政为民、民政爱民"理念，上门帮助特困人员办理特困供养申请手续，广受特困人员好评。但是，在实践过程中也存在诸如集中供养特困人员提前入住供养机构、个别地方特困认定效率较低、审核不严等情况。

第四节 总结与讨论

一 研究总结

（一）特困供养基本做到精准认定

目前，在"托底供养"和"适度保障"的基本原则下，特困供养主体的认定依据较为明确。本次调查的9省（直辖市）11个地市，均已出台特困供养的配套政策文件，并且对特困人员资格认定条件做了进一步的细化和实化。调查中特困人员基本符合认定条件，但生活面临多方困难。

整体而言，已经纳入特困供养的群体基本符合认定条件：首先，从年龄来看，特困供养对象主要是60岁及以上的老人、孤儿和中青年；其次，从其他人口特征维度来看，特困供养对象主要是社会经济地位低、生存能力低、人力资本低的"三低"人员，具体来说，超九成的特困人员是农村户籍、超九成的特困人员处于非婚状态，超九成的特困人员没有子女，超半数的特困人员没有上过学；最后，还有近三成的特困人员身患残疾，且残疾等级为一级和二级的占比较高。

（二）特困救助供养认定存在偏差

特困人员认定存在一定偏差，主要表现在以下两个方面：

1. 年龄与残疾状况认定偏差较大

特困人员年龄基本符合认定条件，即大部分供养对象被认定为特困人员时的平均年龄为60岁左右，但仍存在17.89%的特困人员并非残疾却在60岁之前就被纳入救助供养。虽然存在部分地区依据特困人员的生存状况和地方政策情况，会放宽对特困供养认定标准，但其所占的比重并不高。整体而言，非残疾人员和有配偶人员的生存能力和经济状况较好，其被认定为特困供养对象的时间整体较晚；女性集中供养特困人员享受救助供养时的年龄相对于其他类型人员最晚；残疾和受教育程度高的特困对象被认定的时间较早，平均在55岁左右。

集中供养特困人员的认定偏差相对较大。调查数据显示，集中供养特困人员平均享受救助供养时的年龄略高于分散供养特困人员1岁。具体来说，非残疾人员中，集中供养特困人员在60岁前享受救助供养的人员比例，远远大于分散供养特困人员；轻度残疾人员中，在不满足"老年人"条件时被认定为特困人员的比例亦高于分散供养特困人员。

2. 部分特困人员入住供养机构时间早于认定时间

集中供养特困人员入住供养机构的时间偏差较大。调查数据显示，集中供养特困人员入住供养机构时的平均年龄大于其享受救助供养时间1—2年。此外，女性、非残疾的集中供养特困人员因为生活水平或自理能力较强，入住供养机构时的年龄也较大。

（三）认定申请效率较高

特困救助申请的效率整体水平较高。具体而言，分散供养特困人员申请认定时需要去政府办公/受理场所的平均次数为1.58次，集中供养特困人员去政府办公/受理场所的平均次数为1.54次，其中，51.06%的分散供养特困人员和40.86%的集中供养特困人员只需一次即可办理成功。说明特困救助申办工作的程序较为简单，相关部门工作效率较高。

（四）特困人员认定公正性评价较高

特困人员对特困救助供养工作的评价整体较高，说明特困救助工作基本实现特困人员的权利公平、机会公平和规制公平。统计数据表明，集中供养特困人员对特困人员认定工作公正性评价略高于分散供养特困人员，主要因为集中供养特困人员身体健康状况较差，在办理特困救助供养工作前无人照料的比例较高，因此，办理特困供养申请时较易识别，被要求办理的次数较低，且政府工作人员审核情况的比例较低，手续相对简单，满意度更高。

（五）部分地区认定标准过于宽泛，存在"应退未退"

调查发现，特困人员中存在部分"应退未退"人员，主要为"身体健康、没有残疾且未满60岁"的人员。这类人员主要可以分成四类：一是"边缘特困"，这种情况大多发生在财政实力较强的地区，即将55岁以上、符合特困人员认定其他条件的人员纳入特困供养对象，或将患有大病或三级残疾的、符合特困人员认定其他条件的人员纳入特困供养对象等；二是"有子女特困"，包括有女无子、有养子女或继子女三种情况，这种情况多发生在农村地区，即将"有女无子""儿子入赘"的老年村民纳入特困供养救助；三是"关系特困"，即"走后门"进来的"人情保""关系保""平均保"；四是"维稳特困""补偿特困""扶贫特困"，即将特困救助供养作为基层政府稳住上访户、补偿受损户、帮扶贫困户的手段。

不少地方对特困人员的认定缺乏有效评估，尚未建立特困人员基本情况的动态监督体系，政策虽然制定相关认定和退出条件，但在实际执行过程中难以执行，特困人员的财产、生活自理能力难以有效鉴定，导致许多不满足特困救助供养的人员被纳入救助范围，而对于特困人员经济状况和生活自理能力发生变化的人员，也不能及时评估，及时从特困救助供养中退出。

（六）特困供养方式选择权受损

特困供养方式包括分散供养和集中供养，供养方式的选择原则上尊重特困人员意愿，并根据个人实际需求，优先安排丧失生活自理能力的特困人员入住集中供养机构，鼓励和支持有生活自理能力的特困人员在家分散供养，提高集中供养资源的使用效益。

但从调查结果来看，特困供养方式并不能自由选择和切换。一方面，由于多数集中供养机构护理能力不足，部分失能失智、需要照护的特困人员被拒之门外；另一方面，部分特困人员被迫选择集中供养或无法转为分散供养。具体表现在：1. 在集中供养特困人员的供养金由县级财政部门直接拨给集中供养机构的情况下，各流程工作人员"合谋"替特困人员选择集中供养，将其变为套取供养金的"油套子"；2. 工作人员为了管理方便，简单粗暴"一刀切"地自行代替特困人员选择了集中供养；3. 有的村居为征收土地用于开发或流转，强行将特困人员的房子拆除，逼其住进集中供养机构；4. 个别地方政府为完成脱贫目标，要求特困人员全部迁入精准扶贫安置房，实行集中供养。

二 讨论与思考

精准识别、精准救助等是我国特困供养救助政策实施的难点和重点。在实际操作中，由于特困人员家庭情况多样化和复杂化，特困人员难以精准识别，部分较弱势的群体未能纳入特困救助供养范围，而一些家庭条件较好、隐性收入相对较高的人员反被纳入特困供养范围之内。此外，部分特困人员不满足供养条件后未及时清退的现象也时有发生。特困救助供养政策的有效实施，应首先从精准识别开始，突出"托底性"原则，让国家惠民政策真正落到实处。

（一）完善特困人员认定及退出机制，实现"应保尽保，应退尽退"

1. 加强特困供养资格评估，包括失能失智人员的生活自理能力评估和经济困难程度审核。符合特困条件的应养尽养，兜住底线。

2. 清退不符合特困供养条件的人员，包括有女无子、有养子女、有继子女等"有子女户"和"关系户""维稳户""补偿户""扶贫户"等。

3. 积极引进信息化技术加强特困人员审核、需求识别等方面的管理，制定精细化的特困救助标准以及第三方评估机制，对特困人员认定条件进行多方比对及精细化审核，及时公开认定信息，建立多方监督体系。

4. 发挥基层政府或自治组织对分散供养特困人员基本生活条件的

调查，建立定期寻访制度，对于基本生活能力较差的特困群体应给予倾向性帮扶。

5. 通过长效跟踪、动态核查、实时更新特困人员的真实情况和资料，确保特困供养政策惠及有真实需求的困难人群，保障公平。

（二）分类保障，保护特困人员供养方式选择权

1. 根据生活自理程度，对特困人员进行分类保障。一是能够且愿意分散供养的，优先考虑分散供养；二是失能半失能和失智的特困人员，经第三方评估，统一入住养护院或特护区；三是生活能够自理的特困人员，可以就地就近入住养老服务机构，其中，特困人员与其他入住老人的区别仅在于特困人员的缴费由财政买单；四是精神障碍特困人员，入住专业的精神障碍托养机构，由机构进行集中管理，提供专业的护理服务和康复治疗。

2. 尊重和保护特困人员对于供养方式的选择权。具体而言：（1）对于特困人员尤其是那些有自理能力的特困人员，须由其自主选择供养方式；（2）留下特困人员变换供养方式的政策"接口"，特困人员入住集中供养机构之后，保留其房屋、承包地，在集中供养特困人员无法适应集中供养方式的情况下，避免因"家没有了"而不能转回为分散供养；（3）尊重和保护特困人员的财产权，特困人员入住集中供养机构后，其房屋、承包土地和拥有林权的山林，在处置权、收益权方面出台更加规范、更加细化的规定，尤其是要禁止所在村集体、监护人或其他人为了图谋特困人员的财产而强制特困人员入住集中供养和机构。

（三）加强政策衔接，确保"应享尽享"但"不多享"

现行社会救助政策间转换衔接不畅，表现在两个方面：一是特困人员救助供养政策与其他社会救助政策之间存在诸多相同和重复，如对于最低收入保障对象、孤儿、特困人员，只能被认定为其中一项；二是当救助对象的经济条件及生活自理能力发生变化时，会面临不同社会救助政策之间的转换，而在转换过程中，由于工作程序的衔接不畅，而导致"多保"或"迟保""漏保"等诸多问题。

因此，应加强政策转换和衔接。重点做好特困救助供养制度与其他社会救助制度、社会保险制度、社会福利制度的有效衔接，合理安排政府财政预算，切实保障特困救助基本生活供养标准和护理补贴标准的支出需求。首先，应提高政府工作效率，防止政策变更造成的衔接不及时、政策重合等问题产生，并造成特困人员利益受损；其次，应扩大政策宣传，做好特困人员各项政策转移衔接时的政策享受和退出情况的宣传和教育，减少因特困人员认识偏差而引致的社会矛盾；最后，应建立特困人员救助评价和意见征询机制，及时走访和了解特困人员的基本生活状况和生活需要，保障特困人员的诉求被及时关注和采纳。

（四）加强监督，确保认定工作"不留后门"

针对特困供养认定工作中的腐败现象，第一，应建立切实可行的监督机制，开通便捷有效的投诉渠道，鼓励公众参与政府工作事务监督；第二，加强执法力度，严厉打击政府公务人员的违法腐败行为；第三，积极引进第三方审核评估，对现有特困人员进行评估监督，及时清理不合条件的特困人员，并追究相关责任。

（五）发挥社会力量作用

加大政府购买力度，鼓励引导公益慈善组织、社会工作服务机构、企事业单位和志愿者等社会力量，承接特困人员认定、日常照料、康复护理等供养服务和供养服务质量评估。如湖北省荆门市掇刀区联合第三方非营利社工机构在该区城乡开展年度低保、特困对象的审核工作，主要对居民家庭收入、家庭财产进行多方评估，对特困人员认定"精准性"进行识别和动态审核，及时清除不符合认定条件的供养对象。核查人员只对社工机构负责，有效杜绝了"关系特困""维稳特困"等现象，提升了特困认定的精准度、透明度和群众的满意度。

分报告二 特困人员生活状况研究报告

本分报告将对特困人员的生活状况展开描述分析，具体包括特困人员生活消费、居住状况、收入情况三个方面。第一节为特困人员生活保障政策描述；第二节和第三节分别对分散供养特困人员和集中供养特困人员的基本生活状况、生活满意度及突出问题进行阐述和分析；第四节为研究结论以及相关思考和建议。

第一节 特困人员生活保障政策解读

特困人员生活保障旨在托住特困人员基本生活底线。随着我国精准扶贫与社会救助工作的不断推进，越来越多底层困难群众得到实实在在的生活帮扶。截至2018年，全国享受特困供养救助人员达482.7万，2018年全年累计支出救助供养资金334.6亿元，特困人员生活保障工作取得积极进展和明显成效。

一 特困人员生活保障政策概述

（一）特困人员供养标准

特困供养政策旨在解决特困人员"温饱"问题，满足特困人员基本生活条件，兜住困难群体生存底线。

特困人员基本生活保障包括粮油、副食品、服装、被褥等日常生活用品和零用钱等方面的供给。而基本生活保障通常以现金或实物的方式提供，其中，现金方式主要表现为特困人员救助供养金。目前，特困救助供养金标准多由县级以上地方人民政府统筹管理，包括基本生活供养标准和照料护理供养标准。基本生活供养标准是在综合考虑地区经济、城乡差异等因素的基础上确定的，它通常以能够满足特困人员基本生活需要为目的，参照本地区上一年度居民人均消费支出、可支配收入或低保标准的一定比例确定，原则上不低于当地低保标准的1.3倍。照料护理标准，按照差异化服务原则，依据特困人员生活自理能力和服务需求分档制定。特困救助供养金标准根据地区经济社会发展水平和物价水平变化，及时动态调整，以保障特困人员基本生活水平稳定。

特困救助供养在各个维度上差异明显。由于遵循属地管理的原则，特困救助供养标准呈现出明显的地区差异和城乡差异，此外，在不同供养方式、不同生活自理能力的人员之间也存在差异。具体而言：城市特困人员供养金标准高于农村；集中供养特困人员供养金标准高于分散供养特困人员；供养金标准与自理能力呈反比；东部发达地区供养金标准较高，中西部地区供养金标准较低，省会或直辖市经济水平较高，特困救助供养标准也相对较高。

特困救助供养金由县级财政部门发放，不同供养方式人员的发放方式有所不同。集中供养对象的供养金多发放至集中供养机构，由集中供养机构统一管理支配。这种方式旨在形成集中供养的规模效应，降低服务成本，提高保障力度，方便人员及资金管理。分散供养特困人员的救助供养金主要通过社会化方式发放，一般直接划拨至个人或监护人的银行账户，随取随用。这种方式可有效避免遗失或非法占有供养金，有利于保障供养金安全，同时起到储蓄作用，方便特困人员支配、管理个人资产。

（二）特困人员教育保障

特困人员享有受教育的权利。《国务院关于进一步健全特困人员救助供养制度的意见》（国发〔2016〕14号）明确指出，对在义务教育阶段就学的特困人员给予教育救助；对处于非义务教育阶段的特困人员，在接受高中教育（含中等职业教育）、普通高等教育时，仍可根据实际情况给予适当的教育救助。

教育救助内容包括：相关费用减免、助学金、生活补贴以及勤工助学等。根据不同受教育阶段的特点，保障特困人员学习和生活需要。教育救助标准由省、自治区、直辖市人民政府，根据本区域经济发展状况和救助对象的需求确定。特困人员申请教育救助时，应按照国家有关规定向就读学校提出申请，经过相关审核确认后，由学校根据国家有关规定执行相关保障内容。

（三）特困人员住房保障

特困人员住房保障主要针对符合规定标准、住房困难的分散供养特困人员，给予他们住房救助。集中供养特困人员由集中供养机构提供居住。

住房保障存在城乡差异。由于住房条件的差异性，城乡特困人员获得住房救助的方式有所不同。《住房城乡建设部民政部财政部关于做好住房救助有关工作的通知》（建保〔2014〕160号）提出，对于满足城市住房救助条件的城镇住房救助对象，优先为其配租公共租赁住房，并给予相应的租金减免或发放租赁补贴；对于满足农村住房救助条件的人员，优先纳入当地农村危房改造计划，对符合条件的住房予以优先改造，也可通过村（居）民委员会的闲置公共用房予以安置。

住房救助申请主要由县级以上人民政府管理。城市家庭住房救助申请，应直接或委托基层政府，向县级人民政府的住房保障部门提出，由住房保障部门核查申请者家庭住房状况，并由同级民政部门核查家庭收入和财产状况后，确定并公示。农村家庭住房救助申请按照县级以上人民政府有关规定执行。

住房救助认定标准及救助实施标准均由县级以上人民政府制定。该标准由当地经济社会发展水平和住房价格决定，按年度实施调整，并及时公示。

（四）特困人员丧葬保障

特困人员死亡后的丧葬事宜，集中供养的由所在集中供养机构办理，分散供养的由乡镇人民政府（街道办事处）委托村（居）民委员会或其亲属办理。丧葬事宜中涉及的相关费用按照当年的一年基本生活标准从救助供养经费中支出。

丧葬补贴亦存在地方差异。以调查的11个地市为例,特困人员殡葬服务费用补贴主要有以下三种形式:1. 按当地县级民政部门的一年供养金标准予以一次性补助,如荆门市、信阳市;2. 对全部基本殡葬服务费用予以补贴,此外,对其他必要丧葬费用也予以补贴,补贴从供养金中支出,如福州市;3. 对于特困人员殡葬保障与其他政策重合的部分,按某一项政策优惠标准进行保障,如南通市的基本丧葬费用按当地惠民殡葬的有关政策执行。

二 特困人员生活保障政策分析

我国特困救助生活保障政策基本落实,各地区依据自身经济条件和人口特点,亦不断细化政策举措和具体规定,较好地保障了特困人员的基本生存和生活。但必须正视的是,仍存在部分特别困难群体生计艰难,衣食无着,目前的生活保障政策还未能满足其需求。

(一)生活保障基本落实,但仍有改善空间

特困供养政策较好地保障了特困人员的基本生活,兜底民生的成效显著,但在特困人员的营养状况、穿衣保障、住房条件的供给上仍有进步空间。特别是伴随经济社会发展以及生活方式的日益多元化,特困人员的日常需求呈现多样化、个性化以及更丰富的层次性,对生活水平和精神慰藉的要求不断提升。但现行的特困救助标准较为单一,部分特困人员仅能享受最基本的特困救助供养金,其他方面的需求较难满足。此外,由于政策实施过程存在随意化和不确定性,一些政策规定的保障内容仍需进一步落实到位,如实物补助的发放具有较强的不确定性,部分地区在节假日为特困人员发放实物,但发放标准和发放周期并不固定。

(二)特困救助标准逐年提高,但差异化不明显

特困供养救助标准随各地经济社会发展水平和物价变化情况逐年提高,较好地满足了托底保障的动态需求。但在现实中,特困人员发

生贫困的原因千差万别，陷入困难的程度各不相同，实际状况相差很大。而目前，特困供养救助制度仅在城乡之间、供养方式之间和失能程度之间做出了区分和界定，缺乏更为细致的分类标准，以致未能充分发挥托底民生的作用。

（三）供养金代领存在冒领、侵占风险

分散供养特困人员的特困救助供养金主要由政府部门直接发放至特困人员个人账户，需要凭有效身份证件领取。这种发放方式既可保障资金安全，又方便"随用随取"，但显著影响受教育程度低、认知能力低下以及活动能力低下的人员对供养金的获得。当无法自主领取供养金时，分散供养特困人员只能通过监护人或他人（如亲属、邻居、基层工作人员等）帮忙领取，而供养金"代领"可能引发"冒领"或私自侵占的问题。

第二节 分散供养特困人员生活状况分析

本节结合调查数据和案例分析，主要从生活消费、居住状况、收入情况三个维度对分散供养特困人员的基本生活状况进行描述，分析生活满意度影响因素，并在此基础上思考特困供养政策运行中存在的难点和问题。

一 基本情况

（一）分散供养特困人员生活消费状况

1. 主要消费支出

特困人员消费支出结构是指特困人员的各项支出在其总支出中所占的比例，反映了特困人员的生活水平。整体来看，饮食花费是分散供养特困人员最主要的花费。调查数据显示（见表2-1），92.80%的分散供养特困人员认为饮食花费是其主要的消费之一。此外，分别有43.58%、42.02%、36.07%的分散供养特困人员认为看病/医疗、日用品和烟酒花费是其最主要的消费。

表 2-1　　　　　　　分散供养特困人员主要消费支出列表

	频数	响应百分比(%)	个案百分比(%)
饮食	2321	33.49	92.80
水果	534	7.70	21.35
烟酒	902	13.01	36.07
衣物	637	9.19	25.47
日用品	1051	15.16	42.02
人情往来	248	3.58	9.92
交通	67	0.97	2.68
看病/医疗	1090	15.73	43.58
其他	81	1.17	3.24
合计	6931	100	277.13

注：表中百分比是指每一选项的选择人数与总体人数或总体响应数的比值。

2. 饮食花费

分散供养特困人员饮食花费水平整体较低，但存在较大个体差异，两极分化明显。具体而言（见表 2-2），大多数分散供养特困人员的月饮食花费在 300—600 元（600 元接近供养金标准均值，但也有部分地区供养金标准远低于此），人均饮食花费为 424.80 元/月，其中，最高水平为 3000 元/月，最低为 0 元。

表 2-2　　　　　　　分散供养特困人员饮食花费金额

支出金额	平均值（元/月）	最小值（元/月）	最大值（元/月）	观测值
	424.80	0	3000	2473

注：0.36% 的人员饮食花费为 0 元/月；2.22% 的人员饮食花费少于 100 元/月；0.44% 的人员饮食消费支出超过 1000 元/月。

饮食花费为零或低于平均消费水平的人群生活条件较差，饮食较为节俭。饮食花费为 0 元的分散供养特困人员主要是两种：一是自己种植粮食蔬菜，自给自足；二是与亲属同吃同住，其饮食由亲属提供。这两类人群的饮食花费无法估算,故计为零。饮食花费较少或低于平均消费水平的分散供养特困人员,有相当部分经济拮据、生活困顿,营养水平远不能满足健康需求。

值得注意的是,在调查中有546人月饮食花费大于等于600元,共占总调查样本的22.08%。其中,53人(占比2.14%)月饮食花费在1000元及以上,远超普通居民生活消费水平和特困供养金标准。尽管可能有部分供养人员过高估计自身饮食花费,但不排除存在少数人员不符合特困人员认定标准的情况(详见表2-3)。

表2-3　　　　　　分散供养特困人员饮食花费分段情况

	频数	百分比(%)
0—299元	398	16.09
300—599元	1529	61.83
600—999元	493	19.94
1000元及以上	53	2.14

下面将从不同的三餐获取方式以及不同人口特征对分散供养特困人员的月饮食花费情况进行对比分析。

(1) 不同三餐获取方式的饮食花费

从表2-4来看,由于三餐获取的渠道存在较大差别,分散供养特困人员的饮食消费支出也差异较大。具体而言,自己烧饭的分散供养特困人员人数占比最高,为74.49%;其次为在亲朋家吃饭的人员,占比17.28%,这两类人员的饮食花费相对较小,平均分别为429.80元和404.70元。与他人合伙烧饭和吃食堂的人数占比不足6%,但花费最多,平均分别为455.91元和442.80元。可见,自己烧饭有利于减少生活成本,在亲朋家吃饭也能抵消部分饮食消费支出,而自理能力差、社会支持少的分散供养特困人员,其基本生活成本相对较高。

表2-4　　　　不同三餐获取方式下分散供养特困人员
饮食花费情况描述（元/月）

	均值	标准差	观测值	占比（%）
自己烧饭	429.80	199.09	1890	74.49
吃食堂	442.80	279.23	57	2.30
在亲朋家吃饭	404.70	194.34	427	17.28
合伙烧饭	455.91	163.75	44	1.78
别人到家来帮忙做	393.50	193.28	40	1.62
其他	292.31	193.48	13	0.53
总体	424.92	200.14	2471	

（2）不同人口特征的饮食花费

从表2-5来看，不同人口特征的分散供养特困人员饮食消费结构及消费方式均有所差别。具体而言：

表2-5　　　　不同人口特征下分散供养特困人员
饮食花费情况描述（元/月）

		均值	标准差	观测值
性别	男性	425.98	195.99	2220
	女性	414.46	233.39	253
城乡	城市	537.28	262.95	151
	农村	416.86	192.97	2306
残疾状况	残疾	421.57	197.69	754
	非残疾	427.00	200.91	1708
婚姻状况	有配偶	403.47	190.99	260
	无配偶	427.23	201.07	2212
受教育程度	没有上过学	415.47	202.37	1192
	小学	426.41	185.99	1029
	初中	464.69	242.19	215
	高中/中专/技校	454.26	220.56	34
房产状况	有房产	416.55	194.83	1685
	无房产	442.44	210.00	788

从性别来看，男性分散供养特困人员的饮食花费整体高于女性。调查数据显示，男性分散供养特困人员人均月饮食花费为425.98元，女性分散供养特困人员人均月饮食花费仅为414.46元。

从城乡差异来看，城市分散供养特困人员饮食消费支出显著高于农村。调查数据显示，城市分散供养特困人员人均月饮食花费为537.28元，农村分散供养特困人员人均月饮食花费仅为416.86元。可能的原因在于，一方面，城市生活成本高于农村；另一方面，在各地区现行的特困供养政策中，城市分散供养特困人员的供养金标准整体高于农村，高收入带动高消费，因此，城市分散供养特困人员的饮食消费水平相对较高。

从残疾状况来看，不同残疾程度的分散供养特困人员人均饮食消费支出差异不大。调查数据显示，残疾分散供养特困人员人均饮食花费为421.57元/月，非残疾分散供养特困人员人均饮食花费略高，为427.00元/月。可能的原因是非残疾分散供养特困人员的活动能力较强，社会交往（如请客吃饭）及相关花费相对较多。

从婚姻状况来看，有配偶分散供养特困人员的人均月饮食花费显著低于无配偶人员。调查数据显示，有配偶分散供养特困人员的人均饮食花费为403.47元/月，而无配偶分散供养特困人员的人均饮食花费为427.23元/月，可能的原因是家庭生活费用共同分担有利于降低生活成本。

从受教育程度来看，随受教育程度的提高，分散供养特困人员的饮食花费基本呈上升趋势。调查数据显示，受教育程度为初中的分散供养特困人员人均饮食花费最高，达464.69元/月，比没有上过学的分散供养特困人员高49.22元/月。

从房产状况来看，无房产的分散供养特困人员人均月饮食花费略高于有房产人员。调查数据显示，无房产分散供养特困人员人均月饮食花费为442.44元，略高于有房产者的416.55元。可能的原因是无房产分散供养特困人员多借住在亲属家中，故而营养状况相对较好。

3. 荤菜食用周期

营养状况是影响特困人员生活质量的重要因素。荤菜食用周期和频率是衡量特困人员营养状况的标准之一。调查问卷对于荤菜食用周期的测量方法为："几乎每天吃""每周至少吃一次""每月至少吃一次""至少两个月以上吃一次""很少吃或从来不吃""吃素，不吃荤"6个选项，依次赋值为1—6，数值越大，周期越长，表示吃荤菜的频率越低。

整体而言，分散供养特困人员荤菜食用周期较长，整体营养状况较差。统计结果显示（见表2-6），分散供养特困人员的荤菜食用周期均值为2.61，即分散供养特困人员平均荤菜食用周期介于"一周至少吃一次"和"每月至少吃一次"之间。具体分析可知（见表2-7），分散供养特困人员中，几乎每天吃荤菜的比例仅为20.15%，每周至少吃一次荤菜的人员比例为42.62%，每月至少吃一次荤菜的比例为14.99%，16.71%的人员表示很少吃或从来不吃荤菜。

表2-6　　　　　　分散供养特困人员荤菜食用周期描述

变量	观测值	均值	标准差	最小值	最大值
荤菜食用周期	2501	2.61	1.42	1	6

表2-7　　　　　　分散供养特困人员荤菜食用周期列表

	频数	百分比(%)
几乎每天吃	504	20.15
每周至少吃一次	1066	42.62
每月至少吃一次	375	14.99
至少两个月以上吃一次	75	3.00
很少吃或从来不吃	418	16.71
吃素，不吃荤	63	2.52

从表2-8可知，根据不同人口特征，分散供养特困人员的荤菜食用周期存在显著差异。具体而言：

表 2-8　不同人口特征下分散供养特困人员荤菜食用周期

		均值	标准差	观测值
性别	男性	2.60	1.40	2246
	女性	2.73	1.53	255
城乡	城市	2.01	1.11	154
	农村	2.65	1.43	2331
残疾状况	残疾	2.58	1.41	765
	非残疾	2.62	1.42	1724
婚姻状况	有配偶	2.65	1.42	262
	无配偶	2.61	1.42	2238
受教育程度	没有上过学	2.67	1.44	1211
	小学	2.53	1.36	1037
	初中	2.67	1.51	216
	高中/中专/技校	2.74	1.56	34
房产状况	有房产	2.66	1.42	1705
	无房产	2.51	1.40	796

从性别来看，男性荤菜食用周期相对较短，频率相对较高。调查数据显示，男性荤菜食用周期均值为 2.60，低于女性。这与前文男性饮食花费较高的结论一致。

从城乡差异来看，城市与农村的分散供养特困人员在荤菜食用周期上差异较大。调查数据显示，城市分散供养特困人员荤菜食用周期均值为 2.01，即城市分散供养特困人员平均每周至少吃一次荤菜；而农村分散供养特困人员的荤菜食用周期均值为 2.65，农村分散供养特困人员的营养状况明显低于城市。

从残疾状况和婚姻状况来看，是否残疾和有无配偶在荤菜食用周期的均值上差异较小，有残疾以及无配偶的分散供养特困人员荤菜食用频率略低于非残疾以及有配偶的分散供养特困人员。

从受教育程度来看，随受教育程度的提升，分散供养特困人员荤菜食用周期基本呈上升趋势。调查数据显示，受教育程度为高中/中专/技校的分散供养特困人员吃荤菜周期最长，平均为 7—30 天，相比之下，受教育程度为小学的分散供养特困人员荤菜食用周期最短，频率最高。

从房产状况来看,无房产的分散供养特困人员荤菜食用周期相对有房产的人员较短。调查数据显示,有无房产的分散供养特困人员荤菜食用周期均值分别为 2.66 和 2.51。可能的原因是,无房产人员多与亲属或监护人同住,而亲属或监护人提供的饮食条件相对较好,因此,荤菜食用的概率更高。

4. 水果食用周期

相对于荤菜,水果食用周期表达了更高层次的生活水准。调查问卷对于水果食用周期的测量方法为:"几乎每天吃""每周至少吃一次""每月至少吃一次""至少两个月以上吃一次""很少吃或从来不吃"5 个选项,依次赋值为 1—5,数值越大,周期越长,表示吃水果的频率越低。

根据统计结果(见表 2-9),分散供养特困人员水果食用周期均值为 3.34,即分散供养特困人员平均一个月至两个月才吃一次水果,说明分散供养特困人员能够吃到水果的间隔周期较之荤菜更长,水果的可获得性较差。具体来说(见表 2-10),每周至少吃一次水果的分散供养特困人员占比 31.33%;很少吃或从来不吃的分散供养特困人员比例高达 41.58%。

表 2-9　　　　　　分散供养特困人员水果食用周期描述

变量	观测值	均值	标准差	最小值	最大值
水果食用周期	2499	3.34	1.52	1	5

表 2-10　　　　　　分散供养特困人员水果食用周期列表

	频数	百分比(%)
几乎每天吃	261	10.44
每周至少吃一次	783	31.33
每月至少吃一次	341	13.65
至少两个月以上吃一次	75	3.00
很少吃或从不吃	1039	41.58

从表 2-11 可知，不同人口特征的分散供养特困人员在水果食用周期上差异显著。具体而言：从性别来看，女性分散供养特困人员较男性吃水果的频率更高，可能的原因是女性更偏好于吃水果。从城乡差异来看，城市分散供养特困人员水果食用频率高于农村，这与荤菜食用频率一致，由此表明城市分散供养特困人员的营养状况优于农村。从残疾状况和婚姻状况来看，残疾、有配偶、无房产的分散供养特困人员的水果食用周期相对较短，这与荤菜食用周期一致，说明残疾、有配偶、无房产人员的整体营养状况较好。从受教育程度来看，随受教育程度的提升，分散供养特困人员水果食用周期的平均值基本呈下降趋势，即受教育程度越高，水果食用频率越高。调查数据显示，高中/中专/技校受教育程度的分散供养特困人员食用水果的频率远高于其他受教育程度的人员。

表 2-11　不同人口特征下分散供养特困人员水果食用周期

		均值	标准差	观测值
性别	男性	3.35	1.52	2245
	女性	3.22	1.52	254
城乡	城市	3.21	1.60	154
	农村	3.35	1.51	2329
残疾状况	残疾	3.27	1.49	766
	非残疾	3.37	1.53	1721
婚姻状况	有配偶	3.20	1.53	261
	无配偶	3.35	1.52	2237
受教育程度	没有上过学	3.37	1.51	1211
	小学	3.31	1.52	1035
	初中	3.32	1.57	216
	高中/中专/技校	3.03	1.51	34
房产状况	有房产	3.36	1.51	1703
	无房产	3.30	1.55	796

5. 衣物花费

衣物花费状况来源于调查问卷中"您目前的消费支出主要花在什

么地方"中的"衣服鞋帽"选项。由表2-1可知，分散供养特困人员将衣物花费作为主要消费的占比25.47%，说明衣物花费在相当多分散供养特困人员的消费结构中占有一定比重。

不同人口特征下分散供养特困人员的衣物花费支出存在显著差异（见表2-12）。具体而言：从性别来看，将衣物花费作为主要消费的男性分散供养特困人员比例相对较高。从城乡差异来看，城市分散供养特困人员认为衣物花费是其主要消费支出的比例低于农村，可能的原因是城市分散供养特困人员的其他消费支出如饮食花费较高，挤占了衣物花费的比例。从残疾状况来看，有无残疾对分

表2-12　不同人口特征下分散供养特困人员衣物花费情况

		频数	个案百分比(%)
性别	男性	577	25.66
	女性	60	23.72
城乡	城市	35	22.73
	农村	598	25.64
残疾状况	残疾	193	25.13
	非残疾	442	25.67
婚姻状况	有配偶	59	22.52
	无配偶	578	25.82
受教育程度	没有上过学	279	22.98
	小学	289	27.90
	初中	59	27.31
	高中/中专/技校	10	30.30
房产状况	有房产	445	26.08
	无房产	192	24.12

注：表格中的百分比表示在该横向类别的人群中，选项为该纵向选项的人员比例。以性别变量中男性为例，数值25.66表示将衣物花费作为主要支出之一的男性供养特困人员占全部男性分散供养特困人员的25.66%。

散供养特困人员是否以衣服消费为其主要消费支出的影响不大。从婚姻状况来看，将衣物花费作为其主要消费支出的无配偶分散供养特困人员比例较高。从受教育程度来看，受教育程度越高的人员认为衣服消费是其主要消费支出的比例越高，具体来看，认为衣物花费是其主要消费支出的高中/中专/技校学历分散供养特困人员远多于没有上过学的人员。从房产状况来看，有房产的分散供养特困人员将衣物作为主要消费支出的比例较高。这可能因为有房产人员多为单独居住，需要自己承担生活日用品的消费；而无房产人员，多由亲属为其提供部分基本生活日用品，自己支出较少。

6. 烟酒花费

烟酒花费状况来源于调查问卷中"您目前的消费支出主要花在什么地方"中"烟酒"选项。由表2-1可知，36.07%的分散供养特困人员将烟酒花费作为其主要消费支出，说明存在相当部分的分散供养特困人员有烟酒花费习惯。

不同人口特征下分散供养特困人员的烟酒花费支出存在显著差异（见表2-13）。具体而言：从性别来看，男性分散供养特困人员将烟酒花费作为其主要消费的人员占比远远高于女性，这是由男性抽烟喝酒的比例较高决定的。从城乡差异来看，城市分散供养特困人员认为烟酒花费是其主要消费支出的比例低于农村。从残疾状况来看，有残疾的分散供养特困人员将烟酒花费作为其主要消费支出的比例低于无残疾人员。从婚姻状况来看，将烟酒花费作为其主要消费支出的无配偶分散供养特困人员比例较高。从受教育程度来看，高中/中专/技校受教育程度的分散供养特困人员将烟酒花费作为其主要消费支出的比例最小，而小学受教育程度的分散供养特困人员将烟酒花费作为其主要消费的比例最高。从房产状况来看，有无房产的分散供养特困人员将烟酒作为主要消费支出的比例差异性不大。

表2-13　不同人口特征下分散供养特困人员烟酒花费情况

		频数	个案百分比(%)
性别	男性	892	39.66
	女性	10	3.95
城乡	城市	38	24.68
	农村	859	36.84
残疾状况	残疾	238	30.99
	非残疾	659	38.27
婚姻状况	有配偶	65	24.81
	无配偶	837	37.38
受教育程度	没有上过学	418	34.43
	小学	398	38.42
	初中	75	34.72
	高中/中专/技校	10	30.30
房产状况	有房产	612	35.87
	无房产	290	36.43

(二) 分散供养特困人员居住状况

调查发现，大部分分散供养特困人员能够实现"住有所居"，但其住房普遍年代久远，条件较差；分散供养特困人员一般家庭收入低、入不敷出，很难有足够的资金修缮和改造房屋，住房有量无"质"问题突出。以下为调查中反映的典型案例：

案例2-1：李某，78岁，未婚，无子女，无土地，生活困难，半年多没买过肉，有两间1973年建造的砖瓦房，但已年久失修，老化严重，一面墙已经倒了，住房问题是老人目前生活上最大的困难。

住房条件和居住质量从一个侧面反映了分散供养特困人员的基本生活环境和人身、财产安全状况。从案例中看，尽管李某拥有自己的房产,但房屋破旧,年久失修,房产价值较低,无法转化为经济收益,与此同时,房屋设施适老性太差,安全性堪忧。

本部分将从居住方式、住房类型、住房条件三个维度对分散供养特困人员的居住状况展开阐述和分析。

1. 居住方式

居住方式对分散供养特困人员的基本生活水平及生活状态有重要影响。分散供养特困人员的居住方式主要有单独居住、夫妇俩同住、和子女同住、和兄弟姐妹同住、和其他亲属同住等几种情况。从表2-14可知,58.82%的分散供养特困人员单独居住,在与他人同住的特困人员中,与其他亲属同住的比例最高,占46.64%,次之为与兄弟姐妹同住,这种情况占比26.19%。此外,夫妇俩同住的比例为21.13%,和子女同住的比例为2.92%。夫妇俩同住与和子女同住的比例较低,可能原因在于分散供养特困人员多为鳏寡孤独人员,拥有配偶或子女的人员比例较小。

表2-14　　　　　　**分散供养特困人员居住方式列表**

	频数	响应百分比(%)	个案百分比(%)
单独居住	1470	0.00	58.82
夫妇俩同住	217	20.75	21.13
和子女同住	30	2.87	2.92
和兄弟姐妹同住	269	25.72	26.19
和其他亲属同住	479	45.79	46.64
其他	51	4.88	4.97

不同人口特征下,分散供养特困人员对居住方式的选择有所差异。这里将"夫妇俩同住"与"和子女同住"的情况合并,称为"与近亲同住";将"和兄弟姐妹同住"与"和其他亲属同住"合并,称为"与其他亲属同住"(详见表2-15)。

表2-15 不同人口特征下分散供养特困人员居住方式描述

		独居		与近亲同住		与其他亲属同住	
		频数	百分比(%)	频数	百分比(%)	频数	百分比(%)
性别	男性	1384	61.68	157	7.00	659	29.37
	女性	86	33.73	87	34.12	77	30.20
城乡	城市	96	62.34	12	7.79	40	25.97
	农村	1367	58.69	230	9.88	689	29.58
残疾状况	残疾	348	45.43	38	4.96	362	47.26
	非残疾	1114	64.73	204	11.85	372	21.62
婚姻状况	有配偶	34	12.98	215	82.06	14	5.34
	无配偶	1436	64.19	29	1.30	722	32.29
受教育程度	没有上过学	671	55.41	117	9.66	410	33.86
	小学	653	63.09	107	10.34	248	23.96
	初中	125	57.87	19	8.80	63	29.17
	高中/中专/技校	20	58.82	1	2.94	13	38.24
房产状况	有房产	1158	67.96	212	12.44	311	18.25
	无房产	312	39.25	32	4.03	425	53.46

注：表格中百分比为在该横向类别的人群中，选项为该纵向选项的人员比例。由于本题为多选题，因此对于特困人员可能与多类人员共同居住的情况，这里仅汇报与亲属同住的情况。

从不同人口特征来看分散供养特困人员独居情况：男性独居比例高达61.68%，远超女性。城乡分散供养特困人员单独居住的比例差异不大。非残疾人员单独居住的比例高于残疾人员，但仍有45.43%的残疾人单独居住，缺乏照护。无配偶人员大多单独居住，小部分与其他亲属同住。不同受教育程度的分散供养特困人员单独居住的比例差异较小。有房产的分散供养特困人员大多选择独居，无房产的分散供养特困人员多与其他亲属同住。

从不同人口特征来看分散供养特困人员与近亲同住情况：女性及有配偶人员与近亲同住的比例相对较高。残疾人员多未婚且没有子女，因此与近亲同住的比例较低。高中/中专/技校受教育程度的分散供养特困人员与近亲同住的比例较低，这可能因为申请为特困供养的高受教育程度人员多为生存能力弱的人员,拥有配偶或子女的几率较低。

从不同人口特征来看分散供养特困人员与其他亲属同住情况:不同性别的分散供养特困人员与其他亲属同住的比例相差较小。由于特殊的地缘关系,农村分散供养特困人员与其他亲属同住的比例比城市人员高。残疾人员与亲属同住的比例相对较高,这是因为残疾人员无依无靠且需要扶助,与其他亲属共同居住方便获得照料。无配偶人员与其他亲属同住的比例约是有配偶人员的6倍。不同受教育程度的分散供养特困人员与其他亲属同住的比例差异性较小。无房产人员生计能力相对较差,与其他亲属同住的比例较高。

2. 住房类型

分散供养特困人员的住房类型差异性较大。分散供养特困人员的住房主要包括原始住房、砖瓦房和楼房,其中原始住房为棚屋、土房、土木房和窑洞等非结构性住房。统计数据显示(见表2-16),居住在砖瓦房的分散供养特困人员比例最高,达到72.36%,其次为土房,占比14.55%,住在6层以下楼房的人员比例仅为8.67%。值得注意的是,仍有17.62%的分散供养特困人员居住在棚屋、土房、窑洞、土木房等原始住房。

表2-16　　　　分散供养特困人员住房类型列表

	频数	百分比(%)
棚屋	38	1.55
土房	356	14.55
砖瓦房	1770	72.36
窑洞	19	0.78
土木房	18	0.74
六层及以下楼房	212	8.67
六层及以上楼房	33	1.35

表 2-17　不同人口特征下分散供养特困人员住房类型描述

		原始住房		砖瓦房		楼房	
		频数	百分比(%)	频数	百分比(%)	频数	百分比(%)
性别	男性	411	18.44	1572	70.52	214	9.60
	女性	20	7.94	198	78.57	31	12.30
城乡	城市	23	15.23	65	43.05	59	39.07
	农村	406	17.55	1693	73.16	185	7.99
残疾状况	残疾	102	13.40	557	73.19	90	11.83
	非残疾	328	19.20	1202	70.37	155	9.07
婚姻状况	有配偶	32	12.26	201	77.01	27	10.34
	无配偶	398	17.94	1569	70.68	218	9.82
受教育程度	没有上过学	200	16.61	881	73.17	108	8.97
	小学	188	18.32	729	71.05	94	9.16
	初中	39	18.22	135	63.08	36	16.82
	高中/中专/技校	4	11.76	23	67.65	6	17.65
房产状况	有房产	355	20.89	1235	72.69	92	5.41
	无房产	76	9.72	535	68.41	153	19.57

注：表格中百分比解释同 2-12。

从表 2-17 可知，不同人口特征维度下分散特困供养人员的住房类型有所差异，具体而言：从性别来看，住房类型为原始住房的男性比例远高于女性，住房类型为砖瓦房和楼房的男性比例却相对较低。从城乡差异来看，住房类型为楼房的城市分散特困供养人员比例相对较高。从残疾状况来看，残疾分散特困供养人员居住在原始住房的比例相对较低；居住在砖瓦房和楼房的比例较高。可能的原因是，残疾人员与亲属同住的比例较高，亲属住房条件相对较好。从婚姻状况来看，无配偶分散特困供养人员的住房类型为原始住房的比例相对较高，居住在砖瓦房和楼房的比例相对较低。从受教育程度来看，受教育程度越高，住房条件越好，初中和高中/中专/技校受教育程度的分散供养特困人员住楼房的比例相对较高。从房产状况来看，无房产分散特困供养人员住楼房的比例远高于有房产人员，再一次说明了分散供养特困人员的房产仅为最基本的生存"刚需"，通常价值不高。

3. 住房条件

住房条件①主要从住房面积、住房建造年龄和建/买房花费三个方面衡量。调查发现（见表2-18），分散供养特困人员现住房面积平均为64.16平方米，住房建造年龄平均为22.00年，建/买房花费平均为21179.52元。说明分散供养特困人员住房条件整体较差，居住面积小，年代久远，价值不高。

表2-18　　　　　　　分散供养特困人员住房条件概况

变量	平均值	标准差	最小值	最大值	观测值
住房面积（平方米）	64.16	44.74	5	400	2406
住房建造年龄（年）	22.00	21.87	0	318	2210
建/买房花费（元）	21179.52	40495.25	0	1000000	1854

不同人口特征下分散供养特困人员的现住房面积差异性显著。调查数据显示（见表2-19），男性分散供养特困人员现住房面积平均为63.37平方米，女性为71.05平方米；残疾分散供养特困人员现住房平均面积大于非残疾人员，可能原因是残疾人员与其他亲属同住比例较高；有配偶分散供养特困人员现住房平均面积大于无配偶人员9.56平方米；无房产分散供养特困人员现住房面积远大于有房产人员，可能原因是无房产人员多与亲属同住或借住；城乡和受教育程度的分散供养特困人员现住房面积差异性较小。

不同人口特征下分散供养特困人员的现住房房龄差异性较小（见表2-19）。具体而言，高中/中专/技校受教育程度分散供养特困人员的住房年代相对久远，达到26.30年；其次为有配偶分散供养特困人员的住房房龄，达到24.03年；无房产分散供养特困人员的住房年代相对较短，这也与无房产人员多与亲属同住或借住的情况有关。

---

① 这里的住房条件是指特困人员现在居住的房子的条件。需要强调的是，现住房可能是特困人员自己的房子，产权归特困人员所有，也可能是与特困人员一起居住的亲属的房子，产权归其亲属所有。在后一种情况下，建/买房花费由其亲属支付，而非特困人员支付。

不同人口特征下分散供养特困人员的建/买房花费差异性较大。调查数据显示（见表2-19），女性分散供养特困人员建/买房花费高于男性；农村分散供养特困人员建/买房花费略高于城市；残疾分散供养特困人员建/买房平均花费显著大于非残疾人员，平均高约5000元；有配偶人员建/买房平均花费高于无配偶人员；从受教育程度来看，随着受教育程度的上升，住房花费基本呈下降趋势，可能原因是受教育程度较高人员的住房建造年代相对久远，因此花费较少；无房产分散供养特困人员现住房花费约为有房产人员的2倍，可能原因是无房产分散供养特困人员所用花费并非其自身实际支出，而是房屋所有者的实际支出。无房产人员大多住在监护人的住房，或由政府安排的临时性住房，住房条件相对较好，住房花费也相应更大。

表2-19　不同人口特征下分散供养特困人员住房条件描述

		住房面积（平方米）	房龄（年）	建/买房花费（元）
性别	男性	63.37	22.01	20987.76
	女性	71.05	21.91	22792.43
城乡	城市	63.01	21.07	19718.49
	农村	64.19	21.98	21282.10
残疾状况	残疾	68.04	20.52	24873.68
	非残疾	62.36	22.62	19536.42
婚姻状况	有配偶	72.72	24.03	24732.90
	无配偶	63.16	21.76	20725.62
受教育程度	没有上过学	64.16	20.87	22386.77
	小学	63.43	22.72	19984.48
	初中	67.83	23.98	21563.15
	高中/中专/技校	63.29	26.30	16313.55
房产状况	有房产	60.37	22.94	17085.24
	无房产	72.77	19.76	30567.99

分散供养特困人员住房来源多样，除自有房屋外，也存在亲属或其他人员资助的情况。调查发现（见表2-20），分散供养特困人员的首要住房来源是自建房，占比55.22%；其次为政府补贴建房和借

住房，分别占比17.49%和16.61%，这表明有超过三成的分散供养特困人员住房困难，需要政府补贴或向亲属借住；而且存在部分分散供养特困人员的住房为市场租房、拆迁安置房和廉租房，所占比例不足5%；还有小部分分散供养特困员的住房为自购经济适用房或限价商品房、公租房等，但比例均较小，不足5%。由此可见，分散供养人员以自建房和借住房以及政府补贴建房为主。

表2-20　　　　　　分散供养特困人员住房来源列表

	频率	百分比(%)
自建房	1380	55.22
自购经济适用房或限价商品房	19	0.76
自购普通商品房	18	0.72
拆迁安置房	39	1.56
政府补贴建房	437	17.49
工作单位提供免费住房	11	0.44
租住单位住房	3	0.12
廉租房	26	1.04
公租房	22	0.88
市场租房	40	1.60
借住房	415	16.61
其他	89	3.56

从表2-21来看，不同来源的住房房屋条件差异较大。从住房面积来看，借住房平均面积最大，达80.41平方米，远高于其他类型的住房；其次是自建房，平均住房面积为66.72平方米；再次是工作单位提供免费住房，平均面积为62.00平方米。从住房房龄来看，住房最为陈旧的是工作单位提供免费住房和自建房，平均房龄约为28年；其次为自购经济适用房或限价商品房。从建/买房花费来看，花费较高的为拆迁安置房，这是因为拆迁安置房多为近十年修建，物价和用工成本的上升导致平均建/买房花费相对较大；借住房建/买房花费也相对较大。值得注意的是，借住房为他人住房，建/买房花费统计的

是房屋主人的真实花费，而非特困人员的花费；租住单位住房和廉租房花费相对较小，原因在于其均为福利性住房。

表2-21　不同住房来源下分散供养特困人员住房条件描述

	住房面积（平方米）	房龄（年）	建/买房花费（元）
自建房	66.72	28.38	17297.91
自购经济适用房或限价商品房	56.28	27.82	33851.88
自购普通住房	55.63	16.47	41677.73
拆迁安置房	60.23	5.94	47130.00
政府补贴建房	49.73	5.66	16195.08
工作单位提供免费住房	62.00	28.75	15333.33
租住单位住房	51.67	21.00	0
廉租房	40.12	13.61	10876.86
公租房	38.29	19.73	17513.33
市场租房	47.44	13.76	13000.00
借住房	80.41	19.81	41876.97

（三）分散供养特困人员收入情况

1. 供养金状况

特困救助供养政策提供的生活保障是决定特困人员生活水平的重要因素。不同供养方式中特困人员收入情况存在较大差别，分散供养特困人员的主要收入来源通过供养金的形式获得，供养金对其维持或改善生活相当重要。关于特困供养金标准的衡量有两个指标：一是实际调查地点的特困救助标准，笔者称之为"供养金实际标准"；二是特困人员在问卷调查中回答的供养金标准，笔者称之为"供养金知晓标准"。

（1）供养金实际标准

由表2-22可知，供养金平均标准存在明显的地区差异，主要表现为：一是调查样本区的城市分散供养特困人员基本生活供养金的平均标准显著高于农村，具体而言，东部和中部的城市分散供养特困人员基本生活供养金的平均标准在分别为平均 947.4 元/月和 652.89 元/月，农村分别为 683.95 元/月和 411.26 元/月①；二是东部地区基本生活供养金的平均标准高于中部地区②。

表 2-22　　东中部地区基本生活供养金平均标准（元/月）

	东部	中部
农村	683.95	411.26
城市	947.4	652.89

（2）供养金知晓标准

表 2-23 统计了分散供养特困人员知晓的供养金标准③。数据显示，分散供养特困人员知晓的供养金标准平均为 549.86 元，但不同地区存在差异。特困人员供养金知晓标准与实际发放的供养金标准存在偏差，原因是多方面的，主要由特困人员对政策的知晓程度、特困人员是否自己领取供养金以及特困人员的认知能力等多种因素决定。此外，特困人员供养金被非法侵占也是偏差出现的主要原因。在调查中发现，随着供养金标准的提高，一些原先不愿意担任监护人的亲属申请担任监护人，以获取特困人员的供养金，甚至侵占其私人财产。相当比例的调查对象不知道自己的供养金是多少钱，甚至以为还跟很多年前一样只有 100 多元钱。村干部或乡镇民政干部即便发现老人知晓的供养金与政策规定的不一样，为了特困人员家庭关系的和谐也并不指出。

---

① 咸阳市、成都市、自贡市未明确供养标准，在计算平均值时未将其纳入。
② 东部地区包括福州、南通、济南、长春四地；中部地区包括荆门、安阳、信阳三地；西部地区包括重庆、成都、自贡、咸阳四地。因西部地区只有重庆市的数据，不具有代表性，故未计算西部地区供养标准的平均值。
③ 供养金知晓标准为特困人员报告的供养金水平，与实际享受的供养金水平有所差异。

表 2-23　　　　分散供养特困人员供养金知晓标准描述

	均值	最小值	最大值	观测值
供养金	549.86 元	100 元	2000 元	2214 元

注：存在报告为 100 元和 2000 元的较低和较高的标准。1.67% 的分散供养特困人员认为供养金标准小于 300 元，0.28% 的人员认为供养金标准在 1500 元以上。

2. 额外收入状况

由表 2-24 和表 2-25 可知，分散供养特困人员额外收入的最主要来源为养老金收入。51.87% 的分散供养特困人员有养老金收入，占总响应的 41.85%；18.07% 的分散供养特困人员的额外收入中包括亲属资助收入，占总响应的 14.58%。

表 2-24　　　　分散供养特困人员主要额外收入政策知晓情况

	频数	百分比(%)
高龄津贴	1456	58.24
政府临时救助	455	18.23
节假日慰问补助	1004	40.22

表 2-25　　　　分散供养特困人员额外收入来源列表

	频数	响应百分比(%)	个案百分比(%)
自己劳动所得	381	22.58	27.99
亲属资助	246	14.58	18.07
政府临时补助	134	7.94	9.85
养老金	706	41.85	51.87
高龄津贴	50	2.96	3.67
其他	170	10.08	12.49
合计	1687	100.00	123.95

27.99% 的分散供养特困人员获得过劳动收入，占总响应的 22.58%。分散供养特困人员一般通过打零工、做手工等简单劳动获取报酬，部分残疾特困人员经过培训后在"爱心企业"就业也能够获

取工资收入。劳动收入对分散供养特困人员从根本上脱贫意义重大。但在调查中发现，当前的特困救助供养制度偏重于现金发放（供养金），缺乏对特困人员潜力的挖掘和生存能力以及自立意识的培养。不少特困人员虽然具有较高的认知能力且有参与劳动的意愿，但囿于外部环境限制或其他原因，容易产生自卑情绪，最终丧失"脱贫""脱困"的动力。

9.85%的分散供养特困人员获得过政府临时补助，占总响应的7.94%。政府临时补助是指在家庭或个人遭遇突发事件、意外伤害、重大疾病或其他特殊原因导致基本生活陷入困境，其他社会救助制度暂时无法覆盖或救助之后，基本生活暂时仍有严重困难时给予的应急性、过渡性的救助。在调查中发现，特困人员对政府临时补助的知晓度不高，仅为18.23%。

3.67%的分散供养特困人员获得过高龄津贴，占总响应的2.96%。高龄津贴是专门针对80周岁以上（部分地区根据实际情况将年龄放宽，如咸阳市70周岁以上老人可享受高龄津贴）老年人的一项福利。高龄津贴原则上按照各地低保标准、补助水平和发放对象的年龄，分类分档发放，并随当地经济社会发展、群众生活水平的提高和低保标准变动情况进行适时调整。在调查的分散供养特困人员中，80岁及以上的人员原则上均能够领取高龄津贴，占比应为11.61%，远高于实际领取人员占比。可能的原因有，获取高龄津贴的人员对该项福利的知晓率不高，或者是由亲属帮忙领取，特困人员不知道是否获得该项福利等。目前仅有58.24%的分散供养特困人员知道这一福利政策。

12.49%的分散供养特困人员还有其他额外收入来源，主要包括土地粮食补贴、失独家庭补助、土地流转获得的补贴以及节假日慰问补助等。调查发现，超过四成分散供养特困人员知道国家有给予节假日慰问补助。

案例2-2：樊某，男，10岁，目前小学在读。樊某2岁时，父亲因白血病病逝，母亲出走，后一直与爷爷奶奶生活至今，奶奶56岁，爷爷60多岁，奶奶在家种地，爷爷做环卫工人，每月收入1500元左右。奶奶表示，"平常的主要开销就是饮食和医药。虽然生活困难，但孩子正是长身体的时候，应该尽量吃得好一些，现在勉强能保证一周吃2—3次肉"，另外，"孩子经常生病，每月的医药开销也要200—300元"。

案例中的樊某父亲早逝，母亲出走，属于事实无人抚养儿童。其困境在于，一方面，自己作为未成年人完全不具备自主生活的能力；另一方面，爷爷奶奶本身经济比较困难，且年事已高，劳动能力有限，收入微薄。对于未成人来说，营养、健康、医疗都是开销较大的生活支出，在没有其他社会支持（如政府补助、慈善捐助等）的情况下，祖辈负担很重，入不敷出。

二　生活满意度及影响因素分析

生活满意度能够反映出分散供养特困人员的整体生活状态及对分散供养制度的评价。生活满意度可以用以下5个指标衡量："生活幸福感""集中供养意愿""供养金标准满意度""供养金发放方式满意度"和"政策对生活改善的主观评价"。其中，生活幸福感是特困人员对于目前生活状态的综合性主观评价指标，为连续变量，对其赋值为0—100，数值越大，表示满意度越高。调查数据显示（见表2-26），分散供养特困人员生活幸福感得均值为78.76分，说明我国分散供养特困人员整体幸福感较高。

集中供养意愿为二分类变量，该变量来源于分散供养问卷中的问题"是否愿意入住福利院"，选项设置为"愿意"赋值为1，"不愿意"赋值为0[①]。

供养金是特困人员能够获得的最直接的支持方式。特困人员的需

[①] 回归分析部分将回答为"无所谓"的作为缺失值处理。

求千差万别，生活服务和日常救助供养标准无法全部覆盖，而通过供养金形式给予救助供养，能够满足特困人员在选择需求内容时的自主性，也可选择通过自主购买的形式获得服务。对特困供养金标准和发放方式的评价体现了特困人员对政府特困供养政策的实施效果评价。对供养金标准满意度和供养金发放方式满意度的评价设置为"非常满意""比较满意""还可以""不太满意"和"很不满意"，分别赋值为1至5，数值越大，表示满意度越低。统计结果显示（见表2－26）：分散供养特困人员对特困供养金标准的评价较高，平均得分为2.19，即对目前供养金标准的评价介于"比较满意"和"还可以"之间；分散供养特困人员对特困供养金发放方式评价的平均得分为1.58，介于"非常满意"和"比较满意"之间，说明分散供养特困人员认为现行的供养金发放方式较好，基本能够满足其对于供养金的获得性需求。

特困救助供养政策对生活改善的主观评价，是特困供养工作中资金和服务落实情况的总体评价。该指标通过分散供养问卷问题"您认为特困供养金和供养服务对您的生活改善作用大吗"来测量，设置选项为"作用非常大""作用比较大""作用不太大""没有作用"，依次赋值为1至4，数值越大，表示特困工作对其生活改善程度越小。统计结果显示（见表2－26），分散供养特困人员认为特困救助供养政策对生活改善程度的评价得分平均为1.68，介于"作用非常大"和"作用比较大"之间，说明目前针对特困人员提供的基本生活保障和服务保障较为合理，基本能够保障特困人员日常生活，且对部分人员生活改善程度较大。

既有研究发现，营养状况、经济状况、健康状况、社会交往状况等因素都会影响生活满意度。这里营养状况、是否需要更多零花钱、供养金知晓标准、医疗费用负担情况[①]、自评健康和是否残疾变量的

---

① 医疗费用负担以问卷中特困人员主观评价的医疗花费由政府承担程度来表示，可能与政策规定的实际承担情况存在偏差。

设定与分报告一回归部分一致,这里就不再累述。

社会交往状况来源于分散供养问卷中的问题"2017年,有人到您家看望您吗",该变量为多分类变量,将回答"经常有"赋值为1,将回答"偶尔有"赋值为2,回答"从来没有"的赋值为3。统计结果显示(见表2-26),分散供养特困人员的社会交往状况均值为1.98,表明分散供养特困人员与他人交往较少,只是偶尔有人看望。

表2-26 分散供养特困人员生活满意度数据描述性统计结果

变量	观测值	均值	标准差	最小值	最大值
生活幸福感	1954	78.76	13.76	2	100
集中供养意愿	2002	0.09	0.29	0	1
供养金标准满意度	1992	2.19	0.98	1	5
供养金发放方式满意度	2035	1.58	0.67	1	5
政策对生活改善的主观评价	2013	1.68	0.64	1	4
营养状况	2438	0.21	0.41	0	1
是否需要更多零花钱	2464	0.31	0.44	0	1
供养金知晓标准(元)	2214	549.86	178.96	100	2000
医疗费用负担情况	2407	2.23	1.09	1	4
自评健康	2501	0.27	0.44	0	1
是否残疾	2492	0.31	0.46	0	1
社会交往状况	2502	1.98	0.68	1	3
年龄	2493	66.93	11.63	3	98
性别	2504	0.90	0.30	0	1
城乡户籍	2488	0.06	0.24	0	1
婚姻状况	2503	0.10	0.31	0	1
是否有子女	2501	0.05	0.21	0	1
受教育程度	2501	1.63	0.70	1	4

此外,年龄、性别、城乡户籍、婚姻状况、是否有子女、受教育程度等变量也会影响特困人员的生活满意度。以上变量与分报告一中回归部分一致,这里也不再一一赘述。

回归分析时剔除回答中涉及"无所谓""说不清""不清楚""监护人代答"以及缺失值和不适用的样本。除"生活幸福感"采用最小二乘法回归(OLS)外,"集中供养意愿"采用Probit模型估计,其他因变量均采用有序Probit(Ordered Probit)模型进行回归分析。

(一) 幸福感影响因素分析

1. 生活幸福感描述

不同人口特征分散供养特困人员群体的生活幸福感评分略有差异,详见表2-27。具体而言,从性别来看,分散供养特困人员中男性幸福感的平均得分为78.72,女性为79.13,说明女性幸福感要高于男性。从城乡差异来看,城乡分散供养特困人员幸福感均值差异较小,农村分散供养特困人员的幸福感略高。从残疾状况来看,残疾分散供养特困人员生活幸福感低于非残疾人员,可能的原因在于残疾人员的生活存在诸多不便,导致生活幸福感较低。从婚姻状况来看,有配偶的分散供养特困人员幸福感高于无配偶人员,说明有配偶陪伴对特困人员总体生活评价具有积极作用。从受教育程度来看,不同受教育程度的分散供养特困人员总体幸福感差异显著。初中及以下受教育程度的人员平均幸福感在78左右,而高中/中专/技校分散供养特困人员的幸福感较高,均值为84.04,可以看出,高中/中专/技校分散供养特困人员的生活态度较为积极。从房产状况来看,分散供养特困人员有无房产对生活幸福感的评价相差无几,但无房产人员的幸福感略低于有房产人员,可能的原因在于,有房产分散供养特困人员生活相对自由,且自理能力相对较高,对当前生活状态评价较高。

表2-27 不同人口特征下分散供养特困人员生活幸福感描述

		均值	标准差	观测值
性别	男性	78.72	13.86	1789
	女性	79.13	12.62	165
城乡	城市	78.74	14.58	104
	农村	78.77	13.74	1839

续表

		均值	标准差	观测值
残疾状况	残疾	77.81	14.31	448
	非残疾	79.06	13.61	1496
婚姻状况	有配偶	79.46	13.46	226
	无配偶	78.67	13.80	1727
受教育程度	没有上过学	78.67	13.36	873
	小学	78.90	13.91	878
	初中	77.91	15.01	178
	高中/中专/技校	84.04	12.25	23
房产状况	有房产	78.79	13.85	1414
	无房产	78.66	13.54	540

2. 影响因素分析

由表2-28可知，营养状况、健康状况和经济支持状况对分散供养特困人员的生活幸福感有较强影响。

表2-28　分散供养特困人员生活幸福感影响因素分析结果

	生活幸福感得分
营养状况	4.446***
	(0.783)
供养金知晓标准对数	-2.350**
	(1.011)
医疗费用负担情况（参照组：政府全部承担）	
政府承担大部分	-0.664
	(0.800)
政府承担小部分	-5.578***
	(1.333)
自费	-3.782***
	(0.987)
自评健康	4.593***
	(0.732)
是否残疾	-0.758
	(0.904)

续表

	生活幸福感得分
社会交往状况（参照组：经常）	
偶尔	-1.085
	(0.799)
从来没有	-0.962
	(0.996)
年龄	0.086**
	(0.038)
性别	-0.084
	(1.203)
城乡户籍	0.736
	(1.421)
婚姻状况	0.585
	(1.090)
是否有子女	-2.632
	(1.866)
受教育程度（参照组：没有上过学）	
小学	0.275
	(0.699)
初中	-0.749
	(1.298)
高中/中专/技校	6.296**
	(2.480)
常数项	88.271***
	(7.017)
N	1595
R^2	0.076

注：括号内为标准差，***、**、*分别表示在1%、5%和10%的水平下显著。

社会交往状况对分散供养特困人员幸福感没有显著影响；营养状况与自评健康对分散供养特困人员幸福感有显著的正向影响，即营养状况越好、自评健康状况越好的分散供养特困人员幸福感越高；供养金知晓标准对数对分散供养特困人员幸福感有显著的负向影响，可能的原因在于，供养金标准低的地区多经济条件较差、生活成本较低，供养金对特困人员生活改善的作用更为明显，也更容易产生满意感。此外，不少特困人员并不知道准确的供养金标准，报告的供养金标准并非其实际享受的标准。

性别、城乡户籍、是否残疾、婚姻状况以及是否有子女对分散供养特困人员幸福感没有显著影响；而年龄对分散供养特困人员的幸福感有显著的正向影响，即年龄越大的分散供养特困人员幸福感越高；与没有上过学的分散人员相比，高中/中专/技校受教育程度人员的幸福感显著较高。

（二）集中供养意愿分析

1. 集中供养意愿描述

分散供养特困人员的集中供养的意愿很低。统计结果显示（见表2-29），愿意入住集中供养机构的分散供养特困人员仅占9.09%，88.76%表示不愿意。

表2-29　分散供养特困人员入住集中供养机构意愿概况

	频数	百分比（%）
愿意	186	9.09
不愿意	1816	88.76
无所谓	44	2.15

不同人口特征下分散供养特困人员的集中供养意愿略有差异，详见表2-30。男性分散供养特困人员愿意入住供养机构的占比8.94%，女性占比10.73%。城市分散供养特困人员愿意入住供养机构的比例为8.77%，农村为9.10%。残疾分散供养特困人员愿意入住供养机构的比例为8.44%，非残疾占比9.35%。有配偶的分散供养特困人员愿意入住供养机构的比例为12.45%，无配偶的占比8.66%。受教育程度越高的分散供养特困人员愿意入住供养机构的比例越高，其中，小学受教育程度的分散供养特困人员愿意入住供养机构的比例最低，为8.70%。有房产的分散供养特困人员愿意入住供养

机构的比例为 9.71%，无房产人员占比 7.46%。

表 2-30　不同人口特征分散供养特困人员集中供养意愿描述

		愿意		不愿意		无所谓	
		频数	百分比(%)	频数	百分比(%)	频数	百分比(%)
性别	男性	167	8.94	1663	88.98	39	2.09
	女性	19	10.73	153	86.44	5	2.82
城乡	城市	10	8.77	101	88.60	3	2.63
	农村	175	9.10	1707	88.77	41	2.13
残疾状况	残疾	41	8.44	432	88.89	13	2.67
	非残疾	145	9.35	1374	88.65	31	2.00
婚姻状况	有配偶	29	12.45	196	84.12	8	3.43
	无配偶	157	8.66	1619	89.35	36	1.99
受教育程度	没有上过学	83	9.03	819	89.12	17	1.85
	小学	80	8.70	819	89.02	21	2.28
	初中	20	10.99	158	86.81	4	2.20
	高中/中专/技校	3	13.64	18	81.82	1	4.55
	大专及以上	0	0.00	0	0.00	0	0.00
房产状况	有房产	144	9.71	1304	87.93	35	2.36
	无房产	42	7.46	512	90.94	9	1.60

分散供养特困人员的基本生存能力较高，且能够自理的比例较高，或者因为能够获得亲属和他人的照料，很少有人愿意转为集中供养。主要原因在于：(1) 集中供养机构管理相对严格，有固定的饮食和作息规律要求，不少分散供养特困人员表示难以适应集中供养机构严格的规章制度；(2) 部分集中供养机构生活条件相对较差，且存在入住人员之间以及入住人员与工作人员发生矛盾等问题；(3) 目前社会对于入住集中供养机构的人员存在诸多"误解"，不少人认为只有老年人、毫无能力的人才会入住集中供养机构，或是"没有人管的人，才会去养老院生活"，访谈中不乏有分散供养特困人员表示，等到年老且无法生活自理时才会选择集中供养。

案例2-3：林某，男，66岁，初中学历，独居，现住房为土房。村里人动员他入住养老院，但他不愿意，觉得养老院吃住都不好，也不干净，护理人员照顾得不周到、态度不好，而且被约束、不自由，不如住在家里舒服。等75岁以后自己不能动了再考虑是否去养老院。

案例中林某一方面出于对集中供养机构的不了解、不信任；另一方面出于自己的个性和习惯，更希望生活在相对熟悉和自由的生活环境中，不想受到过多约束，所以不愿集中供养。

2. 影响因素分析

由表2-31可知，自评健康状况及社会交往状况均对供养人员的集中供养意愿没有显著影响；营养状况对分散供养特困人员的集中供养意愿有显著正向影响，即营养状况越好的分散供养特困人员愿意入住供养机构的概率显著高于营养状况差的人员，可能的原因在于无房产的分散供养人员营养状况较好[①]，且与亲属同住较多。供养金知晓标准对数对分散供养特困人员的集中供养意愿有显著的负向影响，即分散供养特困人员享受的供养金标准越高，其愿意入住供养机构的概率越小；与政府全额承担医疗费用相比，政府承担小部分医疗费用的分散供养特困人员更愿意入住集中供养机构。年龄、性别、城乡户籍、是否残疾、是否有子女、婚姻状况以及受教育程度均对分散供养特困人员集中供养意愿没有显著影响。

表2-31　分散供养特困人员集中供养意愿影响因素分析结果

	集中供养意愿
营养状况	0.241**
	(0.113)
供养金知晓标准对数	-0.637***
	(0.130)

---

① 由本分报告数据分析可知：有房产的分散供养特困人员平均食用荤菜周期为2.66，无房产人员为2.51。

续表

	集中供养意愿
医疗费用负担情况（参照组：政府全部承担）	
政府承担大部分	0.062
	(0.114)
政府承担小部分	0.408***
	(0.152)
自费	0.014
	(0.128)
自评健康	-0.165
	(0.110)
是否残疾	-0.063
	(0.114)
社会交往状况（参照组：经常有）	
偶尔	-0.146
	(0.114)
从来没有	0.097
	(0.130)
年龄	-0.001
	(0.005)
性别	0.024
	(0.153)
城乡户籍	-0.051
	(0.187)
婚姻状况	0.222
	(0.137)
是否有子女	0.270
	(0.180)
受教育程度（参照组：没有上过学）	
小学	0.021
	(0.097)
初中	-0.012
	(0.166)
高中/中专/技校	0.426
	(0.436)

续表

	集中供养意愿
常数项	2.569***
	(0.882)
N	1633
R^2	0.049

注：括号内为标准差，***、**、*分别表示在1%、5%和10%的水平下显著。

（三）供养金标准满意度分析

1. 供养金标准满意度描述

不同人口特征分散供养特困人员对供养金标准的评价存在差异，详见表2-32。从性别来看，男性分散供养特困人员对供养金满意程度评价低于女性。从城乡差异来看，农村分散供养特困人员对供养金标准的满意度较高。统计结果显示，城市分散供养特困人员对供养金标准的满意度评价均值为2.57，可能的原因是城市生活成本较高，相

表2-32 不同人口特征下分散供养特困人员供养金标准满意度描述

		均值	标准差	观测值
性别	男性	2.20	0.99	1825
	女性	2.13	0.96	167
城乡	城市	2.57	1.15	110
	农村	2.17	0.97	1871
残疾状况	残疾	2.17	0.95	468
	非残疾	2.20	1.00	1514
婚姻状况	有配偶	2.08	0.94	228
	无配偶	2.21	0.99	1764
受教育程度	没有上过学	2.15	0.97	888
	小学	2.21	0.99	899
	初中	2.31	1.05	179
	高中/中专/技校	2.26	1.05	23
房产状况	有房产	2.17	0.95	1437
	无房产	2.27	1.07	555

注："监护人代答"项作为缺失值处理。

对农村来说，供养金标准更难满足需求。从残疾状况和房产状况来看，是否残疾与有无房产对供养金标准的满意度评价差异较小。从婚姻状况来看，有配偶分散供养特困人员对供养金标准的满意度评价较高。可能的原因是，有配偶人员的生活水平相对较高，且部分夫妻双方均为特困人员，供养金对其生活水平有显著的改善作用，因此满意度评价较高。从受教育程度来看，受教育程度越高，对供养金标准的满意度评价越低。可能的原因是，受教育程度高的分散供养特困人员，获得收入的能力较强，与其他受过同等教育的人员相比会产生更大的心理落差。

2. 影响因素分析

由表 2-33 可知，经济支持状况和健康状况对供养金标准满意度影响较为显著。营养状况和供养金知晓标准对数对分散人员的供养金满意度没有显著影响。是否需要更多零花钱对供养金标准满意程度有显著的负向影响，即需要更多零花钱的分散供养特困人员对供养金标准满意程度的评价显著较低；自费承担上一年度医疗费用的分散供养特困人员对于供养金标准满意程度评价低于政府全部承担看病医疗花费的人员。自评健康较好的分散供养特困人员对供养金标准满意程度评价高于自评健康差的人员。年龄越大的分散人员对于供养金满意程度评价越高；农村户籍分散供养特困人员对于供养金标准满意程度评价高于城市户籍人员。

表 2-33　分散供养特困人员供养金标准满意度影响因素分析结果

	供养金标准满意度
营养状况	-0.060
	(0.071)
是否需要更多零花钱	0.500***
	(0.059)
供养金知晓标准对数	0.067
	(0.084)
医疗费用负担情况（参照组：政府全部承担）	

续表

	供养金标准满意度
政府承担大部分	-0.042
	(0.067)
政府承担小部分	0.020
	(0.100)
自费	0.228***
	(0.080)
自评健康	-0.201***
	(0.065)
是否残疾	-0.062
	(0.071)
年龄	-0.008***
	(0.003)
性别	0.039
	(0.096)
城乡户籍	0.462***
	(0.120)
婚姻状况	-0.011
	(0.087)
是否有子女	0.117
	(0.118)
受教育程度（参照组：没有上过学）	
小学	0.052
	(0.057)
初中	0.004
	(0.102)
高中/中专/技校	-0.218
	(0.269)
Constant cut1	-0.569
	(0.583)
Constant cut2	0.564
	(0.583)
Constant cut3	1.338**
	(0.584)

续表

	供养金标准满意度
Constant cut4	2.508 ***
	(0.581)
N	1633
R^2	0.031

注：括号内为标准差，***、**、* 分别表示在1%、5%和10%的水平下显著。

（四）供养金发放方式满意度分析

1. 供养金发放方式满意度描述

不同人口特征分散供养特困人员对供养金发放方式的评价存在差异，详见表2-34。从性别来看，男性分散供养特困人员较女性更满意现行的供养金发放方式。从城乡差异、残疾状况来看，城乡户籍、是否残疾分散供养特困人员对供养金发放方式的评价整体差异性较小。从婚姻状况来看，有配偶分散供养特困人员较无配偶人员对现行的供养金发放方式更加满意。从受教育程度来看，分散供养特困人员对供养金发放方式的满意程度随受教育程度的提高而提高。可能的原因在于，受教育程度越高，供养人员的认知能力也较高，接受新事物及获得公共服务的能力也相应更高，因此更适应现行的发放形式。从房产状况来看，无房产分散供养特困人员认为供养金发放方式较好。

表2-34 不同人口特征下分散供养特困人员供养金发放方式满意度描述

		均值	标准差	观测值
性别	男性	1.58	0.67	1859
	女性	1.62	0.68	176
城乡	城市	1.57	0.66	117
	农村	1.58	0.67	1906
残疾状况	残疾	1.57	0.65	494
	非残疾	1.58	0.68	1530
婚姻状况	有配偶	1.53	0.62	229
	无配偶	1.59	0.68	1806

续表

		均值	标准差	观测值
受教育程度	没有上过学	1.62	0.69	912
	小学	1.56	0.65	909
	初中	1.53	0.67	186
	高中/中专/技校	1.52	0.71	25
房产状况	有房产	1.60	0.68	1458
	无房产	1.55	0.65	577

2. 影响因素分析

由表2-35可知，健康状况对供养金发放方式满意度有较强影响。营养状况、供养金知晓标准对数以及是否需要更多零花钱，对于分散供养特困人员的供养金发放方式满意度评价没有显著影响；自评健康好的分散供养特困人员对特困供养金发放方式的满意度评价显著较高；政府承担大部分医疗费用的分散供养特困人员对供养金发放方式的满意度显著低于政府全部承担医疗费用的人员。

表2-35　分散供养特困人员供养金发放方式满意度影响因素分析结果

	供养金发放方式满意度
营养状况	0.073
	(0.076)
是否需要更多零花钱	0.049
	(0.063)
供养金知晓标准对数	-0.123
	(0.090)
医疗费用负担情况（参照组：政府全部承担）	
政府承担大部分	0.165**
	(0.074)
政府承担小部分	0.143
	(0.106)
自费	0.045
	(0.086)

续表

	供养金发放方式满意度
自评健康	-0.272***
	(0.070)
是否残疾	-0.040
	(0.076)
年龄	0.003
	(0.003)
性别	-0.064
	(0.109)
城乡户籍	-0.003
	(0.122)
婚姻状况	-0.113
	(0.096)
是否有子女	0.159
	(0.133)
受教育程度（参照组：没有上过学）	
小学	-0.098
	(0.062)
初中	-0.131
	(0.111)
高中/中专/技校	-0.125
	(0.318)
Constant cut1	-0.614
	(0.617)
Constant cut2	1.017
	(0.621)
Constant cut3	1.478**
	(0.627)
Constant cut4	2.448***
	(0.641)
N	1653
R^2	0.012

注：括号内为标准差，***、**、*分别表示在1%、5%和10%的水平下显著。

（五）政策的生活改善主观评价分析

1. 政策的生活改善主观评价描述

不同人口特征分散供养特困人员对特困供养政策改善生活程度的评价存在差异，详见表2-36。从性别来看，女性分散供养特困人员对生活改善程度的评价较高，说明女性认为供养金与救助服务对自己生活改善较大。从城乡差异来看，城市分散供养特困人员认为特困救助政策对生活改善的程度大于农村。从残疾状况来看，是否残疾、有无配偶的分散供养特困人员认为特困救助政策对生活改善的程度差异性较小。从受教育程度来看，随着受教育程度的上升，分散供养特困人员认为特困救助工作对生活改善的程度呈上升趋势。其中，高中/中专/技校分散供养特困人员的评价显著高于其他受教育程度人员。从房产状况来看，有无房产分散供养特困人员对于特困救助工作的生活改善作用的效果评价差异性较小。

表2-36 **不同人口特征下分散供养特困人员对政策的生活改善主观评价描述**

		均值	标准差	观测值
性别	男性	1.68	0.63	1832
	女性	1.62	0.66	181
城乡	城市	1.60	0.68	110
	农村	1.68	0.63	1893
残疾状况	残疾	1.68	0.66	477
	非残疾	1.68	0.63	1529
婚姻状况	有配偶	1.65	0.66	227
	无配偶	1.68	0.63	1786
受教育程度	没有上过学	1.69	0.63	907
	小学	1.68	0.65	903
	初中	1.62	0.60	177
	高中/中专/技校	1.48	0.59	23
房产状况	有房产	1.68	0.63	1453
	无房产	1.67	0.66	560

注："说不清"项作为缺失值处理。

2. 影响因素分析

由表 2-37 可知,经济支持状况对分散供养特困人员生活改善评价有较强影响。分散供养特困人员供养金知晓标准对数越高,其对特困政策生活改善程度的评价就越高;需要更多零花钱的分散供养特困人员对特困供养政策的整体改善效应评价低于无需更多零花钱的人员。政府承担大部分医疗费用的分散供养特困人员对特困政策的生活改善程度评价显著低于政府全部承担医疗费用的人员。此外,年龄越大的分散供养特困人员,认为特困供养对生活改善程度评价就越高。

表 2-37　分散供养特困人员生活对政策的生活改善主观评价影响因素分析结果

	政策的生活改善程度
营养状况	-0.042
	(0.072)
是否需要更多零花钱	0.194***
	(0.062)
医疗费用负担情况(参照组:政府全部承担)	
政府承担大部分	0.121*
	(0.071)
政府承担小部分	0.139
	(0.106)
自费	0.133
	(0.083)
供养金知晓标准对数	-0.261***
	(0.087)
自评健康	-0.092
	(0.066)
是否残疾	0.013
	(0.077)
年龄	-0.006*
	(0.003)
性别	0.107
	(0.110)

续表

	政策的生活改善程度
城乡户籍	-0.152
	(0.136)
婚姻状况	0.007
	(0.099)
是否有子女	0.102
	(0.131)
受教育程度（参照组：没有上过学）	
小学	-0.031
	(0.061)
初中	-0.113
	(0.103)
高中/中专/技校	-0.416
	(0.262)
Constant cut1	-2.044***
	(0.601)
Constant cut2	-0.484
	(0.599)
Constant cut3	1.009*
	(0.602)
Constant cut4	
N	1634
R^2	0.012

注：括号内为标准差，***、**、*分别表示在1%、5%和10%的水平下显著。

第三节　集中供养特困人员生活状况分析

本节结合调查数据和案例分析，主要从生活消费、居住状况、收入情况三个维度对集中供养特困人员的基本生活状况进行描述分析，并在此基础上，进一步分析集中供养特困人员生活满意度的影响因素，发现和思考特困供养政策运行中存在的难点和问题。

一 基本情况

(一) 集中供养特困人员生活消费状况

1. 主要消费支出

集中供养特困人员的日常生活用品多由集中供养机构统一提供,各项支出上虽差别不大,但饮食花费仍是最主要的消费支出。调查数据显示(见表2-38),48.24%的集中供养特困人员表示饮食花费是其主要消费,认为水果和烟酒是其主要消费的各占比37.47%、36.36%。

表2-38　　集中供养特困人员主要消费支出列表

	频数	响应百分比(%)	个案百分比(%)
饮食	1218	23.41	48.24
水果	946	18.18	37.47
烟酒	918	17.64	36.36
衣物	369	7.09	14.61
日用品	847	16.28	33.54
人情往来	109	2.09	4.32
交通	64	1.23	2.53
看病/医疗	571	10.97	22.61
其他	162	3.11	6.42
合计	5204	100	206.10

2. 荤菜食用周期

集中供养特困人员的饮食由集中供养机构统一提供,荤菜食用周期体现了集中供养机构的饮食提供状况。统计分析与分散供养特困人员荤菜食用周期赋值一致。统计结果显示(见表2-39),集中供养特困人员的荤菜食用周期的均值为1.50,即介于"几乎每天吃"和"每周至少吃一次"的频率之间。具体来看(见表2-40),

集中供养特困人员几乎每天能吃到荤菜的比例相对较高，达到66.89%。每周至少吃一次荤菜的比例为27.02%，每月至少吃一次荤菜及更长周期的相对较少，不足5%。由此可见，集中供养特困人员的荤菜摄取周期较短，频率较高，营养状况优于分散供养特困人员。

表2-39　　　　　集中供养特困人员荤菜食用周期

变量	观测值	均值	标准差	最小值	最大值
荤菜食用周期	2528	1.50	0.96	1	6

表2-40　　　　　集中供养特困人员荤菜食用周期列表

	频数	百分比(%)
几乎每天吃	1691	66.89
每周至少吃一次	683	27.02
每月至少吃一次	36	1.42
至少两个月以上吃一次	6	0.24
很少吃或从来不吃	80	3.16
吃素，不吃荤	32	1.27

不同人口特征的集中供养特困人员荤菜食用周期差异性较小，说明集中供养机构提供的饮食差异较小。具体而言（见表2-41）：从性别来看，男性集中供养特困人员的荤菜食用周期略短，频率略高于女性；从城乡差异来看，城市集中供养特困人员荤菜食用周期小于农村人员，可能的原因是城市供养金标准大于农村地区，且城市集中供养机构的基本条件和供给标准也高于农村；残疾和无配偶的集中供养特困人员荤菜食用周期略小于非残疾和有配偶的人员，但整体差异性不大；从受教育程度来看，随受教育程度的提升，集中供养特困人员荤菜食用周期基本呈上升趋势。

表2-41　　不同人口特征下集中供养特困人员荤菜食用周期

		均值	标准差	观测值
性别	男性	1.49	0.94	2303
	女性	1.55	1.13	225
城乡	城市	1.25	0.78	241
	农村	1.52	0.98	2276
残疾状况	残疾	1.45	0.94	719
	非残疾	1.51	0.97	1793
婚姻状况	有配偶	1.55	1.19	202
	无配偶	1.49	0.94	2320
受教育程度	没有上过学	1.47	0.94	1375
	小学	1.52	1.01	928
	初中	1.56	0.93	184
	高中/中专/技校	1.50	0.80	32
	大专及以上	1.67	0.58	3
房产状况	有房产	1.58	0.97	859
	无房产	1.45	0.95	1668

3. 水果食用周期

相对于荤菜，集中供养特困人员的水果食用周期较长，频率较低。统计分析与分散供养特困人员水果食用周期赋值一致。统计结果显示（见表2-42），集中供养特困人员的水果食用周期平均值为2.96，即平均每月至少吃一次水果。具体而言（见表2-43），集中供养特困人员每周至少吃一次水果的比例最高，为39.52%；很少吃或从来不吃的占比30.70%，几乎每天吃水果的占比13.73%，每月至少吃一次的占比14.52%。可能的原因在于，集中供养机构提供的水果较少，多数需集中供养特困人员自己购买或由亲属赠送，且多数集中供养机构管理较为严格，只能在规定时间外出购物。这也说明集中供养机构的经济状况趋于两极分化，经济状况好一些的可以保证每周水果供应，差一些的几乎不供应水果。

表2-42　　　　　集中供养特困人员水果食用周期

变量	观测值	均值	标准差	最小值	最大值
水果食用周期	2528	2.96	1.48	1	5

表2-43　　　　　集中供养特困人员水果食用周期列表

	频数	百分比(%)
几乎每天吃	347	13.73
每周至少吃一次	999	39.52
每月至少吃一次	367	14.52
至少两个月以上吃一次	39	1.54
很少吃或从来不吃	776	30.70

从不同人口特征来看（见表2-44），女性集中供养特困人员食用水果的周期小于男性，频率较高；农村集中供养特困人员食用水果的周期小于城市；有残疾的集中供养特困人员食用水果的周期略小于非残疾人员；受教育程度为高中/中专/技校及大专及以上的集中供养特困人员，吃水果的周期较小，食用频率显著高于受教育程度低的人员；无房产人员的水果食用周期略小于有房产人员。

表2-44　　　不同人口特征集中供养特困人员水果食用周期

		均值	标准差	观测值
性别	男性	2.98	1.48	2303
	女性	2.79	1.46	225
城乡	城市	3.11	1.55	242
	农村	2.95	1.47	2275
残疾状况	残疾	2.91	1.43	721
	非残疾	2.97	1.50	1792
婚姻状况	有配偶	2.88	1.49	202
	无配偶	2.97	1.48	2320

续表

		均值	标准差	观测值
受教育程度	没有上过学	2.91	1.49	1375
	小学	2.99	1.47	928
	初中	3.19	1.45	184
	高中/中专/技校	2.72	1.35	32
	大专及以上	2.33	2.31	3
房产状况	有房产	3.01	1.47	858
	无房产	2.93	1.48	1669

4. 衣物花费

调查结果显示（见表2-38），认为衣物花费是其主要消费支出之一的集中供养特困人员比例仅为14.61%，远低于分散供养特困人员。

从不同人口特征来看（见表2-45），认为衣物花费是其主要消费之一的女性集中供养特困人员比例较男性高5.52个百分点，说明女性更看重个人外在形象；农村集中供养特困人员的衣物花费比例略高于城市；有无残疾在这一项目上的支出比例差异性不大；有配偶的集中供养特困人员更看重服饰需求；认为衣物花费是其主要支出之一的小学集中供养特困人员比例显著高于其他受教育程度的人员；有房产的集中供养特困人员认为衣物花费是其消费结构之一的比例高于无房产人员2.49个百分点，同时，有房产人员的衣物花费支出在其整个消费结构中地位较高。

表2-45 不同人口特征下集中供养特困人员衣物花费情况

		频数	百分比(%)
性别	男性	325	14.12
	女性	44	19.64
城乡	城市	33	13.69
	农村	333	14.64

续表

		频数	百分比(%)
残疾状况	残疾	115	15.95
	非残疾	251	14.02
婚姻状况	有配偶	37	18.41
	无配偶	332	14.32
受教育程度	没有上过学	183	13.34
	小学	155	16.70
	初中	26	14.05
	高中/中专/技校	5	15.63
房产状况	有房产	139	16.22
	无房产	229	13.73

注：表格中的百分比解释同表2-12。

5. 烟酒花费

调查结果显示（见表2-38），集中供养特困人员认为烟酒花费是其主要消费之一的比例为36.36%，与分散供养特困人员的比例类似。

不同人口特征下集中供养特困人员的烟酒花费支出比例存在显著的差异性（见表2-46）。从性别来看，男性分散供养特困人员认为烟酒花费是其主要消费支出之一的比例远高于女性。从城乡差异来看，城乡集中供养特困人员认为烟酒花费是其主要消费支出之一的比例差异性不大。从残疾情况来看，非残疾集中供养特困人员将烟酒花费作为其主要消费之一的比例为38.32%，高出残疾人员6.84个百分点。从婚姻状况来看，有配偶的集中供养特困人员认为烟酒花费是其主要消费之一的比例低于无配偶人员。从受教育程度来看，高中/中专/技校受教育程度的人员认为烟酒花费是其主要消费之一的比例最低。从房产情况来看，有无房产的集中供养特困人员认为烟酒花费是其主要消费之一的比例差异性不大。

表2-46　　不同人口特征下集中供养特困人员烟酒花费情况

		频数	个案百分比(%)
性别	男性	905	39.31
	女性	13	5.80
城乡	城市	89	36.93
	农村	828	36.41
残疾状况	残疾	227	31.48
	非残疾	686	38.32
婚姻状况	有配偶	58	28.86
	无配偶	858	37.00
受教育程度	没有上过学	480	34.99
	小学	364	39.22
	初中	62	33.51
	高中/中专/技校	7	21.88
	大专及以上	2	66.67
房产状况	有房产	308	35.94
	无房产	610	36.57

注：表格中的百分比解释同表2-12。

(二) 集中供养特困人员居住状况

1. 居住方式

集中供养特困人员居住在集中供养机构，根据集中供养机构的分配，有自己单独居住的，也有与室友同住的。调查结果显示（见表2-47），7.37%的集中供养特困人员表示自己是单独居住，92.63%的集中供养特困人员表示自己有室友。

表2-47　　　　集中供养特困人员是否单独居住

	频数	百分比(%)
是	171	7.37
否	2150	92.63

2. 室友满意度

集中供养特困人员对于室友满意度的评价侧面体现了其居住满意度。问卷中对于室友满意度的评价选项设置为"很满意""基本满意""一般""不满意""很不满意",依次赋值为1至5,数值越高,满意度越低。调查结果显示(见表2-48),集中供养特困人员的室友满意度评价的均值为1.57,介于"很满意"和"基本满意之间"。具体来看(见表2-49),53.07%的集中供养特困人员对同住的室友很满意,基本满意的占比39.07%,5.81%的人员对室友满意度的评价为"一般",仅2.05%的集中供养特困人员对室友"不满意"和"很不满意"。

表2-48　　　　　集中供养特困人员室友满意度描述

变量	观测值	均值	标准差	最小值	最大值
室友满意度	2150	1.57	0.71	1	5

表2-49　　　　　集中供养特困人员室友满意度概况

	频数	百分比(%)
很满意	1141	53.07
基本满意	840	39.07
一般	125	5.81
不满意	41	1.91
很不满意	3	0.14

不同人口特征维度下集中特困供养人员对室友的满意度评价有所差异(见表2-50)。具体来看,男性集中供养特困人员对室友满意度评价的均值高于女性,说明女性集中供养特困人员与室友相处更加融洽;城市集中供养特困人员对室友满意度评价的均值高于农村人员,说明农村集中供养特困人员对室友满意度高较高;有无残疾集中供养特困人员对于室友满意度评价差异不大;有配偶集中供养特困人员对室友满意度评价的均值低于无配偶人员;没有上过学的集中供养

特困人员的室友满意度评价均值为1.50,低于其他受教育程度的人员,说明没上过学的集中供养人员与室友相处较好,对室友评价更高;有无房产人员对于室友满意度评价差异不大。

表2-50 不同人口特征下集中供养特困人员室友满意度描述

		均值	标准差	观测值
性别	男性	1.58	0.71	1968
	女性	1.45	0.61	182
城乡	城市	1.88	0.90	197
	农村	1.54	0.67	1945
残疾状况	残疾	1.58	0.71	557
	非残疾	1.57	0.70	1580
婚姻状况	有配偶	1.49	0.63	179
	无配偶	1.58	0.71	1996
受教育程度	没有上过学	1.50	0.66	1137
	小学	1.64	0.73	812
	初中	1.69	0.77	164
	高中/中专/技校	1.61	0.79	28
	大专及以上	1.67	1.15	3
房产状况	有房产	1.56	0.68	762
	无房产	1.57	0.71	1387

3. 居住条件

集中供养机构的居住条件差异性较小,总体来看,基本能够满足集中供养特困人员的居住需求。集中供养机构居住条件以集中供养问卷中对于集中供养机构居住满意度衡量,答案选项设置为"很满意""基本满意""一般""不满意""很不满意",依次赋值为1至5,数值越高,说明满意度越低。统计结果显示(见表2-51),集中供养特困人员的居住条件满意度评价的均值为1.55,介于"很满意"和"基本满意之间"。具体来看(见表2-52),超九成的集中供养特困人员对集中供养机构居住条件持满意态度,评价较差的不足10%。

表 2-51　　　　集中供养特困人员居住条件满意度描述

变量	观测值	均值	标准差	最小值	最大值
居住条件满意度	2326	1.55	0.67	1	5

表 2-52　　　　集中供养特困人员居住条件评价概况

	频数	百分比(%)
很满意	1247	53.61
基本满意	927	39.85
一般	117	5.03
不满意	32	1.38
很不满意	3	0.13

由表 2-53 可知，从性别来看，男性集中供养特困人员的居住条件满意度均值男性高于女性，说明女性对于居住条件的满意度评价高于男性。城市集中供养特困人员对于供养机构居住条件的满意度评价高于农村集中供养特困人员的评价，说明城市集中供养特困人员对于居住条件的评价较差。从受教育程度来看，不同受教育程度的集中供养特困人员居住条件评价存在差异。随受教育程度的逐渐提高，集中供养特困人员的居住满意度评价基本呈降低趋势，其中没上过学的集中供养特困人员对居住条件满意度评价最高。有无残疾、是否有配偶和有无房产的集中供养特困人员对居住满意度评价影响不大。总体而言，集中供养特困人员对于供养机构居住条件满意度的评价介于"很满意"和"基本满意"之间，居住条件评价较高。

表 2-53　　不同人口特征下集中供养人员居住条件满意度描述

		均值	标准差	观测值
性别	男性	1.56	0.67	2131
	女性	1.44	0.62	195
城乡	城市	1.67	0.75	220
	农村	1.53	0.66	2096

续表

		均值	标准差	观测值
残疾状况	残疾	1.55	0.69	604
	非残疾	1.55	0.66	1708
婚姻状况	有配偶	1.56	0.67	186
	无配偶	1.54	0.67	2134
受教育程度	没有上过学	1.50	0.65	1220
	小学	1.58	0.67	892
	初中	1.66	0.72	176
	高中/中专/技校	1.55	0.78	29
	大专及以上	1.67	1.15	3
房产状况	有房产	1.55	0.66	819
	无房产	1.55	0.67	1506

(三) 集中供养特困人员收入情况

1. 供养金与零花钱状况

集中供养特困人员的供养金由集中供养机构统一管理，其所需服务由集中供养机构统一供给，但也有少部分集中供养机构将政府发放的供养金直接发放给特困人员，由其本人通过付费形式向供养机构购买所需服务。

集中供养特困人员的经济收入主要来源于集中供养机构发放的零花钱。受集中供养机构经济状况等因素影响，不同集中供养机构的零花钱发放标准有高有低，个别集中供养机构甚至不发放零花钱。表2-54报告的是集中供养特困人员每月的零花钱获得情况，统计结果显示，集中供养特困人员的零花钱标准平均为56.73元/月，最高可达1500元/月，最低0元/月。有集中供养特困人员表示"没有发过零花钱"，也有集中特困人员对于零花钱存在认识偏差，报告的零花钱标准较高。

表2-54　　　　集中供养特困人员零花钱获得情况

	均值	标准差	最小值	最大值	观测值
零花钱	56.73元	104.45	0元	1500元	2509

注：集中供养特困人员报告的零花钱标准存在较大差异，12.87%的集中供养特困人员表示所获零花钱小于10元，1.12%的人员表示所获零花钱大于等于500元。

从不同人口特征角度来看（见表2-55），男性集中供养特困人员平均每月零花钱发放为58.00元/月，女性为43.79元/月，男性获得的零花钱比女性更多；城市集中供养特困人员的零花钱发放平均为70.60元/月，农村为55.18元/月，说明城市集中供养机构发放的零花钱水平显著高于农村；有无残疾集中供养特困人员零花钱平均发放差异性较小；无配偶集中供养特困人员平均发放的零花钱达到57.91元/月；不同受教育程度的集中供养特困人员获得零花钱的水平差异性较大，其中，没有上过学的集中供养特困人员获得的零花钱较高，达63.39元/月；有房产集中供养特困人员获得的零花钱平均为68.37元/月，显著高于无房产人员。

表2-55　　　不同人口特征下集中供养人员零花钱发放情况

		均值	标准差	观测值
性别	男性	58.00	106.07	2285
	女性	43.79	85.34	224
城乡	城市	70.60	86.39	242
	农村	55.18	106.01	2256
残疾状况	残疾	54.58	99.59	718
	非残疾	57.82	106.78	1775
婚姻状况	有配偶	43.17	88.98	200
	无配偶	57.91	105.62	2309
受教育程度	没有上过学	63.39	118.85	1362
	小学	49.89	85.35	921
	初中	44.59	82.60	185
	高中/中专/技校	49.63	33.79	32
	大专及以上	15	15	3

续表

		均值	标准差	观测值
房产状况	有房产	68.37	127.10	849
	无房产	50.78	90.19	1659

2. 额外收入状况

集中供养特困人员最主要的额外收入来源为养老金收入,其次为亲属资助。统计结果显示(见表2-56),集中供养特困人员额外收入结构中有养老金收入的比例占58.05%;获得亲属资助的占比22.25%。此外,部分集中供养特困人员在集中供养机构参加劳动也会得到劳动报酬。获得高龄津贴的人员占比11.19%,远高于分散供养特困人员,原因在于集中供养机构的高龄老人数量较多。与此同时,统计结果还表明,知晓高龄津贴的集中供养特困人员占比54.81%,略低于分散供养特困人员。

表2-56　　　　集中供养特困人员额外收入来源列表

	频数	响应百分比(%)	个案百分比(%)
亲属资助	340	18.53	22.25
政府临时补助	151	8.23	9.88
养老金	887	48.34	58.05
高龄津贴	171	9.32	11.19
其他	286	15.59	18.72
合计	1835	100	120.09

注:表格中的个案百分比与响应百分比解释同表2-1。

部分集中供养特困人员还享受政府临时补贴和其他收入,包括贫困残疾人生活补贴、节假日慰问补助和水电气物业等减免与补贴等。但特困人员对不同津贴政策的知晓比例差异较大,知晓此三项政策的人员比例分别为25.61%、44.22%、14.27%。由此也使得特困人员的收入状况有所不同。

表2-57　　集中供养特困人员主要额外收入政策知晓情况

	频数	百分比(%)
高龄津贴	1380	54.81
贫困残疾人生活补贴	644	25.61
节假日慰问补助	1113	44.22
水电气物业等减免与补贴	359	14.27

二　生活满意度及影响因素分析

生活满意度反映了集中供养特困人员的整体生活状态及对集中供养制度的评价。生活满意度可以用以下5个指标衡量："生活幸福感""是否喜欢供养机构的生活""居住条件满意度""护理服务满意度"和"政策对生活改善的主观评价"。

生活幸福感为连续变量，变量设定与上一节相同。调查数据显示（见表2-58），集中供养特困人员生活幸福感得分均值为85.54，高于分散供养特困人员，说明我国集中供养特困人员的整体幸福感较高。

"是否喜欢供养机构的生活"为二分类变量，该变量来源于集中供养问卷中的问题"您喜欢敬老院/福利院的生活吗"，回答为"喜欢"的赋值为1，对没有表达"喜欢"的人员赋值为0。调查发现，96.00%的集中供养特困人员较喜欢供养机构的生活。

居住条件和护理服务是集中供养机构为入住人员提供的生活保障，也是集中供养特困人员较为看重的两项福利，甚至是部分人员选择入住集中供养机构的重要原因。对此两项的评价基本能够窥见集中供养特困人员对目前生活的满意程度。对供养机构居住条件满意度与供养机构护理服务满意度评价，设置为"非常满意""比较满意""一般""不满意""很不满意"，依次赋值为1至5，数值越大，表示满意度越低。统计数据可知，集中供养特困人员对供养机构居住条件的满意度评价平均为1.55，介于"非常满意"和"比较满意"之间；对供养机构护理人员服务满意度的评价平均为1.60，介于"非常满意"和"比较满意"之间，说明集中供养特困人员对集中供养机构的居住条件和护理服务评价均较为满意。

集中供养特困人员对救助供养政策改善生活程度的评价,是特困人员入住集中供养机构后生活改善情况的综合评价,体现了特困救助供养工作的落实情况。关于该指标的测量,通过集中供养问卷中的问题"您认为特困供养金和供养服务对您的生活改善作用大吗"来测量,选项设置为"作用非常大""作用比较大""一般""作用不太大""没有作用",依次赋值为1至5。依据统计结果,集中供养特困人员认为救助供养政策对生活改善的程度较大,平均得分为1.78,介于"作用非常大"和"作用比较大"之间,说明集中供养特困人员认为特困救助供养政策对自己生活改善的程度较大。

既有研究发现,营养状况、经济状况、健康状况、社会交往状况、入住供养机构年数等因素会影响生活满意度的总体评价。营养状况与健康状况,均与本分报告第二节回归分析中设置一致。统计结果显示,集中供养特困人员的营养状况相对较好,均值为0.68,即每天能吃上荤菜的人员占比68%;自评健康状况均值为0.34,表明66.00%的集中供养特困人员认为自己身体健康状况较差;此外,29.00%的集中供养特困人员存在不同程度的残疾。

经济状况用是否领取养老金、是否需要更多的零花钱和医疗费用负担情况来衡量,其中养老金状况用集中供养特困人员的年龄来衡量,年龄大于等于60岁的集中供养特困人员意味着已经具备领取养老金资格,赋值为1,年龄小于60的人员没有领取养老金资格,赋值为0,该选项反映了特困人员是否领取养老金。零花钱需求与医疗费用负担情况变量与上节设置一致。统计结果显示,88.00%的被调查集中供养特困人员领取养老金;25.00%的集中供养特困人员表示需要更多的零花钱;集中供养特困人员的医疗费用负担的均值为1.57,介于"政府全部承担"和"政府承担大部分"之间。

社会交往状况来源于问卷中问题"2017年,有人到您敬老院/福利院看望您吗",变量赋值方式与上节设置一致。入住供养机构年数来源于问卷中"您什么时候入住敬老院/福利院",以2018年减去该变量为取值来衡量。统计结果显示（见表 2-58），社会交往状况的均值为 2.02，表明集中供养特困人员的社会交往较差，只是偶尔有人看望；入住供养机构年数均值为 6.85 年，说明集中供养特困人员入住供养机构的平均时间较长。

表 2-58　集中供养特困人员生活满意度数据描述性统计结果

变量	观测值	均值	标准差	最小值	最大值
生活幸福感	2266	85.54	11.82	30	100
是否喜欢供养机构的生活	2319	0.96	0.20	0	1
居住条件满意度	2326	1.55	0.67	1	5
护理服务满意度	2207	1.60	0.71	1	5
政策对生活改善的主观评价	2315	1.78	0.80	1	5
营养状况	2496	0.68	0.47	0	1
自评健康	2525	0.34	0.47	0	1
是否残疾	2516	0.29	0.45	0	1
是否领取养老金	2532	0.88	0.33	0	1
是否需要更多零花钱	2513	0.25	0.43	0	1
医疗费用负担情况	2449	1.57	0.96	1	4
社会交往状况	2447	2.02	0.68	1	3
入住供养机构年数（年）	2487	6.85	6.26	0	55
年龄	2521	69.55	10.55	5	106
性别	2532	0.91	0.28	0	1
城乡户籍	2521	0.10	0.29	0	1
婚姻状况	2526	0.08	0.27	0	1
是否有子女	2529	0.06	0.23	0	1
受教育程度	2526	1.56	0.70	1	5

此外，年龄、性别、城乡户籍、婚姻状况、受教育程度等情况，也会影响特困人员的生活满意度。这些变量与前文处理方式一致，这里不再一一赘述。

分析时剔除回答中涉及"无所谓""说不清""监护人代答""无护理员"以及缺失值和不适用的样本。"生活幸福感"采用最小二乘法回归（OLS）、"是否喜欢福利院"采用 Probit 模型估计，其他均采用 Ordered Probit 模型估计，进行回归分析。

(一) 幸福感影响因素分析

1. 生活幸福感描述

不同人口特征下集中供养特困人员群体的生活幸福感评分略有差异，详见表2-59。男性集中供养特困人员的平均生活幸福感得分低于女性，说明女性集中供养特困人员的生活幸福感高于男性。农村集中供养特困人员生活幸福感平均得分比城市高2.17分，说明农村集中供养特困人员对当前生活的满意度评价比城市高。从残疾状况和婚姻状况来看，是否残疾以及有无配偶对集中供养特困人员生活幸福感的影响差异较小。从受教育程度来看，随着受教育程度的提升，集中供养特困人员的生活幸福感平均得分呈上升趋势。其中，小学受教育程度人员生活幸福感平均得分最低。从房产状况来看，无房产人员的生活幸福感平均得分高于有房产人员，部分原因在于一些有房产的集中供养人员对供养机构有些许不满意的地方，想要转为分散供养，因此出现部分有房产人员对目前生活满意度评价较低的现象。

表2-59　不同人口特征下集中供养特困人员生活幸福感描述

		均值	标准差	观测值
性别	男性	85.47	11.95	2074
	女性	86.29	10.35	192
城乡	城市	83.56	11.00	210
	农村	85.73	11.89	2046
残疾状况	残疾	85.02	12.75	586
	非残疾	85.72	11.49	1667
婚姻状况	有配偶	85.66	11.03	187
	无配偶	85.53	11.87	2073
受教育程度	没有上过学	85.95	11.71	1180
	小学	84.91	11.93	875
	初中	86.09	12.28	174
	高中/中专/技校	85.79	9.22	28
	大专及以上	88.33	16.07	3
房产状况	有房产	84.87	12.17	798
	无房产	85.91	11.61	1468

2. 影响因素分析

由表2-60可知，营养状况、健康状况、社会交往状况和经济支持状况均对集中供养特困人员的生活幸福感有较强影响。

表2-60 集中供养特困人员生活幸福感影响因素分析结果

	生活幸福感
营养状况	1.937***
	(0.565)
自评健康	2.621***
	(0.532)
是否残疾	-0.707
	(0.643)
医疗费用负担情况（参照组：政府全部承担）	
政府承担大部分	-2.458***
	(0.650)
政府承担小部分	-3.148**
	(1.568)
自费	-3.612***
	(0.863)
社会交往状况（参照组：经常）	
偶尔	-3.008***
	(0.565)
从来没有	-5.518***
	(0.745)
年龄	0.051*
	(0.030)
性别	-0.452
	(0.873)
城乡户籍	-1.674**
	(0.829)
婚姻状况	0.010
	(0.449)
是否有子女	-1.394
	(1.075)

续表

	生活幸福感
受教育程度（参照组：没有上过学）	
小学	-1.007*
	(0.542)
初中	1.262
	(1.014)
高中/技校	0.373
	(1.687)
大专及以上	6.363
	(7.847)
常数项	84.939***
	(2.454)
N	2038
R^2	0.069

注：括号内为标准差，***、**、*分别表示在1%、5%和10%的水平下显著。

营养状况与自评健康状况对集中供养特困人员生活幸福感有显著的正向影响，即营养水平高、自评健康状况好的集中供养特困人员生活幸福感越高；社会交往状况对集中供养特困人员生活幸福感有显著负向影响，即偶尔和从来没有社会交往的集中供养特困人员，其幸福感显著低于经常有人来看望的人员；医疗费用负担情况变量中，政府承担看病医疗花费越少的集中供养特困人员生活幸福感越低。

性别、城乡户籍、是否残疾、婚姻状况以及是否有子女对集中供养特困人员幸福感没有显著影响；而年龄对集中供养特困人员幸福感具有显著的正向影响，即年龄越大的集中供养特困人员幸福感越强。与没有上过学的集中供养特困人员相比，小学受教育程度的人员幸福感更低。

(二) 是否喜欢供养机构生活分析

1. 是否喜欢供养机构生活描述

集中供养特困人员对集中供养机构生活的整体评价较高。统计结果显示（见表2-61），95.64%的集中供养特困人员表示比较喜欢集中供养机构的生活。主要原因在于，集中供养机构的生活条件和设施相对分散供养特困人员较好，且集中供养机构配备有相应的护理人员，可以为入住人员提供日常照料。此外，入住人员多境况相似，方便沟通和交流。

表2-61　　集中供养特困人员是否喜欢供养机构生活情况

	频数	百分比(%)
喜欢	2218	95.64
不喜欢	165	7.12

注：由于本题为多项选择，部分集中供养特困人员同时存在"喜欢"和"不喜欢"供养机构的情况，因此回答为"喜欢"和"不喜欢"的比例总和不等于100%。

除此之外，调查还发现，有7.12%的集中供养特困人员表示不喜欢集中供养机构，部分原因在于：部分集中供养机构的基础设施较差；部分集中供养特困人员无法适应集体管理的生活，不喜欢被管制；部分集中供养特困人员较喜欢与亲人同住，或与机构内其他人员相处不融洽，或难以适应与陌生人同住的环境等。同时在调查中也发现，有部分集中供养特困人员希望改为分散供养，但是"（原先的）房子已经没了，回去也没地方住"，接受集中供养生活纯属无奈。

不同人口特征的集中供养特困人员对供养机构生活的评价情况存在差异（见表2-62）。从性别来看，95.76%的男性集中供养特困人员表示喜欢供养机构的生活，可能的原因是女性较难适应供养机构的生活，因此表示不喜欢供养机构的比例高于男性。从城乡差异来看，城乡集中特困供养人员对于是否喜欢供养机构的比例差异不大。从残疾状况来看，残疾集中供养特困人员中喜欢供养机构生活的人员比例为93.90%，原因在于残疾人员存在身体活动能力等方面的限制，而大多数供养机构无法满足其照料需求，也没有提供生活所需的便利条件。部分失能人员表示在供养机构很少能得到较高质量的照料服务，常常需要"自己照顾自己"或"院友之间相互照顾"。从婚姻状况来看，有配偶集中供养特困人员中不喜欢供养机构生活的比例高于无配偶人员，可能的原因是有配偶人员的生活状况相对较好且具有相互照料的能力，对供养机构提供的护理服务需求较低。从受教育程度来看，随着受教育程度的提升，集中供养特困人员喜欢供养机构生活的比例呈下降趋势，可能的原因是受教育程度越高的人员对生活质量和护理水平的要求更高，因此对供养机构的要求也更高。

表 2-62　不同人口特征下集中供养特困人员是否喜欢供养机构生活描述

		喜欢		不喜欢	
		频数	百分比(%)	频数	百分比(%)
性别	男性	2034	95.76	148	6.97
	女性	184	94.36	17	8.76
城乡	城市	209	96.31	13	5.99
	农村	1999	95.55	152	7.27
残疾状况	残疾	570	93.90	51	8.40
	非残疾	1634	96.29	111	6.55
婚姻状况	有配偶	175	93.58	17	9.09
	无配偶	2043	95.83	148	6.95
受教育程度	没有上过学	1161	96.27	66	5.48
	小学	854	95.10	78	8.70
	初中	168	94.92	17	9.60
	高中/中专/技校	27	93.10	3	10.34
	大专及以上	3	100	0	0

注：表格中的百分比解释同表 2-12。

2. 影响因素分析

这里采用有无表达喜欢供养机构生活来衡量因变量。分析结果见表 2-63，整体来看，营养状况、健康状况、社会交往状况和经济支持状况（主要指医疗费用负担情况）对集中供养特困人员是否喜欢供养机构生活具有显著影响。

表2-63 集中供养特困人员是否喜欢供养机构生活影响因素分析结果

	是否喜欢福利院生活（Probit）
营养状况	0.258**
	(0.101)
自评健康	0.198*
	(0.117)
是否残疾	-0.217*
	(0.117)
医疗费用负担（参照组：政府全部承担）	
政府承担大部分	-0.095
	(0.126)
政府承担小部分	-0.268
	(0.237)
自费	-0.287*
	(0.158)
社会交往状况（参照组：经常有）	
偶尔	-0.333**
	(0.153)
从来没有	-0.584***
	(0.163)
年龄	0.015***
	(0.006)
性别	0.247
	(0.177)
城乡户籍	0.290
	(0.206)
婚姻状况	-0.063
	(0.084)
是否有子女	-0.246
	(0.191)
受教育程度（参照组：没有上过学）	
小学	-0.177
	(0.107)

续表

	是否喜欢福利院生活（Probit）
初中	0.029
	(0.207)
高中/中专/技校	-0.411
	(0.415)
大专及以上	—
	—
常数项	0.823*
	(0.449)
N	2081
R^2	0.070

注：括号内为标准差，***、**、*分别表示在1%、5%和10%的水平下显著。

具体而言，营养状况以及自评健康状况对集中供养特困人员是否喜欢供养机构生活有显著正向影响，即营养状况、自评健康状况较好的集中供养特困人员，喜欢供养机构生活的概率高于营养状况、自评健康状况较差的人员。此外，是否残疾对集中供养特困人员是否喜欢供养机构生活有显著负向影响，即与非残疾人员相比，残疾人员喜欢供养机构生活的概率更低。社会交往状况对集中供养特困人员是否喜欢供养机构生活有显著负向影响，即社会交往越密切的集中供养特困人员相比社会交往少的人员更喜欢供养机构生活。与政府全部承担医疗费用相比，自费的集中供养特困人员喜欢供养机构的概率更小。

性别、城乡户籍、是否有子女、婚姻状况以及受教育程度均对集中供养特困人员是否喜欢供养机构生活没有显著影响。而年龄对集中供养特困人员是否喜欢供养机构生活有显著正向影响，即年龄越大的集中供养特困人员越喜欢供养机构生活。

（三）供养机构居住条件满意度分析

1. 供养机构居住条件满意度描述

不同人口特征集中供养特困人员对供养机构居住条件满意度的评

价存在差异（见表2-64）。从性别来看，男性集中供养特困人员的居住条件满意度均值为1.56，高于女性，说明男性对于供养机构居住条件的满意度评价低于女性。从城乡差异来看，城市集中供养特困人员对供养机构居住条件的满意度评价为1.67，可能的原因是，相对于农村特困人员的原有住房来说，农村供养机构的住房条件较好，设施较完善，不少特困人员表示"比住在家里好多了"。从受教育程度来看，不同受教育程度的集中供养特困人员对居住条件的评价存在差异。随着受教育程度的提升，集中供养特困人员的居住条件满意度评价基本呈下降趋势。残疾状况和婚姻状况对居住条件满意度评价的影响不大。

表2-64 不同人口特征下集中供养特困人员对供养机构居住条件满意度描述

		均值	标准差	观测值
性别	男性	1.56	0.67	2131
	女性	1.44	0.62	195
城乡	城市	1.67	0.75	220
	农村	1.53	0.66	2096
受教育程度	没有上过学	1.50	0.65	1220
	小学	1.58	0.67	892
	初中	1.66	0.72	176
	高中/中专/技校	1.55	0.78	29
	大专及以上	1.67	1.15	3
残疾状况	残疾	1.55	0.69	604
	非残疾	1.55	0.66	1708
婚姻状况	有配偶	1.56	0.67	186
	无配偶	1.54	0.67	2134

2. 影响因素分析

由表2-65可知，经济支持状况（包括是否需要更多零花钱和医疗费用负担情况)、入住供养机构年数以及自评健康状况对集中供养特困人员的居住条件满意度影响较为显著。营养状况和是否领取养老金没有显著影响。

表2-65 集中供养特困人员对供养机构居住条件满意度影响因素分析结果

	居住条件满意度
营养状况	-0.048
	(0.055)
自评健康	-0.206***
	(0.056)
是否残疾	0.009
	(0.065)
是否领取养老金	0.148
	(0.114)
是否需要更多零花钱	0.197***
	(0.059)
入住供养机构年数	-0.009*
	(0.004)
年龄	-0.003
	(0.004)
性别	0.220**
	(0.097)
城乡户籍	0.187**
	(0.090)
医疗费用负担情况(参照组:政府全部承担)	
政府承担大部分	0.240***
	(0.065)
政府承担小部分	0.444***
	(0.133)
自费	0.273***
婚姻状况	0.072
	(0.096)

续表

	居住条件满意度
是否有子女	0.076
	(0.113)
受教育程度（参照组：没有上过学）	
小学	0.109**
	(0.055)
初中	0.232**
	(0.099)
高中/中专/技校	−0.014
	(0.249)
大专及以上	0.727
	(0.972)
Constant cut1	0.275
	(0.244)
Constant cut2	1.749***
	(0.245)
Constant cut3	2.491***
	(0.254)
Constant cut4	3.245***
	(0.301)
N	2120
R^2	0.024

注：括号内为标准差，***、**、*分别表示在1%、5%和10%的水平下显著。

具体而言：经济支持状况对集中供养机构居住条件满意度影响较大，是否需要更多零花钱对集中供养机构居住条件满意度有显著的负向影响。医疗费用全部由政府承担的人员对于居住条件满意度的评价最高。入住供养机构年数和自评健康状况对居住条件满意度有显著正向影响。

此外，男性集中供养特困人员对居住条件满意度的评价相对较低；农村集中供养特困人员对居住条件满意度的评价高于城市；从受教育程度来看，学历为小学或初中的集中供养特困人员对居住条件的满意度评价低于没有上过学的人员。

(四) 供养机构服务满意度分析

1. 供养机构服务满意度描述

以下分别从基础设施、膳食服务、医疗条件三个方面,描述集中供养特困人员对供养机构设施及服务的满意度情况。

基础设施。统计结果显示(见表2-66),14.37%的集中供养特困人员认为其入住的供养机构需要改善基础设施。具体而言(见表2-67),认为入住供养机构需要改善基础设施的男性集中供养特困人员占14.20%,低于女性1.80个百分点,说明女性对于入住供养机构的基础设施评价较差。19.31%的有配偶集中供养特困人员认为供养机构需要改善基础设施,说明有配偶人员对供养机构基础设施的评价较低。随着受教育程度的提高,认为供养机构需要改善基础设施的集中供养特困人员比例基本越高。

表2-66　　集中供养特困人员对供养机构设施及服务改进的需求列表

	频数	百分比(%)
改善基础设施	362	14.37
改善膳食服务	541	21.47
改善医疗条件	390	15.48

注:由于本题为多项选择,因此比例总和不等于100%。

膳食服务。供养机构为集中供养特困人员提供基本的饮食服务,多数集中供养特困人员需长期在供养机构就餐。统计结果显示,21.47%的集中供养特困人员认为其入住的供养机构需要改进膳食服务。从不同人口特征来看(见表2-67),不同性别的集中供养特困人员认为供养机构需要改善膳食的比例差异较小。农村集中供养特困人员认为集中供养机构需要改善膳食的比例为22.05%,说明农村集中供养特困人员对供养机构饮食条件不满意的比例较高,农村供养机构的膳食服务存在改善空间。23.27%的有配偶集中供养特困人员认为供养机构需要改善膳食条件。随着受教育程度的提高,认为供养机构需要改善膳食条件的集中供养特困人员比例大体呈下降趋势,说明受教育程度越高的集中供养特困人员对供养机构的饮食评价越高。

医疗条件。统计结果显示，15.48%的集中供养特困人员认为其入住的供养机构需要改善医疗条件。从不同人口特征来看（见表2-67），城市集中供养特困人员认为其入住的供养机构需要改善医疗条件的比例为16.60%。16.10%的非残疾集中供养特困人员认为其入住的供养机构需要改善医疗条件，说明残疾人员对入住的供养机构的医疗条件满意度较高。初中以下受教育程度的集中供养特困人员认为供养机构需要改善医疗条件的比例差异不大，初中评价最低，高中及以上评价最高。

表2-67　不同人口特征下集中供养特困人员对供养机构设施及服务改进的需求描述

		改善基础设施		改善膳食		改善医疗条件	
		频数	百分比(%)	频数	百分比(%)	频数	百分比(%)
性别	男性	326	14.20	492	21.44	356	15.51
	女性	36	16.00	49	21.78	34	15.11
城乡	城市	38	15.77	40	16.60	40	16.60
	农村	324	14.29	500	22.05	349	15.39
残疾状况	残疾	108	15.10	153	21.40	98	13.71
	非残疾	252	14.09	384	21.46	288	16.10
婚姻状况	有配偶	39	19.31	47	23.27	36	17.82
	无配偶	323	13.97	493	21.32	354	15.31
受教育程度	没有上过学	185	13.54	284	20.79	191	13.98
	小学	140	15.09	220	23.71	161	17.35
	初中	29	15.68	31	16.76	37	20.00
	高中/中专/技校	8	25.00	5	15.63	1	3.13
	大专及以上	0	0	0	0	0	0

2. 影响因素分析

由表2-68可知，营养状况、健康状况和经济支持状况（包括是否需要更多零花钱和医疗费用负担情况）对供养机构的服务满意度具有显著的影响，入住供养机构年数和是否领取养老金对供养机构的服务满意度的影响不显著。

具体而言，营养状况和自评健康状况对供养机构提供的服务满意度有显著的正向影响，即每天能吃上荤菜的集中供养特困人员对服务满意度的评价高于不能每天吃到荤菜的人员，自评健康较好的集中供养特困人员对于服务满意度的评价高于自评健康差的人员；是否需要更多零花钱对服务满意度的评价具有显著的负向影响，即需要更多零花钱的集中供养特困人员对服务满意度的评价显著低于未表示需要更多零花钱的人员；医疗费用全部由政府承担的集中供养特困人员对供养机构提供的服务满意度的评价最高。

此外，男性集中供养特困人员对于供养机构提供的服务满意度评价相对较低；农村集中供养特困人员对服务满意度的评价高于城市集中供养特困人员；受教育程度为小学或初中的集中供养特困人员对服务满意度的评价显著低于没有上过学的集中供养特困人员。

表2-68　集中供养特困人员对供养机构服务满意度影响因素分析结果

	护理服务满意度
营养状况	-0.116**
	(0.057)
自评健康	-0.256***
	(0.056)
是否残疾	-0.033
	(0.065)
是否领取养老金	0.122
	(0.060)
是否需要更多零花钱	0.122**
	(0.060)
医疗费用负担情况（参照组：政府全部承担）	
政府承担大部分	0.342***
	(0.065)
政府承担小部分	0.292**
	(0.140)

续表

	护理服务满意度
自费	0.278***
	(0.083)
入住供养机构年数	0.001
	(0.004)
年龄	-0.0003
	(0.004)
性别	0.219**
	(0.105)
城乡户籍	0.241***
	(0.083)
婚姻状况	0.132
	(0.094)
是否有子女	-0.031
	(0.109)
受教育程度（参照组：没有上过学）	
小学	0.138**
	(0.056)
初中	0.206**
	(0.094)
高中/中专/技校	0.080
	(0.225)
大专及以上	0.645
	(1.003)
Constant cut1	0.356
	(0.251)
Constant cut2	1.827***
	(0.253)
Constant cut3	2.485***
	(0.259)
Constant cut4	3.212***
	(0.279)
N	2008
R^2	0.026

注：括号内为标准差，***、**、*分别表示在1%、5%和10%的水平下显著。

(五) 政策的生活改善主观评价分析

1. 政策的生活改善主观评价描述

不同人口特征集中供养特困人员对生活改善的主观评价存在差异,详见表2-69。从性别来看,男性集中供养特困人员认为特困供养救助政策对生活改善程度的评价均值为1.80,女性为1.64,说明女性集中供养特困人员认为政策对生活改善程度较大。从城乡差异来看,城乡集中供养特困人员对生活改善程度评价的平均差异性较小,其中,农村集中供养特困人员认为特困救助供养政策对生活的改善程度略高于城市人员。从残疾状况和婚姻状况来看,是否残疾与有无配偶对生活改善程度评价的影响差异性较小。从受教育程度来看,随着受教育程度的提高,集中供养特困人员认为政策对生活改善的程度基

表2-69　不同人口特征下集中供养特困人员对政策的生活改善主观评价描述

		均值	标准差	观测值
性别	男性	1.80	0.81	2118
	女性	1.64	0.69	197
城乡	城市	1.80	0.82	226
	农村	1.78	0.79	2080
残疾状况	残疾	1.80	0.82	618
	非残疾	1.78	0.79	1683
婚姻状况	有配偶	1.80	0.79	190
	无配偶	1.78	0.80	2125
受教育程度	没有上过学	1.75	0.80	1217
	小学	1.82	0.78	883
	初中	1.81	0.85	176
	高中/中专/技校	1.83	0.83	30
	大专及以上	2.33	0.58	3
房产状况	有房产	1.84	0.83	809
	无房产	1.75	0.78	1505

注:"说不清"项作为缺失值处理。

本呈下降趋势，没有上过学的集中供养特困人员认为特困救助供养政策对生活改善的程度最高。从房产状况来看，无房产集中供养特困人员对政策的改善作用评价得分为 1.75，高于有房产人员。

2. 影响因素分析

由表 2-70 可知，营养状况、健康状况和经济支持状况（主要指医疗费用负担情况）等因素对生活改善的主观评价影响较大。

表 2-70　　集中供养特困人员对政策的生活改善主观评价影响因素分析结果

	改善程度
营养状况	-0.207***
	(0.054)
自评健康	-0.119**
	(0.052)
是否残疾	0.061
	(0.061)
是否领取养老金	-0.083
	(0.111)
是否需更多零花钱	0.054
	(0.056)
医疗费用负担情况（参照组：政府全部承担）	
政府承担大部分	0.312***
	(0.062)
政府承担小部分	0.242*
	(0.141)
自费	0.549***
	(0.080)
入住供养机构年数	-0.001
	(0.004)
年龄	-0.001
	(0.004)
性别	0.209**
	(0.091)

续表

	改善程度
城乡户籍	-0.006
	(0.085)
婚姻状况	0.1650*
	(0.093)
是否有子女	-0.114
	(0.104)
受教育程度（参照组：没有上过学）	
小学	0.115*
	(0.052)
初中	0.058
	(0.100)
高中/中专/技校	0.104
	(0.208)
大专及以上	1.178***
	(0.422)
Constant cut1	-0.027
	(0.234)
Constant cut2	1.363***
	(0.235)
Constant cut3	2.069***
	(0.239)
Constant cut4	2.943***
	(0.257)
N	2115
R^2	0.022

注：括号内为标准差，***、**、*分别表示在1%、5%和10%的水平下显著。

具体而言，营养状况越好，集中供养特困人员对生活改善程度的评价越高，每天能吃上荤菜的集中供养特困人员对特困供养政策的整体改善效果评价高于不能每天都吃荤菜的人员；自评健康较好的集中供养特困人员对政策的生活改善效果评价高于自评健康较低的集中供养特困人员；医疗费用全部由政府承担的集中供养特困人员认为救助供养政策对生活改善程度的评价最高。

此外，男性集中供养特困人员对政策对生活改善的程度评价低于女性；有配偶的集中供养特困人员的评价低于没有配偶的人员；受教育程度为小学或大专及以上的集中供养特困人员对生活改善程度的评价低于没有上过学的集中供养特困人员。

第四节　总结与讨论

研究发现，特困救助供养政策对特困人员生活有明显改善作用，特困人员的温饱问题基本得到解决，但在饮食条件、住房保障、穿衣保障方面仍有较大改善空间。

一　研究总结

（一）特困人员基本需求得到保障

1. 饮食消费差异较大

（1）饮食花费

不同群体的分散供养特困人员饮食花费差异较大，极度节俭和超额消费同时存在。部分分散供养特困人员为节省生活开支，基本不吃荤菜、不买菜，或只吃自己种植的蔬菜，在2504个分散供养调查样本中，饮食花费平均为424.8元/月，但也存在2.14%的分散供养特困人员月饮食花费在1000元以上，花费金额远超基本居民营养水平和供养金标准。从不同人口特征来看，男性、城市、无配偶、无房产以及受教育程度高的分散供养特困人员的饮食花费金额要大于女性、农村、有配偶、有房产和受教育程度低的人员。

相比分散供养对象，集中供养对象的饮食花费差异不大。总体而言，集中供养特困人员的饮食较好，每餐菜品约为2—3种左右，荤菜食用频率相对较高。同时，由于不同供养机构的日常供给与其院办经济、资金供给、管理人员及当地政府有关，因此在饮食、日常用品及服务供给上略有差别，部分院办经济丰富、资金充足的供养机构能为特困人员提供更加优质的服务和实物供应，入住人员的生活水平更好。

（2）营养状况

荤菜和水果食用周期反映了特困人员在基本生活保障之外的营养状况。总体来看，分散供养特困人员的荤菜食用频率显著低于集中供养特困人员，水果食用频率两者差异较小。

具体而言，从荤菜食用情况来看，集中供养特困人员的荤菜食用周期显著较短，平均一周吃多次荤菜，而分散供养特困人员的荤菜食用周期介于一周至少一次到一月至少一次之间。男性、城市、受教育程度低以及无房产的特困人员荤菜食用频率高于女性、农村、受教育程度较高以及有房产的人员，而不同残疾状况和婚姻状况的人员对荤菜食用频率的差异较小。

分散供养特困人员的荤菜食用频率偏低，可能的原因在于，分散供养特困人员的供养金由自己自由支配或监护人辅助支配，其营养水平主要由其他方面的花费和未来生活预期决定，因此分散供养特困人员更倾向于将供养金用于医疗及风险储备等其他方面，而在荤菜和水果方面投入较小。集中供养特困人员的饮食由供养机构统一管理，荤菜提供频率相对较高，但从调查情况来看，部分集中供养特困人员对荤菜供应并不满意，表现在虽然荤菜食用频率较高，但荤菜"肥肉多""味道差""不好咬"，并不能满足供养人员多样化的饮食需求。

从水果食用情况来看，特困人员的水果食用频率整体偏低，集中供养特困人员整体水果食用频率略高于分散供养特困人员；女性及高受教育程度的人员食用水果的频率高于其他人员。水果食用频率整体偏低，可能的原因一方面在于水果价格较贵；另一方面在于特困人员对水果的诉求不高。因此，大部分供养机构不提供水果，仅有少部分供养机构供应少量水果。对于集中供养特困人员来说，水果只能通过自己购买或他人赠予的方式获得，分散供养特困人员也是如此。

（3）饮食满意度

分散供养特困人员的饮食大多由自己或亲朋提供，饮食内容相对灵活，饮食花费"丰俭由己"。因此，即使能够吃上荤菜的频率显著低于集中供养特困人员，但因为有相对自由的饮食选择权和对收入的分配权，因此满意度较高，很少抱怨"饮食不好"。

集中供养机构的饮食为统一提供，由于部分机构管理人员与特困人员缺乏交流，提供的餐食长期不变，不能满足入住人员对于饮食的多样化需求，因此，即使荤菜供应频率较高，但对集中供养机构饮食不满的人员比例也较高。可见，集中供养机构虽然能够按时按量供应饮食和基本服务，但流于形式，没有考虑到供养人员的身体健康、饮食偏好和多样化的需要，不能满足特困人员的个性化需要。

2. 居住状况差异较大

（1）居住方式

分散供养特困人员的生活自由度更高，但保障较少；集中供养特困人员的基本生活保障更强，但对供养方式的选择权受限。

分散供养特困人员单独居住的情况较为普遍。从调查数据来看，分散供养特困人员单独居住的比例高达60%，其次是与其他亲属同住，而与配偶和子女同住的比例相对较少。单独居住意味着特困人员可自由选择自己喜欢的方式生活，不需要受到供养机构各方面的约束。但多数独居的分散供养特困人员生活照料获得较少，且由于自身生计能力和社会交往的能力较弱，独居的分散供养特困人员容易受到歧视。

集中供养特困人员集中居住在供养机构，基本生活用品和服务由机构提供，基本生存和生活得以保障，且交往对象多为与自己生存能力相近的群体，人际交流及休闲娱乐等活动相对丰富。但也有部分集中供养特困人员表示在机构居住不太自由，一些供养机构规定入住的特困人员一个月只能出去一次，且必须有管理人员全程陪同。

（2）居住条件

不同的分散供养特困人员住房大小、新旧程度以及住房花费存在较大差异，但整体较差。分散供养特困人员居住条件由本人的经济条件、亲属支持情况以及地方情况等多方面因素决定，因此居住条件差异较大。多数分散供养特困人员的住房为砖瓦房，占比71.34%，其次为原始住房，占比17.37%的分散供养特困人员居住在条件较差的土房、木房等危房中，住房年代久远；住房为楼房的比例相对较低，且多是与其他亲属同住，住房产权属于他人。分散供养特困人员的房屋建造年代相对较长，平均为22年，住房花费和住房面积均较小，其中住房花费平均为21179.52元，住房面积平均为60平方米以上；无房产的分散供养特困人员住房条件相对于有房产的人员来说较好，这是由于无房产人员生活条件较差，多借住其他亲属房屋，或者由政府安排住房。

集中供养特困人员居住在各地方的福利院，相同福利院的居住条件差别不大，不同地区的福利院差别也相对较小，因此集中供养特困人员居住条件差异性较小。从集中供养特困人员居住满意度来看，多数集中供养特困人员对居住条件表示满意，平均满意度介于"很满意"和"基本满意"之间。从不同人口特征来看，男性和城市集中供养特困人员对居住满意度的评价显著高于女性和农村人员；受教育程度越高对于居住条件满意度评价越好。

从供养机构的服务供给来看，供养机构基础设施存在较多需要改进的地方。其中，21.47%的集中供养特困人员表示入住的集中供养机构需要改善膳食服务，访谈中不少特困人员反映"肥肉较多""牙口不好，饭菜硬""天天都是那几样"；14.37%的集中供养特困人员认为入住的供养机构需要改善基础设施，集中供养机构虽配有基本的消防设施，但应急呼叫系统、安全监控系统等设施简陋陈旧，或者只是个"摆设"，内部基础设施不能满足老年人、残疾人员的需求，存在安全隐患；15.48%的集中供养特困人员认为供养机构的医疗条件有待进一步改善，特困人员身体状况较差，不少特困人员需要经常吃药，但半数以上的供养机构均没有内设医疗机构，拿药非常不便。

3. 穿衣花费占比较低

衣物并非易消耗品，特困人员的总体生活水平较低，因此衣物消费相对较低。从衣物消费是否为日常主要消费构成之一的调查结果来看，集中供养特困人员将衣物消费作为主要生活消费之一的比例仅为14.61%，分散供养特困人员将衣物看作主要消费之一的人员比例相对较高，但衣物花费在特困人员消费构成中的重要程度不高。

（二）特困供养水平逐年提高

1. 总体水平提高

调查样本区的供养金标准（基本生活标准和护理补贴标准，截至2018年8月）与上年相比，均有不同程度的提升。分散供养特困人员的主要收入来源为特困供养收入。特困供养金标准根据当地财政状况以及经济发展情况制定，且呈现逐年增加的趋势。特困人员对当前供养金标准基本满意。有配偶人员对供养金标准的满意程度相对其他群体略高，而城市供养人员由于生活成本较高，对于供养金标准的满意程度低于其他群体。

2. 供养金标准差异明显

一是不同供养方式的供养金标准有差异。集中供养特困人员整体供养金标准高于分散供养特困人员，这是因为供养机构的生活状况较好，生活成本相对较高。福州、安阳、荆门、成都和咸阳对于集中供养特困人员的供养金规定标准显著高于分散供养特困人员，一般存在200—400元的差距。其中荆门地区的不同供养方式特困人员供养金标准差异也较大，全护理的农村集中供养特困人员供养金标准约为分散供养特困人员的3倍，这是因为荆门地区残疾人员相对较多，对全护理的集中供养特困人员的护理费用投入较高。

二是城乡供养金标准有差异。调查样本区的农村，分散和集中对象的基本生活标准平均分别为604.59元/月、615.25元/月；调查样本区的城市，分散和集中供养对象的基本生活标准都是879.48元/月。

三是地区供养金标准有差异。东部地区的基本生活标准高于中部地区，但中部地区全护理供养人员的护理补贴标准相对较高。

3. 经济可支配空间差异

分散供养特困人员的供养金多由政府部门统一划拨至特困人员银行账户内，由分散供养特困人员自己领取或授权监护人代为领取，部分供养人员需要由政府工作人员帮忙领取。分散供养特困人员的供养金由自己支配，供养金支付范围不受限制，可支配空间较大。因此，其对于特困供养金标准的满意程度较高，基本处于"比较满意"的水平。

集中供养特困人员不直接支配供养金，由入住的供养机构管理，供养机构为集中供养特困人员提供基本的生活需要和送医保障。集中供养特困人员的日常生活和护理标准由集中供养机构根据经济状况、管理人员的提供程度以及当地政府的支持程度确定。集中供养特困人员既无自由支配供养金的权力，在一般情况下也没有额外收入，仅有集中供养机构每月发放的零花钱，因此不少人表示零花钱标准太低，难以支撑改善生活的需要。

（三）特困救助供养政策评价整体较高

1. 物质生活改善显著，整体满意程度较高

特困救助供养政策对生活的改善作用较为明显，特困人员对政策的整体评价效果较好。受访特困人员总体生活满意度得分接近80分，96.11%的受访人员表示特困供养金和救助供养服务改善了他们的生活状况，九成集中供养特困人员喜欢供养机构的生活。

分散供养特困人员享受特困救助供养的直接收益是收入水平的提高，集中供养特困人员最直接的收益是日常生活水平和生活护理得到有效保障。数据显示，分散供养特困人员对特困救助供养政策的生活改善程度评价得分为1.68，而集中供养特困人员为1.76，说明分散供养特困人员认为特困救助对生活改善程度大于集中供养特困人员。

从不同群体人员对比来看，受教育程度较高的分散供养特困人员认为政策对生活改善程度大于其他群体的特困人员；女性集中供养特困人员认为政策对生活改善作用评价相对较高。

2. 生活状况改善有助于提升政策评价

（1）营养状况对政策整体评价存在差异

分散供养特困人员的饮食多由自己提供，且可以自由选择，"丰俭由己"，因此其营养状况对政策满意度评价影响的效果不显著；而集中供养特困人员的饮食由供养机构直接提供，营养状况是供养机构服务供给的直接体现，且对供养人员的生活产生直接影响。因此，营养状况越好，集中供养特困人员对供养机构提供的服务以及政策对生活改善程度的评价越高。

（2）经济支持水平对政策整体评价具有显著正向影响

改善特困人员的经济支持水平能够有效提高特困人员的整体满意度。分散供养特困人员的供养金标准对供养金满意程度、供养金发放的评价影响作用不显著，但对生活改善程度的评价呈现显著的正向影响；而集中供养特困人员不能由自己支配供养金，从政策中获得的经济支持主要是集中供养机构发放的零花钱，对于零花钱的需求直接影响集中供养特困人员对政策的评价，需要增加零花钱的集中供养特困人员，其居住满意度和服务满意度显著低于没有明确指出需要增加零花钱的人员，而是否需要更多零花钱对生活改善程度评价的影响不显著。

（3）基本生活条件能增强对集中供养生活的评价

分散供养特困人员入住供养机构的意愿较低，仅不足10%的分散供养特困人员希望入住机构。其中，营养状况较好的人员愿意入住集中供养机构的概率显著高于营养状况较差的人员。可能的原因是部分营养状况较好的人员是由亲属照料，这类人员大多生活自理能力极差，给亲属带来了重大的护理负担，因此更愿意入住供养机构；供养金标准越低的分散供养特困人员入住集中供养机构的意愿越强烈。

集中供养特困人员对供养机构整体评价较高。95.64%集中供养特困人员表示喜欢供养机构的生活状况。营养状况和健康状况对于供养机构生活评价具有显著正向影响；社会交往情况有助于提高集中供养特困人员对于供养机构生活的评价；社会交往越密切的特困人员对供养机构生活的评价越高；而受教育程度高和有配偶人员不喜欢集中供养机构的比例高于其他群体人员。

二 讨论与思考

整体来看，我国特困救助生活保障政策落实情况较好，特困人员的基本生存和生活得到兜底保障，幸福感和获得感不断提升。但也必须看到，特困救助供养体系尚不完善，政策有待创新。目前来说，加大投入、细化政策、差异化供给是下一步工作的要点。

（一）加强特困人员需求评估，照顾不同群体异质性

不同地区不同特征的特困人员生活方式存在很大差异，统一制定标准可能会忽略特殊群体的真实需求。特困人员基本生活保障包括特困人员的基本饮食、穿衣、燃料、日常用品、教育、住房以及丧葬等内容。保障特困人员的基本生活条件，才能促进其发展能力的塑造，鼓励部分有能力的特困人员脱贫脱困。目前我国特困人员的温饱问题已经得到了较好解决。

（二）加大财政投入力度，保障特困人员住房安全

分散供养特困人员的居住条件较差，房屋普遍年代久远，设施陈旧，安全隐患较大。特别是仍有部分农村分散供养特困人员居住在棚屋、土房等非机构原始住房中，居住安全令人担忧。

对于农村分散供养特困人员，要落实农村危房改造政策，加快危房改造工作进度，保障住房安全。目前农村危房改造供给不足，主要原因是危房改造资金投入不足，政策落实不够。因此，首先要多渠道筹措资金，一方面设立农村特困人员家庭住房保障基金，通过专款专用确保资金投入；另一方面政府应积极争取社会资源，吸引社会资本投入，拓宽资金渠道。对于城市分散供养特困人员，要建立定时探访制度，及时核查居住情况，帮助解决消防等安全隐患。

分报告三 特困人员健康状况研究报告

本分报告主要对特困人员的健康状况进行阐释和分析。具体来说，第一节为特困人员健康保障政策描述；第二、三节分别对分散供养特困人员和集中供养特困人员的健康状况、突出问题以及影响健康的因素进行阐述和分析；第四节为研究结论以及针对性建议。

第一节 特困人员健康保障政策解读

健康状况是人力资本的重要体现，也是影响个人生活自理能力、劳动能力及生活品质的主要因素。特困人员作为社会弱势群体，健康状况普遍较差，对医疗服务的需求较高，但是囿于自身经济条件，他们在日常生活中常常面临着严峻的健康风险。因此，建立和完善健康保障制度，降低特困人员面临的疾病冲击，使其"病有所医"，已经成为相关研究和政策关注的重点。目前，我国针对特困人员建立的健康医疗保障制度主要包括：基本医疗保险、大病保险、医疗救助等。

一 特困人员健康保障政策概述

（一）特困人员生活自理能力评估

1. 生活自理能力评估内容

生活自理能力不仅是评估特困人员健康状况的一项重要指标，也是其获得社会救助的主要标准。在我国现行的特困人员救助供养标准中，特困人员生活自理能力直接决定着其获得照料护理的标准。在

《民政部关于印发〈特困人员认定办法〉的通知》（民发〔2016〕178号）中，针对特困供养人员生活自理能力的评估指标主要有6项，包括吃饭、穿衣、上下床、如厕、室内行走和洗澡。按照6项指标自主完成的数量将特困人员生活能力分为具备生活自理能力、部分丧失生活自理能力和完全丧失生活自理能力三种类型。具体而言，能全部自主完成的，可认定为具备生活自理能力；有3项以下（含3项）指标不能达到的，可视为部分丧失生活自理能力；有4项以上（含4项）指标不能达到的，可视为完全丧失生活自理能力。

2. 生活自理能力评估实施

特困人员生活自理能力的评估由县级人民政府民政部门执行，乡镇人民政府或街道办事处、村（居）民委员会协助，确定评估结果，并根据评估结果确定每一个特困人员享受的照料护理标准。在各方条件允许的情况下，县级人民政府民政部门也可委托第三方机构对特困人员生活自理能力进行评估。

但是，由于年龄、疾病等不可抗力因素的影响，特困人员的生活自理能力也会发生相应变化。针对这种情况，基层自治组织、政府应当建立特困人员的疾病监测系统，及时了解特困人员的健康状况及生活自理能力变化，并向县级人民政府民政部门汇报。县级人民政府民政部门在接到信息后及时评估，并根据评估结果调整特困人员生活自理能力的认定类别，重新认定供养标准。

（二）城乡居民基本医疗保险和大病保险

目前，特困人员的基本医疗保险和大病保险基本达到全覆盖，国家对于特困人员的个人缴费部分进行全额资助。

《关于做好2019年城乡居民基本医疗保障工作的通知》（医保发〔2019〕30号）提出，特困供养人员在基本医疗保险政策规定范围内的住院费用报销比例可达70%，门诊费用报销比例可达50%。在特困人员因患大病发生高额医疗费用时，城乡居民基本医疗保险补偿后需要个人负担的合规医疗费用可享受大病保险的保障。

近几年，大病保险的保障力度逐步增加。2019年，大病保险的起付线确定为上一年度居民人均可支配收入的50%,政策范围内的报销比例达到60%;对于农村建档立卡的贫困老年人,起付线再降低50%,支付比例提高5个百分点,并取消封顶线,大病保险向贫困人口倾斜。

(三) 医疗救助

医疗救助旨在增强对困难群体在产生高额医疗费用时的"托底保障"功能。救助范围是经基本医保、大病保险报销后的政策范围内个人自付住院费用。

目前,医疗救助对特困老年人基本取消救助起付线,并按照不低于70%的比例进行救助。医疗费用按照基本医疗保险、大病保险和医疗救助等医疗保障制度规定支付后仍有不足的,由救助供养经费给予支持。

特困人员的医疗救助由县级人民政府民政部门直接办理,医疗救助标准由县级以上人民政府制定,以经济社会发展水平和医疗救助资金的情况作为参考,建立健全特困人员其他社会医疗保险和医疗救助的医疗费用结算机制,提高医疗救助工作的效率。

二 特困人员健康保障政策分析

特困人员健康保障制度的建立和完善,离不开国家政策和财政补贴的大力支持。各地方政府在国家政策的指导下也出台了相应的政策,制定相应的医疗保险缴费资助、费用补贴和结算机制,这些都大力推动了我国特困人员健康保障制度的持续发展。

当前,我国特困人员能够享受基本医疗保险、大病保险、医疗救助等多层次、全方位的健康保障,他们的基本医疗服务和医疗需求能够获得及时保障和满足。但是,也应该看到,部分特困人员的医疗费用仍然难以得到充分保障,因病致贫、因病返贫现象依旧存在。究其原因:一是由于特困人员受教育程度普遍偏低,对政策理解能力有限,在选择就医行为和医疗费用报销时不清楚如何享受惠民政策。二是基层医疗资源不足,居住偏远地区的特困人员医疗可及性差,医疗保障的利用率较低；而较高的医疗费用又挤占特困人员其他支出。三是医疗保障管理体制不顺，体系不完善。特困人员的医疗保障制度涉及多项政策，执行主体多，关系复杂；费用结算机制不完善，而特困人员经济条件较差，医疗费用保障的不及时，在一定程度上也会严重影响特困人员的后续疾病治疗。

第二节　分散供养特困人员健康状况分析

本节主要从生活自理能力、身体健康、心理健康以及医疗保障四个维度对分散供养特困人员的健康状况展开分析。其中，心理健康状况通过特困人员日常人际交往情况得以体现；医疗保障主要通过特困人员的医疗花费保障情况和医疗保险参与情况得以体现。在此基础上，进一步对影响分散供养特困人员健康的因素以及健康保障中存在的问题进行分析。

一　基本情况

（一）分散供养特困人员生活自理能力状况

分散供养特困人员的生活自理能力相对较弱。调查数据显示（见表3-1），随着生活自理能力指标难度的提升，分散供养特困人员的完成难度呈上升趋势。对于较为简单的吃饭和穿衣，分散供养特困人员基本能够自主完成；如厕、上下床等活动需要移动，难度相对较大，能够自主完成的比例有所下降，接近8%的分散供养特困人员表示如厕和上下床存在不同程度的困难；室内行走和洗澡的难度更大，10%左右的分散供养特困人员表示"有些困难"或"做不了"。

表3-1　　　　　分散供养特困人员生活自理能力状况

	做得了（%）	有些困难（%）	做不了（%）
吃饭	95.28	2.88	1.84
穿衣	93.28	4.76	1.96

续表

	做得了（%）	有些困难（%）	做不了（%）
如厕	91.96	5.76	2.28
上下床	92.67	5.08	2.24
室内行走	90.63	6.53	2.84
洗澡	88.19	6.73	5.09

1. 吃饭能力

吃饭能力是最基本、最简单的活动能力。调查数据显示（见表3-1），分散供养特困人员基本能够自主吃饭，比例达到95.28%，而完全不能自主吃饭的比例仅为1.84%。这表明，分散供养特困人员基本能够完成简单的肢体活动，仅有一小部分人员完全不具备自理能力，需要全面护理。

不同人口特征下分散供养特困人员吃饭能力有所差异（见表3-2）。具体而言：从性别来看，分散供养特困人员中男性能够自主吃饭的比例比女性高，达到96.26%。从残疾状况来看，是否残疾的分散供养特困人员自主吃饭的能力差异性较大。97.79%的非残疾人员能够自主吃饭。其中，部分非残疾人员是由于年龄较大以及生病等其他原因导致自主吃饭存在困难。从受教育程度来看，没有上过学的分散供养特困人员自主吃饭存在困难的比例为7.01%，远高于其他分散供养特困人员。由于存在部分没有上过学的特困人员是由于先天性的疾病或残疾以及学龄前的残疾导致无法接受教育，因此没有接受教育的分散供养特困人员总体活动能力较差。从其他人口特征来看，分散供养特困人员能够自主吃饭的能力差异较小。其中，城市分散供养特困人员能够自主吃饭的比例为94.81%；有配偶分散供养特困人员能够自主吃饭的比例为94.62%；有房产分散供养特困人员能够自主吃饭的比例略高于无房产的分散供养特困人员。

表3-2　　　不同人口特征下分散供养特困人员吃饭能力

		做得了		有些困难		做不了	
		频数	百分比(%)	频数	百分比(%)	频数	百分比(%)
性别	男性	2161	96.26	51	2.27	33	1.47
	女性	220	86.61	21	8.27	13	5.12
残疾状况	残疾	687	89.57	47	6.13	33	4.30
	非残疾	1682	97.79	25	1.45	13	0.76
受教育程度	没有上过学	1128	92.99	49	4.04	36	2.97
	小学	1016	98.26	11	1.06	7	0.68
	初中	203	93.98	10	4.63	3	1.39
	高中/中专/技校	32	94.12	2	5.88	0	0
城乡	城市	146	94.81	5	3.25	3	1.95
	农村	2222	95.41	66	2.83	41	1.76
婚姻状况	有配偶	246	94.62	11	4.23	3	1.15
	无配偶	2135	95.36	61	2.72	43	1.92
房产状况	有房产	1639	96.19	46	2.70	19	1.12
	无房产	742	93.33	26	3.27	27	3.40

注：表格中的百分比表示在该横向类别的人群中，选项为该纵向选项的人员比例。以性别变量中男性"做得了"为例，数值96.26表示能够自主吃饭的男性分散供养特困人员占全部男性分散供养特困人员的96.26%。下文表格不再单独注解。

2. 穿衣能力

相对于吃饭能力，穿衣能力考验的是特困人员的肢体协调能力，其难度略高于自主吃饭的能力。调查结果显示（见表3-1），分散供养特困人员能够自主穿衣的比例相对较高，达到93.28%。

不同人口特征下分散供养特困人员穿衣能力有所差异（见表3-3）。具体而言：从性别来看，男性能够自主穿衣的比例远高于女性，为94.34%。从残疾状况来看，残疾人员中能够自主穿衣的比例为84.09%，自主穿衣存在困难的人员超过了15%，非残疾人员基本能够自主完成穿衣，比例高达97.33%。可知，部分残疾人员的残疾状况已严重影响穿衣等比较基础的日常生活能力。从受教育程度来看，没有上过学的分散供养特困人员能够自主穿衣的比例最小，仅为

90.02%。但从接受过教育的分散供养特困人员来看，随着受教育程度的提高，能够自主完成穿衣的分散供养特困人员所占比重呈下降趋势，这与前述吃饭能力的分布情况类似。从城乡差异来看，城市分散供养特困人员能够自主穿衣的比例为91.56%，略低于农村。从婚姻状况来看，有配偶的分散供养特困人员能够自主穿衣的比例为92.31%。从房产状况来看，有房产分散供养特困人员能够自主穿衣的比例为94.42%，无房产人员的比例为90.82%。

表3-3　　　不同人口特征下分散供养特困人员穿衣能力

		做得了		有些困难		做不了	
		频数	百分比(%)	频数	百分比(%)	频数	百分比(%)
性别	男性	2118	94.34	91	4.05	36	1.60
	女性	213	83.86	28	11.02	13	5.12
残疾状况	残疾	645	84.09	82	10.69	40	5.22
	非残疾	1674	97.33	37	2.15	9	0.52
受教育程度	没有上过学	1092	90.02	80	6.60	41	3.38
	小学	1006	97.29	24	2.32	4	0.39
	初中	200	92.59	13	6.02	3	1.39
	高中/中专/技校	31	91.18	2	5.88	1	2.94
城乡	城市	141	91.56	8	5.19	5	3.25
	农村	2178	93.52	109	4.68	42	1.80
婚姻状况	有配偶	240	92.31	17	6.54	3	1.15
	无配偶	2090	93.39	102	4.56	46	2.06
房产状况	有房产	1609	94.42	73	4.28	22	1.29
	无房产	722	90.82	46	5.79	27	3.40

3. 如厕能力

相对于吃饭和穿衣，如厕对日常活动能力的挑战更大，它不仅考验肢体的空间移动，也对肢体的力量及精准控制提出要求。调查结果显示（见表3-1），91.96%的分散供养特困人员能够自主如厕。

从不同人口特征来看（见表3-4），分散供养特困人员在自主如厕的能力方面存在较大差异。具体而言，从性别来看，男性能够自主如厕的比例最高，为93.36%；从残疾状况来看，非残疾人员基本能够完成自主如厕，所占比例为96.28%，与此同时，有高达17.86%的残疾人员在自主如厕上存在一定程度的困难；从受教育程度来看，没有上过学的分散供养特困人员能够自主如厕的比例为88.62%，部分原因是未接受过教育的人员日常活动能力往往较差；从城乡差异来看，城市分散供养特困人员能够自主如厕的比例为88.31%，高于农村；从婚姻状况来看，有配偶分散供养特困人员能够自主如厕的比例达89.23%，低于无配偶人员；有房产人员能够自主如厕的比例为92.78%，高于无房产人员。

表3-4　　　　　不同人口特征下分散供养特困人员如厕能力

		做得了		有些困难		做不了	
		频数	百分比(%)	频数	百分比(%)	频数	百分比(%)
性别	男性	2096	93.36	111	4.94	38	1.69
	女性	202	79.53	33	12.99	19	7.48
残疾状况	残疾	630	82.14	92	11.99	45	5.87
	非残疾	1656	96.28	52	3.02	12	0.70
受教育程度	没有上过学	1075	88.62	94	7.75	44	3.63
	小学	989	95.65	38	3.68	7	0.68
	初中	200	92.59	10	4.63	6	2.78
	高中/中专/技校	32	94.12	2	5.88	0	0
城乡	城市	136	88.31	10	6.49	8	5.19
	农村	2151	92.36	131	5.62	47	2.02
婚姻状况	有配偶	232	89.23	20	7.69	8	3.08
	无配偶	2065	92.27	124	5.54	49	2.19
房产状况	有房产	1581	92.78	96	5.63	27	1.58
	无房产	717	90.19	48	6.04	30	3.77

4. 上下床能力

调查结果显示（见表3-1），92.67%的分散供养特困人员能够自主上下床，7.32%的分散供养特困人员上下床面临困难。

从不同人口特征来看（见表3-5），男性能够自主上下床的比例为93.85%，高于女性；从城乡差异来看，在城市中，有88.96%的分散供养特困人员能够自主上下床，比农村低；残疾人员中能够自主上下床的比例为84.75%，比非残疾人员低得多；有配偶的分散供养特困人员中能够自主上下床的比例为89.96%，低于无配偶人员；从受教育程度来看，没有上过学的人员能够自主上下床的比例是所有受教育程度中最低的，仅为89.44%；有房产人员能够自主上下床的比例为93.42%，略高于无房产人员。

表3-5 不同人口特征下分散供养特困人员上下床能力

		做得了		有些困难		做不了	
		频数	百分比(%)	频数	百分比(%)	频数	百分比(%)
性别	男性	2106	93.85	101	4.50	37	1.65
	女性	209	82.28	26	10.24	19	7.48
城乡	城市	137	88.96	10	6.49	7	4.55
	农村	2167	93.08	114	4.90	47	2.02
残疾状况	残疾	650	84.75	72	9.39	45	5.87
	非残疾	1653	96.16	55	3.20	11	0.64
婚姻状况	有配偶	233	89.96	20	7.72	6	2.32
	无配偶	2081	92.98	107	4.78	50	2.23
受教育程度	没有上过学	1084	89.44	87	7.18	41	3.38
	小学	993	96.03	32	3.09	9	0.87
	初中	203	93.98	7	3.24	6	2.78
	高中/中专/技校	33	97.06	1	2.94	0	0
	大专及以上	0	0	0	0	0	0
房产状况	有房产	1591	93.42	87	5.11	25	1.47
	无房产	724	91.07	40	5.03	31	3.90

5. 室内行走能力

室内行走能力是考察特困人员自主行动能力的一项重要指标。调查结果显示（见表3-1），90.63%的分散供养特困人员能够自主在室内行走，约10%的人员表示在室内行走面临困难。

从不同人口特征来看（见表 3-6），分散供养特困人员中男性能够自主在室内行走的比例远远大于女性；城市分散供养特困人员中有 87.66% 能够自主在室内行走，而在农村，这一比例高达 90.98%，说明农村分散供养特困人员的活动能力高于城市；从残疾状况来看，80.31% 的残疾人员能够自主在室内行走，低于非残疾人员；在有配偶的分散供养特困人员中，能够自主在室内行走的比例达到 87.64%，比无配偶分散供养特困人员低；从受教育程度来看，没有上过学的分散供养特困人员能够自主在室内行走的比例最低，为 86.63%，随着受教育程度的提高，能够自主在室内行走的比例基本呈上升趋势；91.66% 有房产的分散供养特困人员能够自主在室内行走，高于无房产人员。

表 3-6　不同人口特征下分散供养特困人员室内行走能力

		做得了		有些困难		做不了	
		频数	百分比(%)	频数	百分比(%)	频数	百分比(%)
性别	男性	2062	91.89	133	5.93	49	2.18
	女性	202	79.53	30	11.81	22	8.66
城乡	城市	135	87.66	10	6.49	9	5.84
	农村	2118	90.98	150	6.44	60	2.58
残疾状况	残疾	616	80.31	95	12.39	56	7.30
	非残疾	1636	95.17	68	3.96	15	0.87
婚姻状况	有配偶	227	87.64	25	9.65	7	2.70
	无配偶	2036	90.97	138	6.17	64	2.86
受教育程度	没有上过学	1050	86.63	115	9.49	47	3.88
	小学	981	94.87	39	3.77	14	1.35
	初中	198	91.67	9	4.17	9	4.17
	高中/中专/技校	33	97.06	0	0	1	2.94
房产状况	有房产	1561	91.66	108	6.34	34	2.00
	无房产	703	88.43	55	6.92	37	4.65

6. 洗澡能力

自主洗澡的完成难度较大，是评价特困人员生活自理能力的更高指标。调查结果显示（见表 3-1），88.19% 的分散供养特困人员能够自主洗澡,超过10%的分散供养特困人员表示洗澡存在不同程度的困难。

从不同人口特征来看(见表3-7),分散供养特困人员中能够自主洗澡的比例差别较大。具体而言,有89.79%的男性分散供养特困人员能够自主洗澡,而女性分散供养特困人员中能够自主洗澡的比例仅为74.02%;城乡分散供养特困人员能够自主洗澡的比例相差不大,农村略高于城市;是否残疾的分散供养特困人员能够自主洗澡的比例差异较大,数据显示,76.79%的残疾人员能够自主洗澡,而非残疾人员这一比例高达93.25%;有无配偶对分散供养特困人员能否自主洗澡的影响不大,无配偶人员能够自主洗澡的比例略高于有配偶人员;从受教育程度来看,没有上过学的分散供养特困人员能够自主洗澡的比例最低,仅为83.66%,小学受教育程度的人员能够自主洗澡的比例最高,为93.23%;89.54%有房产的分散供养特困人员能够自主洗澡,高于无房产人员。

表3-7 不同人口特征下分散供养特困人员洗澡能力

		做得了		有些困难		做不了	
		频数	百分比(%)	频数	百分比(%)	频数	百分比(%)
性别	男性	2014	89.79	139	6.20	90	4.01
	女性	188	74.02	29	11.42	37	14.57
城乡	城市	135	87.66	8	5.19	11	7.14
	农村	2057	88.40	156	6.70	114	4.90
残疾状况	残疾	589	76.79	92	11.99	86	11.21
	非残疾	1602	93.25	75	4.37	41	2.39
婚姻状况	有配偶	225	86.87	18	6.95	16	6.18
	无配偶	1976	88.33	150	6.71	111	4.96
受教育程度	没有上过学	1014	83.66	106	8.75	92	7.59
	小学	964	93.23	48	4.64	22	2.13
	初中	193	89.77	12	5.58	10	4.65
	高中/中专/技校	29	85.29	2	5.88	3	8.82
房产状况	有房产	1524	89.54	104	6.11	74	4.35
	无房产	678	85.28	64	8.05	53	6.67

(二) 分散供养特困人员身体健康状况

特困人员身体健康状况是衡量其人力资本的一项重要内容。以下分别从自评健康状况、住院情况、患大病情况和患慢性病情况来分析分散供养特困人员的健康状况。

1. 自评健康状况

自评健康状况是特困人员对自身健康水平的主观评价,也是反映特困人员实际健康状况的综合评价指标之一。但由于受到认知能力的影响,特困人员的自评健康状况存在较大的主观偏差。调查结果显示(见表3-8),分散供养特困人员自评健康状况不容乐观,约有一半的分散供养特困人员认为自己健康状况一般,23.99%的人员认为自身健康状况较差。

表3-8 　　　　分散供养特困人员自评健康状况

	频数	百分比(%)
好	669	26.75
一般	1232	49.26
差	600	23.99

不同人口特征分散供养特困人员的自评健康状况差异较大(见表3-9)。具体而言,男性分散供养特困人员的自评健康高于女性。数据显示,27.27%的男性认为自身健康状况较好,23.04%的男性认为健康状况较差;而女性自评健康状况好的比例为22.13%,差的为32.41%。城市分散供养特困人员的自评健康相对较好。残疾分散供养特困人员的自评健康状况略低于非残疾人员。有配偶分散供养特困人员自评健康状况要劣于无配偶的分散供养特困人员。从受教育程度来看,随着受教育程度的提高,分散供养特困人员自评健康状况好的比例基本呈上升趋势,小学受教育程度人员自评健康好的比例最低,为26.04%。

表 3-9　　不同人口特征下分散供养特困人员自评健康状况

		好		一般		差	
		频数	百分比(%)	频数	百分比(%)	频数	百分比(%)
性别	男性	613	27.27	1117	49.69	518	23.04
	女性	56	22.13	115	45.45	82	32.41
城乡	城市	37	24.03	85	55.19	32	20.78
	农村	629	26.98	1139	48.86	563	24.15
残疾状况	残疾	199	25.98	349	45.56	218	28.46
	非残疾	469	27.22	874	50.73	380	22.05
婚姻状况	有配偶	61	23.37	124	47.51	76	29.12
	无配偶	608	27.15	1107	49.44	524	23.40
受教育程度	没有上过学	318	26.24	595	49.09	299	24.67
	小学	270	26.04	528	50.92	239	23.05
	初中	66	30.70	96	44.65	53	24.65
	高中/中专/技校	14	41.18	11	32.35	9	26.47
	大专及以上	0	0	0	0	0	0

2. 住院情况

住院情况是体现特困人员健康状况的另一重要因素。特困人员的健康状况越差，其患病概率就越高，住院的概率也相应提高。调查数据显示（见表3-10），近半数（42.09%）分散供养特困人员表示过去三年有过住院经历。

表 3-10　　　　　分散供养特困人员住院情况

	频数	百分比(%)
住院	1053	42.09
未住院	1449	57.91

不同人口特征的分散供养特困人员在过去三年的住院情况上差异显著（见表3-11）。具体而言，女性分散供养特困人员在三年内有过住院经历的比例略高于男性。从城乡差异来看，表示三年内住过院

的城市分散供养特困人员比例相对较高,为 50.00%,农村仅为 41.68%。结合前文所述,尽管农村分散供养特困人员自评健康较差的比例高于城市分散供养特困人员,但由于不少农村特困人员患病后不愿意住院(如案例 3-1 中的朱某),农村分散供养特困人员实际住过医院的比例反而较低。

案例 3-1:朱某,男,81 岁,农村户籍,小学学历,未婚,没有子女。老人生活贫穷,基本上不吃荤菜和水果,只吃自己种的菜,单独住在砖瓦房中,房子年久失修,没有钱修补。老人没有亲人,身体很差,耳朵听不清,有脑梗死,但是没有钱做手术、不敢上医院。虽然有医保,但老人一次也没有用过。

表 3-11　　不同人口特征下分散供养特困人员住院情况

		频数	百分比(%)
性别	男性	942	41.92
	女性	111	43.53
城乡	城市	77	50.00
	农村	972	41.68
残疾状况	残疾	329	42.89
	非残疾	721	41.85
婚姻状况	有配偶	135	51.92
	无配偶	918	40.96
受教育程度	没有上过学	495	40.84
	小学	460	44.36
	初中	80	37.04
	高中/中专/技校	17	50.00
	大专及以上	0	0
房产状况	有房产	697	40.86
	无房产	356	44.72

从案例可以看出,一些特困人员由于经济条件较差,对特困人员医疗保障政策不够了解,导致生病时不敢去医院就医,身体健康以及

生活各方面均受到较大影响。

从残疾状况来看，残疾分散供养特困人员过去三年有住院经历的比例略高于非残疾人员，为42.89%。有配偶分散供养特困人员的住院比例远高于无配偶人员，这说明有配偶分散供养特困人员的健康状况较差，与前文自评健康的分析一致。随着受教育程度的提高，分散供养特困人员在过去三年住过院的比例基本呈上升趋势，其中受教育程度为高中/中专/技校人员的住院比例高达50.00%，而初中受教育程度的人员住过院的比例最低，仅为37.04%。有房产的分散供养特困人员住过院的比例为40.86%，低于无房产人员。

3. 大病情况

重大疾病一般指医疗花费巨大且在较长一段时间内严重影响患者及其家庭正常工作和生活的疾病，包括：儿童白血病、先心病、终末期肾病、乳腺癌、宫颈癌、重性精神疾病、耐药肺结核、艾滋病机会性感染、血友病、慢性粒细胞白血病、唇腭裂、肺癌、食道癌、胃癌、Ⅰ型糖尿病、甲亢、急性心肌梗死、脑梗死、结肠癌、直肠癌等。是否患有重大疾病是衡量特困人员健康状况的重要指标。调查数据显示（见表3-12），12.32%的分散供养特困人员表示自己过去三年患有重大疾病，说明相当部分的分散供养特困人员存在重大健康风险，其基本生活更易受到疾病冲击。

表3-12　　　　　　　　分散供养特困人员患大病情况

	频数	百分比（%）
患大病	307	12.32
未患大病	2185	87.68

不同人口特征的分散供养特困人员患大病的比例差异显著（见表3-13）。女性分散供养特困人员患有大病的比例高于男性。城市分散供养特困人员患大病的比例显著高于农村，接近农村的2倍，说明城市分散供养特困人员健康状况相对较差。是否残疾的分散供养特困人

员患大病的比例相差较小。14.18%的有配偶分散供养特困人员患有重大疾病。从受教育程度来看，高中/中专/技校受教育程度的分散供养特困人员患大病的比例最低，为5.88%，其他受教育程度的分散供养特困人员患大病的比例均在12.00%以上。有房产分散供养特困人员患大病的比例为11.55%，无房产人员为13.96%。

表3-13　　不同人口特征下分散供养特困人员患大病情况

		频数	百分比(%)
性别	男性	265	11.85
	女性	42	16.47
城乡	城市	31	20.26
	农村	275	11.84
残疾状况	残疾	99	12.98
	非残疾	208	12.11
婚姻状况	有配偶	37	14.18
	无配偶	270	12.11
受教育程度	没有上过学	149	12.32
	小学	125	12.10
	初中	30	14.08
	高中/中专/技校	2	5.88
房产状况	有房产	196	11.55
	无房产	111	13.96

4. 慢性病情况

慢性病是持续性疾病，严重影响特困人员的身体健康和经济状况。根据原卫生部相关界定，慢性病包括高血压、糖尿病、心脑血管疾病、白内障、中风、哮喘、慢性肺心病、慢性胃炎、慢性肾炎、风湿性关节炎等。这些疾病的患病概率往往会随着年龄的增长而急剧增加。调查数据显示（见表3-14），分散供养特困人员患慢性病的比例高达57.58%，超半数的分散供养特困人员正在经受慢性病折磨，需要长期的病情监测、日常保健和医疗干预。

表 3-14　　　　　分散供养特困人员患慢性病情况

	频数	百分比(%)
患慢性病	1439	57.58
未患慢性病	1060	42.42

不同人口特征的分散供养特困人员患慢性病的比例有所差异（见表3-15）。女性分散供养特困人员患慢性病的比例高于男性。城市分散供养特困人员患慢性病的比例高于农村。非残疾人员患慢性病的比例远高于残疾人员。有配偶人员患慢性病比例显著高于无配偶人员。从受教育程度来看，随着受教育程度的提高，患有慢性病的比例基本呈下降趋势。数据显示，高中/中专/技校受教育程度的分散供养特困人员患慢性病的比例最低，仅为29.41%，而小学受教育程度的人员患有慢性病的比例最高，为61.80%。有房产人员患有慢性病的比例为59.62%，无房产人员患有慢性病的比例为53.21%。

表 3-15　　　不同人口特征下分散供养特困人员患慢性病情况

		频数	百分比(%)
性别	男性	1287	57.35
	女性	152	59.61
城乡	城市	96	62.34
	农村	1333	57.23
残疾状况	残疾	343	44.66
	非残疾	1088	63.29
婚姻状况	有配偶	173	66.03
	无配偶	1265	56.57
受教育程度	没有上过学	686	56.60
	小学	639	61.80
	初中	102	47.22
	高中/中专/技校	10	29.41
	大专及以上	0	0
房产状况	有房产	1016	59.62
	无房产	423	53.21

(三) 分散供养特困人员心理健康状况

特困人员的心理健康状况可以通过其人际交往状况反映。一般而言，日常交往水平较低，容易使人产生孤独、封闭、失落、自卑等不良情绪。

1. 日常交往情况

特困人员的社会交往能力受到其健康状况、居住环境等条件的限制。分散供养特困人员居住较为分散，且相对周边其他人员来说，社会经济地位较低，人际交往能力较弱。这决定了其在交往时的主要对象是地理位置较近、关系较为紧密的亲属或邻居等，而缺乏更多层次和更广范围的社交往来。

分散供养特困人员的日常交流呈现出显著的"就近"特征。从表3-16可知，23.60%的分散供养特困人员表示日常不与其他人聊天，除部分人员是由于听力或智力以及精神方面的残疾，或心理自卑以致无法自然交流外，也存在社会环境造成的偏见、压力、隔绝等原因。保持社会交往的分散供养特困人员中，主要与邻居/朋友交流的比例为77.92%，与其他亲属交流的比例为39.93%，与配偶交流的占比为9.68%，这与特困人员已婚比例较低有关。

表3-16　　　　分散供养特困人员日常交往对象列表

	频数	响应百分比(%)	个案百分比(%)
不聊天	590	—	23.60
配偶	185	6.95	9.68
子女	29	1.09	1.52
其他亲属	763	28.67	39.93
邻居/朋友	1489	55.96	77.92
村干部	117	4.4	6.12
其他	78	2.93	4.08
合计	2661	100	139.25

注：表中百分比是指每一选项的选择人数与总体人数或总体响应数的比值。

不同人口特征的分散供养特困人员中日常交往情况相差较大（见表3-17）。具体而言，从性别来看，男性不聊天的比例显著高于女性，这说明男性分散供养特困人员社会交往范围小于女性。从城乡差异来看，城市分散供养特困人员与亲属及与他人聊天的比例均低于农村人员，可能的原因是农村的独特地缘优势，人员居住较为紧密，且经济生活差距较小。从残疾状况来看，残疾分散供养特困人员的社会交往范围相对较小。残疾人员与亲属聊天的比例高于非残疾人员，而与他人聊天的比例小于非残疾人员，这是因为部分残疾人员出于行动以及交流方面的障碍，难以与活动范围以外的人员聊天，只能不聊天或只与距离较近的亲属聊天。从婚姻状况来看，有配偶分散供养特困人员的人际交往较多，交流渠道也相对较多。从受教育程度来看，随着受教育程度的提高，分散供养特困人员不聊天的比例大体呈上升趋势。没有上过学的分散供养特困人员不聊天的比例最高，为27.99%。从房产状况来看，有房产分散供养特困人员不聊天的比例低于无房产人员，分别为21.29%和28.55%。这是由于无房产人员大多数生存能力较差、需要得到他人照顾，因此多与亲属同住，导致其与亲属聊天的比例高于有房产人员。

表3-17　不同人口特征下分散供养特困人员日常交往情况

		不聊天		与亲属聊天		与他人聊天	
		频数	百分比(%)	频数	百分比(%)	频数	百分比(%)
性别	男性	541	24.10	804	35.81	1401	62.41
	女性	49	19.22	136	53.33	149	58.43
城乡	城市	46	29.87	50	32.47	85	55.19
	农村	539	23.13	881	37.81	1459	62.62
残疾状况	残疾	257	33.59	294	38.43	359	46.93
	非残疾	332	19.27	641	37.20	1182	68.60
婚姻状况	有配偶	16	6.11	196	74.81	164	62.60
	无配偶	574	25.66	744	33.26	1385	61.91

续表

		不聊天		与亲属聊天		与他人聊天	
		频数	百分比(%)	频数	百分比(%)	频数	百分比(%)
受教育程度	没有上过学	339	27.99	471	38.89	680	56.15
	小学	195	18.82	374	36.10	707	68.24
	初中	47	21.76	80	37.04	141	65.28
	高中/中专/技校	8	23.53	14	41.18	21	61.76
	大专及以上	0	0	0	0	0	0
房产状况	有房产	363	21.29	621	36.42	1114	65.34
	无房产	227	28.55	319	40.13	436	54.84

2. 被看望情况

被看望情况一方面体现特困人员被照顾的情况及社会交往情况，另一方面对其心理健康状况也有显著影响。调查数据显示，分散供养特困人员被看望的频率较低，社会关系网络较差。具体来看（表3-18），仅有24.34%的分散供养特困人员表示经常有人看望，表示偶尔有人看望的人员占比53.12%，还有22.54%的人员表示从来没有被看望。

表3-18　　　　　　分散供养特困人员被看望情况

	频数	百分比(%)
经常有	609	24.34
偶尔有	1329	53.12
从来没有	564	22.54

3. 娱乐方式

分散供养特困人员主要的休闲娱乐方式为看电视和聊天。数据显示（见表3-19），分散供养特困人员看电视的比例达到66.60%，与人聊天比例为57.54%。此外还包括听广播、散步（锻炼）和打牌，分别占比 20.69%、11.15% 和 10.71%。总体而言，特困人员日常休闲娱乐方式主要表现为成本较低且易于获得的活动，较高层次的精神文化娱乐活动相对较少。

表 3－19　　　　　　　分散供养特困人员娱乐方式列表

	分散供养特困人员		
	响应数	响应百分比(%)	个案百分比(%)
聊天	1435	29.84	57.54
看电视	1661	34.54	66.60
听广播	516	10.73	20.69
打牌	267	5.55	10.71
下棋	31	0.64	1.24
看书、读报	73	1.52	2.93
书画、摄影	7	0.15	0.28
栽花种草	89	1.85	3.57
电脑上网	13	0.27	0.52
散步（锻炼）	278	5.78	11.15
其他	439	9.13	17.60
合计	4809	100	192.82

（四）分散供养特困人员医疗保障状况

1. 医疗费用负担情况[①]

特困人员医疗费用负担情况反映了特困人员享受医疗保障的情况。问卷中关于医疗费用负担情况的选项设置为"政府全部承担""政府承担大部分""政府承担小部分""自费"（"不清楚"选项作为缺失值处理），依次赋值为1—4，数值越大，表示政府承担程度越低。统计结果表明，分散供养特困人员的医疗费用均值为2.23，介于"政府承担大部分"和"政府承担小部分"之间，且偏向于"政府承

---

① 需要指出的是，这里分析的是特困人员对政府承担医疗费用比例的主观判断。

担大部分"。

具体来说（见表3-20），分散供养特困人员中医疗费用主要由"政府承担大部分"和"政府全部承担"的人员共计占比69.34%，同时上一年度所有医疗费用均由自己支出的分散供养特困人员比例为21.23%。说明分散供养特困人员医疗保障存在一定缺失，不少人员的医疗费用未得到保障。

表3-20 分散供养特困人员医疗费用负担情况

	频数	百分比(%)
政府全部承担	693	28.79
政府承担大部分	976	40.55
政府承担小部分	227	9.43
自费	511	21.23

注："不清楚"项作为缺失值处理。

不同人口特征的分散供养特困人员医疗费用负担情况有所差异（见表3-21）。具体而言，男性医疗费用负担高于女性。农村分散供养特困人员的医疗费用由政府承担的程度明显低于城市。部分原因在于城市医疗资源较好，更容易获得医疗保障，相比之下，一部分农村特困人员看病只能去私人诊所就诊，且产生的医疗费用往往无法及时报销。残疾分散供养特困人员的医疗费用由政府承担的程度较高。部分原因在于残疾人员生存能力较差，经济能力相对较低，与亲属同住的比例较高，更倾向于选择报销程度较高的治疗方法。有无配偶分散供养特困人员医疗费用负担的均值相差无几。而不同受教育程度分散供养特困人员由政府承担医疗费用的比重也相差不大。整体来看，随着受教育程度的提高，医疗费用由政府承担的程度基本呈上升趋势，其中，高中/中专/技校受教育程度的分散供养特困人员获得政府承担医疗费用的程度较高。

表3-21　不同人口特征下分散供养特困人员医疗费用负担情况

		均值	标准差	观测值
性别	男性	2.24	1.10	2160
	女性	2.14	0.99	247
城乡	城市	2.10	1.02	151
	农村	2.24	1.09	2242
残疾状况	残疾	2.04	0.99	741
	非残疾	2.32	1.12	1654
婚姻状况	有配偶	2.23	1.00	256
	无配偶	2.23	1.10	2151
受教育程度	没有上过学	2.21	1.07	1169
	小学	2.26	1.08	1000
	初中	2.23	1.21	206
	高中/中专/技校	2.00	0.89	29
	大专及以上	0	0	0

注:"不清楚"项作为缺失值处理。

调查中发现,特困人员认为政府承担医疗费用比例不高的主要原因在于,部分患有大病或慢性病的分散供养特困人员需长期用药,而这些药品尚未纳入药品报销目录,因此不能享受居民医保即时报销,导致每月用于购买药品的花费较大。

案例3-2：刘某,女,69岁,没有上过学,患有高血压、糖尿病以及心血管疾病。十余年前丧子,老伴因丧子精神崩溃,离家出走,目前与孙子同住。刘某一个月的开销大概1000元左右,主要花费在自费买药方面约400—500元/月,虽然有医疗保险,住院也不怎么自己出钱(基本能够报销),但是买药花费较大,平时只能省吃俭用。

从以上案例看出,患有重大疾病的分散供养特困人员医疗支出巨大,虽然在特困救助供养政策的扶助下,医疗保险和住院费用能够报销,但部分用于治疗常见慢性病的药品尚未被纳入报销范围,较高的医疗费用让特困人员"承受不了",很容易因病致穷、因病返穷。

2. 医疗可及性

医疗可及性体现的是特困人员生病乃至住院时,能否及时到达最近的医疗机构,并得到及时诊治的一个综合性指标。调查数据显示,分散供养特困人员到达最近医疗机构平均需要花费22.04分钟,40.64%的分散供养特困人员15分钟内可以从居住地到达最近医疗机构,说明分散供养特困人员就医较为方便。

不同人口特征群体的医疗可及性差异不大(见表3-22)。具体而言,女性分散供养特困人员到达最近医疗机构所花费的时间远大于男性。农村分散供养特困人员到达最近医疗机构时间较短。是否残疾分散供养特困人员到达距离最近的医疗机构所需时间差异较小,残疾人员到达最近的医疗机构的时间略小于非残疾人员。有配偶分散供养特困人员到达最近医疗机构平均需要花26.37分钟,而无配偶人员需要花费21.53分钟,无配偶人员医疗可及性相对较高。不同受教育程度的分散供养特困人员,其医疗可及性存在较大差异。其中,初中受教育程度的分散供养特困人员到达最近医疗机构花费的时间最长,高中/中专/技校受教育程度的人员平均花费时间最短,医疗可及性较高。

表3-22 不同人口特征下分散供养特困人员到达最近医疗机构的时间描述

		均值	标准差	观测值
性别	男性	21.91	21.27	2236
	女性	23.15	21.22	254
城乡	城市	25.22	22.05	151
	农村	21.84	21.26	2323
残疾状况	残疾	21.90	24.19	763
	非残疾	22.14	19.89	1715
婚姻状况	有配偶	26.37	30.69	262
	无配偶	21.53	19.81	2228
受教育程度	没有上过学	22.03	20.69	1207
	小学	21.92	22.33	1031
	初中	22.89	20.09	215
	高中/中专/技校	19.74	15.54	34

但从实际调查来看，大多数分散供养特困人员到达最近医疗机构为村/社区卫生所，医疗资源严重匮乏，医疗水平普遍较低，部分分散供养特困人员患重大疾病或紧急性疾病时，往往难以得到及时且有效的诊治。这种情况在农村①尤为突出。由于农村人员散落居住的特点，乡镇医疗机构布局较少且医疗水平有限，医疗资源短缺。同时，受活动能力、经济承受能力以及认知能力等方面的限制，多数农村分散供养特困人员经常在小诊所或药店买药，报销较少，自付比例较高。

案例3-3：张某，男，42岁，未婚，无子女，初中学历，与父母同住，患有严重的视力残疾、严重的胃炎和关节炎。"平常买药看病就在村里的卫生所，卫生所有很多药都买不到，去县城太远了，也不方便，就只能在附近药店买，在药店买药的钱全部需要自己出，不能报销。"

从案例可以看出，一方面，基层医疗机构未实现充足的供给以及便利的服务，以致特困人员就医困难；另一方面，农村分散供养特困人员及其监护人对医疗保障政策的了解程度不高，难以获得花费较小以及对自己更有利的诊治方式，导致了一些不必要的自费部分，从而加重其自身的医疗负担。

3. 医疗保险参与情况

分散供养特困人员的医疗保险参保率较高，但医疗费用负担仍然较大。特困人员参加城乡居民基本医疗保险的个人缴费部分可得到全额资助，因此特困人员参加居民基本医疗保险无需缴费，从调查来看，基本达到全覆盖。同时参加城乡居民基本医疗保险的人员也是大病医疗保险的参保人，此外，特困人员也是医疗救助的保障对象。而且部分地区还为特困人员免费购买了意外伤害保险，数据显示（见

---

① 在特困人员中，农村居民占90%以上。

表 3-23），有 14.18% 的特困人员表示参加了意外伤害保险。

表 3-23　　分散供养特困人员意外伤害保险参与情况

	频数	百分比(%)
参加	355	14.18
未参加	2148	85.82

实际调查发现，虽然基本医疗保险报销比例较高，报销程序相对简单（异地就医报销手续仍较为复杂），但由于分散供养特困人员大多受教育程度较低，对医疗保障政策了解程度不高，难以保证报销材料的齐全性，使得部分医疗花费未能及时有效报销。

案例 3-4：孙某，64 岁，男，未婚，无子女，未上过学，与其弟弟一家同住，孙某的身体差，过去三年住过院，虽然没有患过大病，但有慢性糖尿病。2017 年住院的医疗费全部由其侄子垫付，侄子表示"虽然参加了医疗保险，但去年住院没有开病历，去医院问过好几次，都说还没开出来，到现在治病的钱都还没有报销，虽然每个月有 500 多块钱的供养金，但完全不够大伯买药，他身体不好，看病要花很多钱，日常生活也不能照顾自己，都是我们做饭带他一起吃，看病钱不够也是我们给他付并照顾他，希望他有个健康的身体，也给我们减轻点压力"。

案例 3-5：郭某，男，64 岁，未婚，无子女，初中文化水平，2017 年纳入"五保"。郭某不愿意住在养老院，觉得住在养老院要被人管着，没有在家里住着自由开心。郭某身体一般，能自理，近三年来也没有住过院，但有血液方面疾病。医疗费多为自付，虽然有医疗保险，但郭某表示自己搞不清楚这些政策规则，手续比较复杂，因而也从未报销过医疗费。

从案例中看出，医疗费用报销程序对于文化程度不高、行动不便的分散供养特困人员及其亲属来说仍较为复杂，且相关部门工作效率不高。这说明，一方面，医疗保险报销的程序还不够简洁，相关工作部门并未尽力为特困人员的医疗报销提供便利；另一方面，基本医疗保障政策在特困人员中的宣传和知识普及度还不够充分。

二 健康状况影响因素分析

分散供养特困人员的健康状况用以下5个指标衡量："自评健康""日常生活活动能力指标（ADL）""是否住院情况""是否患大病情况"以及"是否患慢性病情况"。

其中，自评健康状况变量与分报告一设置一致。从表3-24可知，27%的分散供养特困人员认为自己的健康状况较好。

日常生活活动能力指标（ADL）的测量方式为：六项活动能力指标中将回答为"没有困难"记2分、"有些困难"记1分、"有困难"记0分，并将六项指标得分进行加总（ADL指标的分值范围为0—12分）。统计数据表明（见表3-24），ADL指标得分均值为11.36，得分较高，说明分散供养特困人员的日常生活自理能力总体水平较高。

是否住院情况是二分变量，来源于分散供养问卷中问题"你过去三年住过院吗"，回答住过院的赋值为1，未住过院的赋值为0。统计数据表明（见表3-24），近三年有过住院经历的分散供养特困人员占比42%。

是否患大病情况是二分变量，来源于分散供养问卷中问题"你过去三年患过大病吗"，回答患过大病的赋值为1，未患过大病的赋值为0。统计数据表明（见表3-24），近三年患过大病的分散供养特困人员占比12%。

是否患慢性病情况是二分变量，来源于分散供养问卷中问题"你过去三年患过慢性病吗"，回答患过慢性病的赋值为1，未患过慢性病的赋值为0。统计数据表明（见表3-24），近三年患过慢性病的分散供养特困人员占比58%。说明不少分散供养特困人员存在健康隐患,并长期受到慢性病折磨。

营养状况这里以荤菜食用情况和水果食用情况来表示,分别将回答为"几乎每天吃"的赋值为1,其他均赋值为0,烟酒消费作为健康行为的体现,以问卷中的"您目前的消费支出主要花在什么地方"选项中的"烟酒",选择该项的赋值为1,说明烟酒消费是分散供养特困人员的主要消费支出,未选择该项的人员赋值为0。数据统计表明(见表3-24),21%的分散供养特困人员几乎每天吃荤菜,10%的人员几乎每天吃水果,36%的人员认为烟酒消费是其主要消费之一。

此外,年龄、性别、城乡户籍、残疾状况、婚姻状况、受教育程度等变量与分报告一、分报告二处理方式一致,这里不再一一赘述。

本部分采用OLS模型和Probit模型来探寻特困人员健康状况的主要影响因素。

表3-24 分散供养特困人员健康状况数据描述性统计结果

变量	观测值	均值	标准差	最小值	最大值
自评健康	2501	0.27	0.44	0	1
ADL指标	2497	11.36	2.01	0	12
是否住院	2502	0.42	0.49	0	1
是否患大病	2492	0.12	0.33	0	1
是否患慢性病	2499	0.58	0.49	0	1
荤菜食用	2438	0.21	0.41	0	1
水果食用	2499	0.10	0.31	0	1
是否有烟酒消费	2502	0.36	0.48	0	1
年龄	2493	66.93	11.63	3	98
性别	2504	0.90	0.30	0	1
城乡户籍	2488	0.06	0.24	0	1
残疾状况	2492	0.31	0.46	0	1
婚姻状况	2503	0.10	0.31	0	1
是否有子女	2501	0.05	0.21	0	1
受教育程度	2501	1.63	0.70	1	4

表3-25给出了OLS和Probit模型估计结果。整体来看,分散供养

特困人员的营养状况越好,生活方式越健康,其身体健康状况就越好。

表3-25　　分散供养特困人员健康状况影响因素分析结果

	自评健康 (Probit)	ADL指标 (OLS)	住院 (Probit)	患大病 (Probit)	患慢性病 (Probit)
荤菜食用	0.262***	0.097	0.054	-0.185**	-0.189***
	(0.073)	(0.087)	(0.069)	(0.092)	(0.070)
水果食用	0.078	0.210**	-0.069	-0.038	0.094
	(0.096)	(0.097)	(0.092)	(0.122)	(0.093)
是否有烟酒消费	0.314***	0.510***	-0.067	-0.150**	-0.183***
	(0.059)	(0.064)	(0.056)	(0.073)	(0.056)
年龄	-0.012***	0.004	0.007***	0.002	0.023***
	(0.003)	(0.005)	(0.003)	(0.003)	(0.003)
性别	0.070	0.827***	0.019	-0.128	-0.027
	(0.107)	(0.215)	(0.095)	(0.115)	(0.099)
城乡户籍	-0.092	-0.100	0.193*	0.317**	0.268**
	(0.119)	(0.196)	(0.108)	(0.125)	(0.112)
是否残疾	-0.171**	-0.959***	0.121*	0.044	-0.249***
	(0.069)	(0.103)	(0.063)	(0.081)	(0.064)
婚姻状况	0.006	-0.012	0.293***	0.016	0.118
	(0.098)	(0.145)	(0.090)	(0.112)	(0.093)
是否有子女	-0.134	0.229	0.062	0.277*	-0.145
	(0.140)	(0.195)	(0.126)	(0.145)	(0.129)
受教育程度(参照组:没有上过学)					
小学	-0.058	0.441***	0.126**	0.030	0.173***
	(0.060)	(0.077)	(0.056)	(0.073)	(0.057)
初中	0.071	0.253	-0.108	0.058	-0.138
	(0.102)	(0.154)	(0.099)	(0.123)	(0.098)
高中/中专/技校	0.385	0.592***	0.399	-0.266	-0.478**
	(0.243)	(0.227)	(0.244)	(0.368)	(0.243)
常数项	0.039	10.183***	-0.779***	-1.160***	-1.205***
	(0.216)	(0.421)	(0.206)	(0.267)	(0.211)
N	2388	2385	2390	2379	2386
R^2	0.029	0.119	0.011	0.014	0.059

注:括号内为标准差,***、**、*分别表示在1%、5%和10%的水平下显著。

荤菜食用情况、烟酒消费、年龄和残疾状况是分散供养特困人员自评健康状况的主要影响因素。基本生活水平中的水果食用频率对分散供养特困人员自评健康没有显著影响，而荤菜食用频率和烟酒消费对自评健康有显著的正向影响。此外，年龄越大，自评健康状况越差；身体有残疾的分散供养特困人员的自评健康状况较差。

水果食用情况、烟酒消费、性别、残疾状况和受教育程度是分散供养特困人员日常生活活动能力指标（ADL）的主要影响因素。水果食用情况和烟酒消费对分散供养特困人员的 ADL 指标有显著的正向影响。男性的 ADL 指标得分比女性的 ADL 指标得分高；有残疾的人员活动能力指标低于无残疾人员；上过学的分散供养特困人员比没有上过学的人员的 ADL 指标得分高。

年龄、婚姻状况和受教育程度是分散供养特困人员有无住院经历的主要影响因素。荤菜、水果食用情况和烟酒消费对住院情况的影响并不显著。年龄越大的分散供养特困人员住院的概率越高；有配偶的分散供养特困人员比没有配偶的人员住院概率要高；上过学的分散供养特困人员比没有上过学的人员的住院概率更高。

营养状况、烟酒消费和城乡户籍是分散供养特困人员是是否患大病的主要影响因素。每天都能吃荤菜和有烟酒消费的分散供养特困人员比不能每天吃荤菜和不抽烟喝酒的人员患大疾病的概率低。此外，城市的分散供养特困人员比农村的分散供养特困人员患大病的概率更高。

荤菜食用情况、烟酒消费、年龄、城乡户籍、残疾状况和受教育程度是是否患有慢性病的主要影响因素。基本生活水平状况中的荤菜食用频率和烟酒消费对分散供养特困人员的慢性病患病情况有显著的反向影响。年龄越大，患有慢性病的概率越大；城市分散供养特困人员比农村人员患有慢性病的概率更高；非残疾分散供养特困人员比有残疾人员患有慢性病的概率高；上过学的分散供养特困人员比没有上过学的人员患有慢性病的概率更高。

第三节 集中供养特困人员健康状况分析

本节主要从生活自理能力、身体健康、心理健康以及医疗保障四个维度对集中供养特困人员的健康状况进行分析。其中,心理健康状况通过特困人员日常人际交往情况得以体现,医疗保障主要通过特困人员的医疗花费保障情况和医疗保险参与情况得以体现。在此基础上,进一步对影响集中供养特困人员健康的因素以及健康保障存在的问题进行分析。

一 基本情况
(一)集中供养特困人员生活自理能力状况

集中供养特困人员的生活自理能力低于分散供养特困人员。调查数据显示(见表3-26),随着生活自理能力指标难度的提升,集中供养特困人员的完成难度呈现上升趋势。96.00%、94.26%的集中供养特困人员能自主完成吃饭和穿衣活动;但能够自主如厕、上下床的比例有所下降;近10%的集中供养特困人员表示室内行走难度较大。洗澡存在困难的比例最高,占比12.19%。

表3-26　　集中供养特困人员生活自理能力分级列表

	做得了(%)	有些困难(%)	做不了(%)
吃饭	96.00	2.81	1.19
穿衣	94.26	3.96	1.78
如厕	91.61	6.29	2.10
上下床	92.76	5.38	1.86
室内行走	90.45	6.38	3.17
洗澡	87.80	7.64	4.55

1. 吃饭能力

能够自主吃饭的集中供养特困人员比例较高,但不同人口特征的集中供养特困人员能够自主吃饭的比例相差较大（见表3-27）。

表3-27　不同人口特征下集中供养特困人员吃饭能力

		做得了		有些困难		做不了	
		频数	百分比(%)	频数	百分比(%)	频数	百分比(%)
性别	男性	2223	96.48	59	2.56	22	0.95
	女性	204	91.07	12	5.36	8	3.57
城乡	城市	231	95.45	5	2.07	6	2.48
	农村	2186	96.09	65	2.86	24	1.05
残疾状况	残疾	671	93.32	30	4.17	18	2.50
	非残疾	1741	97.05	41	2.29	12	0.67
婚姻状况	有配偶	193	96.02	7	3.48	1	0.50
	无配偶	2228	95.99	64	2.76	29	1.25
受教育程度	没有上过学	1311	95.41	48	3.49	15	1.09
	小学	899	96.88	19	2.05	10	1.08
	初中	179	96.76	3	1.62	3	1.62
	高中/中专/技校	29	90.63	1	3.13	2	6.25
	大专及以上	3	100	0	0	0	0

注：表格中的百分比解释同表3-2。

从性别来看，男性集中供养特困人员能够自主吃饭的比例为96.48%，女性为91.07%。从城乡差异来看，农村为96.09%，略高于城市。从残疾状况来看，93.32%的残疾集中供养特困人员能够自主吃饭，低于非残疾人员。从婚姻状况来看，有无配偶的集中供养特困人员能够自主吃饭的比例差异性较小。从受教育程度来看，高中/中专/技校受教育程度的集中供养特困人员能够自主吃饭的比例最低，为90.63%，而在其他受教育程度的集中供养特困人员中，能够自主吃饭的比例均超过95%。

2. 穿衣能力

具备基本穿衣能力的集中供养特困人员比例较高，但在不同人口特征下有所差异（见表3-28）。从性别来看，94.79%的男性集中供养特困人员能够自主穿衣，而女性能够自主穿衣的比例只有88.84%。

从城乡差异来看,城乡集中供养特困人员穿衣能力差异性较小,均为94%左右。从残疾状况来看,89.57%的残疾人员能够自主穿衣,而非残疾人员能够自主穿衣的比例高达96.15%。从婚姻状况来看,有无配偶的集中供养特困人员在自主穿衣方面的差异较小,均在94%以上。从受教育程度来看,不同受教育程度的集中供养特困人员能够自主穿衣的比例差异性较大,高中/中专/技校受教育程度人员能够自主穿衣的比例较低,为90.63%,小学受教育程度的人员能够自主穿衣的比例较高,为95.04%。从房产状况来看,有房产人员能够自主穿衣的比例为96.85%,高于无房产人员。

表3-28　　不同人口特征下集中供养特困人员穿衣能力

		做得了		有些困难		做不了	
		频数	百分比(%)	频数	百分比(%)	频数	百分比(%)
性别	男性	2183	94.79	86	3.73	34	1.48
	女性	199	88.84	14	6.25	11	4.91
城乡	城市	229	94.63	7	2.89	6	2.48
	农村	2144	94.28	92	4.05	38	1.67
残疾状况	残疾	644	89.57	46	6.4	29	4.03
	非残疾	1724	96.15	53	2.96	16	0.89
婚姻状况	有配偶	190	94.53	9	4.48	2	1
	无配偶	2186	94.22	91	3.92	43	1.85
受教育程度	没有上过学	1289	93.88	58	4.22	26	1.89
	小学	882	95.04	32	3.45	14	1.51
	初中	174	94.05	7	3.78	4	2.16
	高中/中专/技校	29	90.63	2	6.25	1	3.13
	大专及以上	3	100	0	0	0	0
房产状况	有房产	830	96.85	23	2.68	4	0.47
	无房产	1551	92.93	77	4.61	41	2.46

3. 如厕能力

调查结果显示(见表3-26),91.61%的集中供养特困人员能够自主如厕,但不同人口特征的集中供养特困人员能够自主如厕的比例相差较大（见表 3-29）。

表 3-29　不同人口特征下集中供养特困人员如厕能力

		做得了		有些困难		做不了	
		频数	百分比(%)	频数	百分比(%)	频数	百分比(%)
性别	男性	2125	92.27	136	5.91	42	1.82
	女性	190	84.82	23	10.27	11	4.91
城乡	城市	221	91.32	11	4.55	10	4.13
	农村	2085	91.65	147	6.46	43	1.89
残疾状况	残疾	606	84.28	80	11.13	33	4.59
	非残疾	1696	94.59	77	4.29	20	1.12
婚姻状况	有配偶	181	90.05	18	8.96	2	1.00
	无配偶	2128	91.72	141	6.08	51	2.20
受教育程度	没有上过学	1258	91.62	82	5.97	33	2.40
	小学	857	92.35	57	6.14	14	1.51
	初中	163	88.11	17	9.19	5	2.70
	高中/中专/技校	28	87.50	3	9.38	1	3.13
	大专及以上	3	100	0	0	0	0
房产状况	有房产	803	93.70	48	5.60	6	0.70
	无房产	1511	90.53	111	6.65	47	2.82

注：表格中的百分比解释同表 3-2。

从性别来看，男性集中供养特困人员能够自主如厕的比例为92.27%，女性比例为84.82%。从城乡差异来看，城乡集中供养特困人员能够自主如厕的比例差异不大，均在91%以上。从残疾状况来看，残疾集中供养特困人员能够自主如厕的比例为84.28%，非残疾人员为94.59%。从婚姻状况来看，有无配偶集中供养特困人员能自主如厕的比例差异不大。从受教育程度来看，随着受教育程度的提高，集中供养特困人员能够自主完成如厕的比例基本呈下降趋势。从房产状况来看，有房产集中供养特困人员能够自主如厕的比例为93.70%，而无房产人员的比例为90.53%。

4. 上下床能力

从整体来看（见表3-26），92.76%的集中供养特困人员能够自主上下床。从不同人口特征维度具体来说（见表3-30），就性别而言，男性集中供养特困人员能够自主上下床的比例为93.18%，女性为88.39%。从城乡差异来说，城乡集中供养特困人员能够自主上下床的差异较小。从残疾状况来看，86.79%的残疾集中供养特困人员能够自主上下床，而非残疾人比例为95.20%。从婚姻状况来看，有无配偶集中供养特困人员能够自主上下床的比例差异较小，有配偶人员略低于无配偶人员。从受教育程度来看，初中受教育程度的集中供养特困人员中上下床有困难的比例最低，为89.73%，其他受教育程度的人员能够上下床的比例相差不大，均在93%左右。从房产状况来看，有房产集中供养特困人员上下床没有困难的比例为95.09%，无房产人员的比例为91.55%。

表3-30　不同人口特征下集中供养特困人员上下床能力

		做得了		有些困难		做不了	
		频数	百分比(%)	频数	百分比(%)	频数	百分比(%)
性别	男性	2145	93.18	119	5.17	38	1.65
	女性	198	88.39	17	7.59	9	4.02
城乡	城市	227	93.80	7	2.89	8	3.31
	农村	2108	92.70	127	5.58	39	1.72
残疾状况	残疾	624	86.79	65	9.04	30	4.17
	非残疾	1707	95.20	69	3.85	17	0.95
婚姻状况	有配偶	185	92.04	13	6.47	3	1.49
	无配偶	2152	92.80	123	5.30	44	1.90
受教育程度	没有上过学	1270	92.50	76	5.54	27	1.97
	小学	868	93.64	45	4.85	14	1.51
	初中	166	89.73	14	7.57	5	2.70
	高中/中专/技校	30	93.75	1	3.13	1	3.13
	大专及以上	3	100	0	0	0	0
房产状况	有房产	814	95.09	37	4.32	5	0.58
	无房产	1528	91.55	99	5.93	42	2.52

5. 室内行走能力

由表3-26可知，90.45%的集中供养特困人员能够在室内行走，接近10%的集中供养特困人员表示在室内行走存在困难。

从不同人口特征来看（见表3-31），就性别而言，91.22%的男性集中供养特困人员能够自主在室内行走，女性比例为82.59%。从城乡差异来看，城乡集中供养特困人员能够自主在室内行走的比例差异性较小，农村略低于城市。从残疾状况来看，残疾集中供养特困人员能够自主在室内行走的比例为81.75%，比非残疾人员低得多。从婚姻状况来看，有无配偶集中供养特困人员能够在室内行走的差异较小。从受教育程度来看，初中受教育程度的集中供养特困人员能够在室内行走的比例最低，为86.49%，而其他受教育程度的人员能够在室内行走的比例差异性不大，均在90%左右。从房产状况来看，有房产集中供养特困人员能够在室内行走的比例较无房产人员高3.86个百分点。

表3-31　不同人口特征下集中供养特困人员室内行走能力

		做得了		有些困难		做不了	
		频数	百分比(%)	频数	百分比(%)	频数	百分比(%)
性别	男性	2098	91.22	134	5.83	68	2.96
	女性	185	82.59	27	12.05	12	5.36
城乡户籍	城市	222	91.74	10	4.13	10	4.13
	农村	2053	90.36	149	6.56	70	3.08
受残疾状况	残疾	587	81.75	85	11.84	46	6.41
	非残疾	1684	94.03	74	4.13	33	1.84
婚姻状况	有配偶	179	89.05	15	7.46	7	3.48
	无配偶	2098	90.55	146	6.30	73	3.15
受教育程度	没有上过学	1238	90.30	93	6.78	40	2.92
	小学	848	91.48	53	5.72	26	2.80
	初中	160	86.49	13	7.03	12	6.49
	高中/中专/技校	29	90.63	1	3.13	2	6.25
房产状况	有房产	797	93.00	46	5.37	14	1.63
	无房产	1485	89.14	115	6.90	66	3.96

6. 洗澡能力

调查数据显示（见表3-26），87.80%的集中供养特困人员能够自主洗澡。不同人口特征下集中供养特困人员能够自主洗澡的比例有所差异（见表3-32）。从性别来看，男性集中供养特困人员能够自主洗澡的比例为88.87%，女性为76.79%。从城乡差异来看，城市集中供养特困人员能够自主洗澡的比例为86.78%，略低于农村。从残疾状况来看，残疾集中供养特困人员能够自主洗澡的比例为77.61%，非残疾人员为91.96%。从婚姻状况来看，有配偶集中供养特困人员能够自主洗澡的比例为85.07%，无配偶人员为88.01%。从受教育程度来看，初中受教育程度的集中供养特困人员能够自主洗澡比例最低，而小学、大专及以上和没有上过学人员能够自主洗澡的比例相对较高。从房产状况来看，有房产人员能够自主洗澡的比例为90.90%，无房产人员为86.20%。

表3-32　不同人口特征下集中供养特困人员洗澡能力

		做得了		有些困难		做不了	
		频数	百分比(%)	频数	百分比(%)	频数	百分比(%)
性别	男性	2045	88.87	164	7.13	92	4.00
	女性	172	76.79	29	12.95	23	10.27
城乡	城市	210	86.78	13	5.37	19	7.85
	农村	2000	87.99	177	7.79	96	4.22
残疾状况	残疾	558	77.61	97	13.49	64	8.90
	非残疾	1647	91.96	94	5.25	50	2.79
婚姻状况	有配偶	171	85.07	21	10.45	9	4.48
	无配偶	2040	88.01	172	7.42	106	4.57
受教育程度	没有上过学	1202	87.61	105	7.65	65	4.74
	小学	824	88.89	67	7.23	36	3.88
	初中	155	83.78	18	9.73	12	6.49
	高中/中专/技校	27	84.38	3	9.38	2	6.25
	大专及以上	3	100	0	0	0	0
房产状况	有房产	779	90.90	55	6.42	23	2.68
	无房产	1437	86.20	138	8.28	92	5.52

(二) 集中供养特困人员身体健康状况

1. 自评健康状况

总体而言，集中供养特困人员自评健康状况好的比例高于分散供养特困人员。调查数据显示（见表3-33），33.90%的集中供养特困人员自评健康状况较好，17.94%的集中供养特困人员认为自己身体状况较差。

表3-33　　　　集中供养特困人员自评健康状况

	频数	百分比(%)
好	856	33.90
一般	1216	48.16
差	453	17.94

从不同人口特征来看（见表3-34），就性别而言，女性集中供养特困人员自评健康较好的比例较低。从城乡差异来看，城乡集中供养特困人员自评健康较好的比例差异较小，均在34%左右，但评价自身健康状况较差的比例差异较大。其中，26.25%的城市集中供养特困人员认为自身健康状况较差，远高于农村人员。从残疾状况来看，32.73%的残疾集中供养特困人员认为自身健康状况较好，而非残疾人员的比例为34.45%，略高于残疾人员。从婚姻状况来看，有配偶集中供养特困人员的自评健康总体偏低。从受教育程度来看，集中供养特困人员自评健康较好的比例随受教育程度的增加呈下降趋势。可能的原因在于，一部分受教育程度较高的集中供养特困人员确实活动能力较差，即使受教育程度高也不能摆脱困境；而另一部分受教育程度较高的集中供养特困人员对于健康生活方面的认识较好，整体健康状况较好。

表3-34　　不同人口特征下集中供养特困人员自评健康状况

		好		一般		差	
		频数	百分比(%)	频数	百分比(%)	频数	百分比(%)
性别	男性	797	34.65	1098	47.74	405	17.61
	女性	59	26.22	118	52.44	48	21.33
城乡	城市	82	34.17	95	39.58	63	26.25
	农村	774	34.04	1114	48.99	386	16.97
残疾状况	残疾	235	32.73	319	44.43	164	22.84
	非残疾	617	34.45	886	49.47	288	16.08
婚姻状况	有配偶	54	26.73	104	51.49	44	21.78
	无配偶	799	34.48	1111	47.95	407	17.57
受教育程度	没有上过学	479	34.86	661	48.11	234	17.03
	小学	307	33.19	459	49.62	159	17.19
	初中	59	31.89	76	41.08	50	27.03
	高中/中专/技校	10	31.25	15	46.88	7	21.88
	大专及以上	0	0	1	33.33	2	66.67

2. 住院情况

集中供养特困人员生病住院的比例高于分散供养特困人员。调查数据显示（见表3-35），有50.71%的集中供养特困人员表示过去三年内有过住院经历，集中供养特困人员住院概率相对较高，占总人数的一半以上。

表3-35　　　　　　集中供养特困人员住院情况

	频数	百分比(%)
住院	1281	50.71
未住院	1245	49.29

对不同群体的住院状况进行比较分析可以看出（见表3-36），男性集中供养特困人员在过去三年内有过住院经历的比例为49.96%，女性为58.48%。城市集中供养特困人员的住院比例高于农村地区。

是否残疾对于集中供养特困人员的住院比例差异影响较小,残疾集中供养特困人员的住院比例略高于非残疾人员。有配偶集中供养特困人员的住院比例高于无配偶人员。不同受教育程度集中供养特困人员的住院比例存在较大差异。随着受教育程度的提高,集中供养特困人员三年内住过院的比例呈上升趋势。其中没有上过学的人员住院比例最小,为46.25%。有房产人员住院比例为47.72%,无房产人员为52.28%。

表3-36　　　　不同人口特征下集中供养特困人员住院情况

		频数	百分比(%)
性别	男性	1150	49.96
	女性	131	58.48
城乡	城市	138	57.50
	农村	1138	50.02
残疾状况	残疾	372	51.81
	非残疾	904	50.45
婚姻状况	有配偶	117	58.21
	无配偶	1162	50.11
受教育程度	没有上过学	635	46.25
	小学	518	55.88
	初中	104	56.22
	高中/中专/技校	18	56.25
	大专及以上	3	100
房产状况	有房产	409	47.72
	无房产	872	52.28

3. 大病情况

集中供养特困人员身体健康状况普遍较差,患大病的比例较高。调查数据显示(见表3-37),10.04%的集中供养特困人员表示在过去三年患过大病,这在一定程度上严重影响着他们的身体机能和活动能力。

表 3-37　　　　　集中供养特困人员患大病情况

	频数	百分比(%)
患大病	253	10.04
未患大病	2266	89.96

从不同人口特征维度来看（见表 3-38），男性集中供养特困人员患大病的比例相对较高，10.20% 的男性集中供养特困人员表示患过大病，而女性患大病的比例为 8.48%。17.01% 的城市集中供养困人员近三年患过大病，而农村人员患大病的比例仅为 9.30%。残疾集中供养特困人员患大病的比例相对较高，占比 12.29%，非残疾人员的比例为 8.89%。有配偶的集中供养特困人员患大病的比例为 11.88%，无配偶人员为 9.87%。不同受教育程度的集中供养特困人员患大病的比例差异较大，高中/中专/技校受教育程度的人员患大病的比例最低，为 6.25%；初中的人员患大病的比例最高，为 18.23%。

表 3-38　　　不同人口特征下集中供养特困人员患大病情况

		频数	百分比(%)
性别	男性	234	10.20
	女性	19	8.48
城乡	城市	41	17.01
	农村	211	9.30
残疾状况	残疾	88	12.29
	非残疾	159	8.89
婚姻状况	有配偶	24	11.88
	无配偶	228	9.87
受教育程度	没有上过学	105	7.65
	小学	113	12.22
	初中	33	18.23
	高中/中专/技校	2	6.25
房产状况	有房产	72	8.43
	无房产	181	10.88

有房产的集中供养特困人员患大病的比例为8.43%，而无房产人员的比例为10.88%。

4. 慢性病情况

调查结果显示（见表3-39），集中供养特困人员中患慢性病的比例较高，为55.92%，说明半数以上受访者长期受到慢性疾病困扰，活动能力和劳动能力受到严重限制。

表3-39　　　　　集中供养特困人员患慢性病情况

	频数	百分比(%)
患慢性病	1413	55.92
未患慢性病	1114	44.08

从不同人口特征来看（见表3-40），不同性别的集中供养特困人员患慢性病的比例相差不大，女性患慢性病的比例略高于男性。62.50%的城市集中供养特困人员患有慢性病，55.14%的农村集中供养特困人员患有慢性病。非残疾集中供养特困人员患慢性病的比例略高于残疾人员。说明残疾并非增加慢性病患病几率的主要原因，残疾人员仅仅是活动能力低下，与身体健康状况的关联性不强。有配偶集中供养特困人员患慢性病的比例相对较高。而随着受教育程度的提高，集中供养特困人员患慢性病比例基本呈上升趋势。具体来说，没有上过学的人员患慢性病的比例最低，为52.11%。

表3-40　　不同人口特征下集中供养特困人员患慢性病情况

		频数	百分比(%)
性别	男性	1285	55.82
	女性	128	56.89
城乡	城市	150	62.50
	农村	1255	55.14
残疾状况	残疾	383	53.19
	非残疾	1022	57.06

续表

		频数	百分比（%）
婚姻状况	有配偶	118	58.71
	无配偶	1293	55.73
受教育程度	没有上过学	716	52.11
	小学	560	60.34
	初中	111	60.33
	高中/中专/技校	20	62.50
	大专及以上	1	33.33

（三）集中供养特困人员心理健康状况

1. 日常交往情况

由于集中供养特困人员日常交往能力相对较弱，加之多数供养机构管理较为严格，因此供养人员与外界交往较少，主要是和供养机构内部人员的交流。

整体而言（见表3-41），集中供养特困人员缺乏广泛的社会交往和人际交流，其交流对象主要为供养机构内部工作人员和入住供养机构的其他人员（院友）。数据显示，14.92%的集中供养特困人员平时不与他人交流，在与他人交流的集中供养特困人员中，与院友交流的比例达到94.18%，与工作人员交流的占比40.26%，其他人占比2.98%。

表3-41　　　　集中供养特困人员日常交往对象列表

	频数	响应百分比（%）	个案百分比（%）
不聊天	377	—	14.92
敬老院/福利院院友	2021	68.53	94.18
敬老院/福利院工作人员	864	29.30	40.26
其他人	64	2.17	2.98

不同人口特征的集中供养特困人员日常交往状况有所差异（见

表 3-42）。具体而言，从性别来看，不与他人聊天的男性集中供养特困人员比例达到 14.98%，略高于女性。从城乡差异来看，城市集中供养特困人员不聊天的比例高达 27.27%，约为农村的 2 倍。可能的原因是城市供养机构大多规模较大、人员较多，供养的个体人员难以获得较多关注，导致城市集中供养特困人员与人交往的机会相对较少。从残疾状况来看，残疾集中供养特困人员不聊天的比例为 21.22%，接近非残疾人员的 2 倍，且残疾人员与院友和工作人员聊天的比例也远低于非残疾人员，这主要是因为残疾人员行动不方便或者交流不方便，从而使其社会交往程度较弱。从婚姻状况来看，有配偶的集中供养特困人员不聊天的比例为 7.92%，无配偶人员不聊天的比例为 15.52%，相比之下，无配偶人员更容易陷入孤独。从受教育程度来看，随着受教育程度的提高，集中供养特困人员不聊天的比例基本呈上升趋势，小学受教育程度的人员不聊天的比例相对较低。此外，随着受教育程度的提高，集中供养特困人员与院友聊天的比例有下降趋势，但与供养机构工作人员聊天的比例呈上升趋势，说明受教育程度高的集中供养特困人员更容易与工作人员进行互动。从房产状况来看，无房产集中供养特困人员不进行社会交往的比例远高于有房产人员。可能的原因是，无房产人员的总体经济情况及社会地位较低，部分人员身体健康状况较差，导致其难以融入供养机构的氛围，且无房产集中供养特困人员多为无亲友或者亲属关系疏远群体，容易受到他人歧视，社会交往能力弱。

表 3-42 不同人口特征下集中供养特困人员日常交往情况

		不聊天		与院友聊天		与工作人员聊天	
		频数	百分比(%)	频数	百分比(%)	频数	百分比(%)
性别	男性	345	14.98	1850	80.33	775	33.65
	女性	32	14.29	171	76.34	89	39.73
城乡	城市	66	27.27	167	69.01	65	26.86
	农村	310	13.63	1846	81.18	795	34.96

续表

		不聊天		与院友聊天		与工作人员聊天	
		频数	百分比(%)	频数	百分比(%)	频数	百分比(%)
残疾状况	残疾	153	21.22	535	74.20	241	33.43
	非残疾	223	12.46	1475	82.40	614	34.30
婚姻状况	有配偶	16	7.92	164	81.19	73	36.14
	无配偶	360	15.52	1854	79.95	789	34.02
受教育程度	没有上过学	224	16.33	1063	77.48	478	34.84
	小学	119	12.81	773	83.21	305	32.83
	初中	26	14.05	152	82.16	67	36.22
	高中/中专/技校	6	18.75	26	81.25	13	40.63
	大专及以上	1	33.33	2	66.67	0	0
房产状况	有房产	96	11.20	737	86.00	263	30.69
	无房产	281	16.84	1284	76.93	600	35.95

调查发现，集中供养特困人员整体交际范围较窄，交际能力偏弱，导致心理健康状况堪忧。

案例3-6：30多岁的男士，住进福利院已有10年之久了，患有渐冻症，近三年多次住院，最近的一次是因为脊椎硬化，下半身已经不能动了，生活完全不能自理，只能自己吃饭，如上厕所、洗澡、行走等方面都需要他人帮助，只有手臂、脖子、头部还能活动。访谈过程中极其不愿交流。"我都已经这样了，我还能有什么愿望，你能帮我实现吗？你说话有用吗？我知道自己的病会怎么死。""他平时不愿与任何人交流，院友也不说话"，护理人员说，"他喜欢玩手机，屋子里也有电脑，他喜欢在网上跟人聊天，也在网上做点小生意，在现实中脾气比较暴躁。他有一个亲姐姐，隔三岔五来看他，他也不愿和姐姐交流，思想十分悲观。"

案例3-7：王某，女，71岁。在整个访谈过程中，她都没有怎么说过话，调查人员主要是通过敬老院院长来了解她的情况。整个敬老院里只有她的零花钱是由办公室管理人员帮忙保管的。院长表示：

"丈夫的去世对她的刺激非常大,一直精神低迷,从不与其他院友聊天,她每天的生活就是坐在板凳上一直发呆,好在她的身体无病痛,基本生活能够自理。"

从案例可以看出,部分集中供养特困人员由于身体方面的缺陷而导致信心不足,不愿与周围人交流,存在心理障碍;或对外界有抵触心理,十分悲观,沟通面临困难,仅在虚拟的网络世界中获得一定的心理满足感;或存在特困人员由于经历意外事件的打击,难以接受目前的生活状况。还有部分集中供养特困人员不能适应集体生活,或不懂如何与陌生人相处。长期处于孤独、封闭的状态,容易造成心理压力,从而导致消极情绪的产生。

2. 室友满意度

对室友的满意程度在一定程度上能够反映集中供养特困人员与人交往的能力以及生活状态。问卷中关于室友满意度评价的选项设置为"很满意""基本满意""一般""不满意""很不满意",依次赋值为1至5,数值越大,表示满意度越低。统计结果表明,集中供养特困人员对室友的满意度整体较高,满意度评价均值为1.57,即被访的集中供养特困人员对于室友满意度的评价介于"很满意"和"基本满意"之间。具体来说(见表3-43),集中供养特困人员对室友很满意的占比53.07%,对室友基本满意的占比39.07%,对室友评价较低的比例在2%左右,说明集中供养特困人员在供养机构中与室友关系比较和谐。除此之外,有7.37%的集中供养特困人员表示自己没有室友,单独居住。

表3-43　　　　　集中供养特困人员室友满意度

	频数	百分比(%)
很满意	1141	53.07
基本满意	840	39.07
一般	125	5.81

续表

	频数	百分比(%)
不满意	41	1.91
很不满意	3	0.14
单独居住	171	7.37

从不同人口特征来看（见表3-44），男性集中供养特困人员对室友满意度的均值为1.58，而女性供养人员为1.45。从城乡差异来看，城市集中供养特困人员对室友的满意度要明显低于农村人员。从残疾状况来看，有无残疾的集中供养特困人员对于室友满意度评价的差异较小，非残疾人员对室友满意度评价略高于残疾人员。从婚姻状况来看，有配偶集中供养特困人员对室友满意度的评价明显高于无配偶人员。可能的原因在于有配偶人员多与配偶同住，相处融洽，满意度较高。从受教育程度来看，受教育程度低的集中供养特困人员更容易同室友相处融洽，对室友满意度评价较高。这与前文受教育程度高的人员与院友聊天比例相对较低的结论较为一致。

表3-44 不同人口特征下集中供养特困人员室友满意度描述

		均值	标准差	观测值
性别	男性	1.58	0.71	1968
	女性	1.45	0.61	182
城乡	城市	1.88	0.90	197
	农村	1.54	0.67	1945
残疾状况	残疾	1.58	0.71	557
	非残疾	1.57	0.70	1580
婚姻状况	有配偶	1.49	0.63	179
	无配偶	1.58	0.71	1966
受教育程度	没有上过学	1.50	0.66	1137
	小学	1.64	0.73	812
	初中	1.69	0.77	164
	高中/中专/技校	1.61	0.79	28
	大专及以上	1.67	1.15	3

3. 被看望情况

集中供养特困人员被看望的频率比分散供养特困人员更低。从表3-45的统计描述来看，集中供养特困人员经常被看望的比例仅为21.70%，54.31%的特困人员表示只是偶尔有人来看望，23.99%的人员表示从未被看望过。

表3-45　　　　　集中供养特困人员被看望情况

	频数	百分比(%)
经常有	531	21.70
偶尔有	1329	54.31
从来没有	587	23.99

4. 娱乐方式

集中供养特困人员的主要休闲娱乐方式与分散供养特困人员类似，主要为看电视和聊天。其中，看电视的比例最高，达到78.18%；其次为聊天，比例为74.77%，高于分散供养特困人员。此外，听广播、散步（锻炼）和打牌的集中供养特困人员分别占比31.05%、10.38%和23.25%。总体而言，集中供养特困人员的日常休闲娱乐方式主要表现为成本较低且易于获得的活动，供养机构很少提供较高层次的精神文化娱乐活动。

表3-46　　　　　集中供养特困人员娱乐方式列表

	响应数	响应百分比(%)	个案百分比(%)
聊天	1888	31.61	74.77
看电视	1974	33.05	78.18
听广播	784	13.13	31.05
打牌	587	9.83	23.25
下棋	69	1.16	2.73
看书、读报	112	1.88	4.44
书画、摄影	5	0.08	0.2
栽花种草	53	0.89	2.1

续表

	响应数	响应百分比(%)	个案百分比(%)
电脑上网	5	0.08	0.2
散步（锻炼）	262	4.39	10.38
其他	233	3.90	9.23
合计	5972	100	236.51

（四）集中供养特困人员医疗保障状况

1. 医疗费用负担情况

医疗费用负担情况的衡量与分散供养特困人员相同。统计结果表明，集中供养特困人员的医疗花费由政府承担的均值为1.57，说明集中供养特困人员中政府承担医疗花费的程度介于"政府全部承担"和"政府承担大部分"之间，且倾向于"政府承担大部分"，说明集中供养特困人员的医疗花费基本由政府承担的比例较高。具体来说（见表3-47），86.12%的集中供养特困人员医疗费用由"政府全部承担"或"政府承担大部分"。与此同时，接近一成（9.96%）的集中供养特困人员自费医疗费用，未能享受到相应的医疗保障。总的来说，集中供养特困人员享受的医疗保障受益程度比分散供养特困人员更高。

表3-47　　集中供养特困人员医疗费用负担情况

	频数	百分比(%)
政府全部承担	1640	66.97
政府承担大部分	469	19.15
政府承担小部分	96	3.92
自费	244	9.96

注："不清楚"项作为缺失值处理。

不同人口特征的集中供养特困人员医疗费用负担有所不同（见表3-48）。具体而言，男性集中供养特困人员中医疗费用负担的均值为1.57，女性为1.52，男性高于女性，说明女性集中供养特困人员由政府承担医疗费用的程度相对较高。城乡集中供养特困人员医疗费用负担差异较小，其中，农村集中供养特困人员由政府承担医疗费用的程度略高于城市。不同残疾状况的集中供养特困人员医疗费用负担存在较大差异。数据显示，残疾集中供养特困人员由政府承担医疗费用的均值为1.43，非残疾人员为1.63，残疾人员由政府承担医疗花费的程度明显高于非残疾人员。不同婚姻状况的集中供养特困人员之间医疗费用负担差异较小。而从受教育程度来看，除频数较低的大专及以上受教育程度的集中供养特困人员外，初中受教育程度的人员中由政府承担医疗花费的程度较高，高中/中专/技校受教育程度人员中政府承担医疗花费程度最低。无房产集中供养特困人员获得政府承担医疗花费的程度明显高于有房产人员。

表3-48 不同人口特征下集中供养特困人员医疗费用负担情况

		均值	标准差	观测值
性别	男性	1.57	0.97	2230
	女性	1.52	0.87	219
城乡	城市	1.58	0.88	226
	农村	1.57	0.97	2212
残疾状况	残疾	1.43	0.84	705
	非残疾	1.63	1.00	1729
婚姻状况	有配偶	1.60	0.92	197
	无配偶	1.57	0.96	2252
受教育程度	没有上过学	1.57	0.99	1330
	小学	1.57	0.94	900
	初中	1.54	0.87	178
	高中/中专/技校	1.63	1.04	32
	大专及以上	1.00	0.00	3
房产状况	有房产	1.79	1.10	817
	无房产	1.46	0.86	1631

注："不清楚"项作为缺失值处理。

2. 医疗可及性

集中供养特困人员的医疗可及性①是影响其健康医疗保障的一项重要指标，这里以集中特困供养人员入住的供养机构是否内设医疗机构来衡量，集中供养特困人员入住的供养机构设有医疗机构，说明其医疗可及性较高。调查发现，集中供养特困人员的医疗可及性较高，其中，41.00%的集中供养特困人员表示入住的供养机构设有医务室或医疗机构②。此外，集中供养机构多处在交通较为便利的地点，即使供养机构内未设医疗机构，特困人员要抵达医疗机构也相对便利。

不同人口特征群体的医疗可及性有所差异（见表3-49）。40.30%的男性集中供养特困人员入住的供养机构内设有医疗机构，48.11%的女性供养人员入住的供养机构内设医疗机构。城市集中供养特困人员入住的供养机构中内设医疗机构的比例高于农村。非残疾集中供养特困人员的医疗可及性略高于残疾人员。有配偶集中供养特困人员就医较为方便。数据显示，53.48%的有配偶人员入住的供养机构内设医疗机构，无配偶人员则为39.95%。不同受教育程度的集中供养特困人员医疗可及性差异较大。其中，小学受教育程度的人员医疗可及性最差，仅39.07%的人员入住的供养机构内设医疗机构。

表3-49　不同人口特征下集中供养特困人员入住的供养机构配备医疗机构状况描述

		频数	百分比(%)
性别	男性	875	40.30
	女性	102	48.11
城乡	城市	117	48.75
	农村	856	40.15

---

① 集中供养特困人员的医疗可及性以其入住的供养机构是否内设医疗机构来衡量，分散供养特困人员的医疗可及性以其到达最近医疗机构的时间来衡量。

② 由分报告五数据分析可知，39.17%的供养机构有内设医疗机构，这与个体调查数据差异较小，说明本次调查的数据质量较好。

续表

		频数	百分比(%)
残疾状况	残疾	275	39.68
	非残疾	700	41.79
婚姻状况	有配偶	100	53.48
	无配偶	875	39.95
受教育程度	没有上过学	533	41.45
	小学	343	39.07
	初中	80	44.94
	高中/中专/技校	17	53.13
	大专及以上	1	33.33

同时，调查中也发现，部分集中供养机构的健康管理配套设施较差，内设医疗机构多为药店或规模较小的诊所，缺乏专业医护人员。

案例3-8：宋某，男，74岁，初中学历，生活能够自理，但身体较差，患有心脏病和精神疾病。因为参加了医疗保险，去年心脏病发作后在医院看病，4000多元的医药费，老人最后只花了620元。平常老人每天都要吃药，心脏病和精神病的药加起来每天要花10元钱左右，此外，他每年还做一次体检。宋某说，他的医保在人民医院是可以使用的，但是在精神病医院却无法使用。买药可以先用医保报销，再在敬老院里报销。老人对于养老院的生活非常满意，但是，他也表示"如果能配备一个专业的常驻医生那就更好了"。

入住供养机构的集中供养特困人员多数为身体健康状况较差的老年人、残疾人以及重症患者，他们大多患有慢性病或重大疾病，就医需求相对较大，就医与用药频率较高，但因为行动能力较差，对医疗可及性的要求较高。由于机构内缺乏医疗机构和专业的常驻医疗人员，不少集中供养特困人员生病时不能及时就医，且医药报销时程序繁复。

3. 医疗保险参与情况

从调查样本区来看，集中供养特困人员的医疗保障情况与分散供养人员一致，基本享受城乡居民基本医疗保险、大病保险和医疗救助，部分地区为特困人员免费购买意外伤害保险。调查数据显示（见表3-50），集中供养特困人员中有20.21%表示参加了意外伤害保险，参与率高于分散供养特困人员。

表3-50　集中供养特困人员意外伤害保险参与情况

	频数	百分比(%)
参加	511	20.21
未参加	2017	79.79

二　健康状况影响因素分析

集中供养特困人员的健康状况衡量与本分报告中分散供养人员健康状况因素分析中设置一致，这里均不一一赘述。

从表3-51可知，集中供养特困人员主观健康状况较差，只有34%的人员自认为健康状况较好；客观健康状况较为乐观，ADL指标均值为11.39，说明集中供养特困人员的日常生活自理能力总体水平较高；住院情况、患大病、患慢性病的比例分别为51%、10%和56%。

表3-51　集中供养特困人员健康状况数据描述性统计结果

变量	观察值	均值	标准差	最小值	最大值
自评健康	2525	0.34	0.47	0	1
ADL指标	2521	11.39	1.91	0	12
是否住院	2526	0.51	0.50	0	1
是否患大病	2519	0.10	0.30	0	1
是否慢性病	2527	0.56	0.50	0	1
荤菜食用	2496	0.68	0.47	0	1
水果食用	2528	0.14	0.34	0	1
是否有烟酒消费	2526	0.36	0.48	0	1
年龄	2521	69.55	10.55	5	106

续表

变量	观察值	均值	标准差	最小值	最大值
性别	2532	0.91	0.28	0	1
城乡户籍	2521	0.10	0.29	0	1
残疾状况	2516	0.29	0.45	0	1
婚姻状况	2526	0.08	0.27	0	1
是否有子女	2529	0.06	0.23	0	1
受教育程度	2526	1.56	0.70	1	5

营养状况与烟酒消费情况设定与本分报告中分散供养人员健康状况因素分析中设置也一致，这里不再赘述。68%的集中供养特困人员几乎每天都可以吃到荤菜，14%的集中供养特困人员几乎每天可以吃到水果，36%的集中供养特困人员认为烟酒消费是其主要消费之一。

年龄、性别、城乡户籍、残疾状况、婚姻状况、是否有子女、受教育程度与分报告一、分报告二设置一致，这里也不再重复描述。

表3-52给出了OLS和Probit模型估计结果。整体来看，集中供养特困人员的营养状况较好。通过荤菜与水果的直接供给，能够提高集中供养特困人员的生活水平，改善其健康状况。

表3-52　集中供养特困人员健康状况影响因素分析结果

	自评健康 (Probit)	ADL指标 (OLS)	住院 (Probit)	患大病 (Probit)	患慢性病 (Probit)
荤菜食用	0.013	-0.090	-0.098*	-0.045	-0.042
	(0.059)	(0.077)	(0.057)	(0.078)	(0.057)
水果食用	0.205***	-0.185	-0.207***	-0.076	0.022
	(0.078)	(0.139)	(0.078)	(0.110)	(0.078)
是否有烟酒消费	0.102*	0.257***	-0.029	-0.159**	-0.108**
	(0.056)	(0.074)	(0.055)	(0.077)	(0.055)
年龄	-0.017***	0.002	0.015***	0.011***	0.022***
	(0.003)	(0.005)	(0.003)	(0.004)	(0.003)

续表

	自评健康 (Probit)	ADL 指标 (OLS)	住院 (Probit)	患大病 (Probit)	患慢性病 (Probit)
性别	0.147	0.652***	-0.190*	0.217	0.061
	(0.103)	(0.208)	(0.099)	(0.139)	(0.098)
城乡户籍	-0.008	0.033	0.198**	0.400***	0.213**
	(0.092)	(0.150)	(0.089)	(0.108)	(0.091)
残疾状况	-0.154**	-0.755***	0.131**	0.201**	0.031
	(0.063)	(0.104)	(0.061)	(0.081)	(0.061)
婚姻状况	-0.182*	0.168	0.168*	0.168	0.041
	(0.108)	(0.137)	(0.100)	(0.130)	(0.102)
是否有子女	0.071	0.038	0.065	0.114	0.152
	(0.118)	(0.159)	(0.115)	(0.142)	(0.116)
受教育程度（参照组：没有上过学）					
小学	-0.076	-0.011	0.271***	0.229***	0.241***
	(0.057)	(0.078)	(0.056)	(0.077)	(0.056)
初中	-0.139	-0.185	0.282***	0.498***	0.282***
	(0.107)	(0.171)	(0.103)	(0.124)	(0.103)
高中/中专/技校	-0.138	-0.152	0.212	-0.279	0.258
	(0.238)	(0.404)	(0.231)	(0.381)	(0.239)
大专及以上	—	0.401	—	—	—0.592
	—	(0.611)	—	—	(0.796)
常数项	0.664***	10.842***	-0.974***	-2.454***	-1.513***
	(0.228)	(0.420)	(0.226)	(0.354)	(0.230)
N	2427	2429	2428	2424	2432
R^2	0.021	0.054	0.025	0.036	0.031

注：括号内为标准差，***、**、*分别表示在1%、5%和10%的水平下显著。

荤菜食用情况、水果食用情况、烟酒消费、年龄、残疾状况和婚姻状况是集中供养特困人员自评健康状况的主要影响因素。基本生活水平中的荤菜食用情况对集中供养特困人员自评健康没有显著影响，而水果食用情况对自评健康有显著的正向影响，即水果食用频率越高的集中供养特困人员自评健康好的概率越高。烟酒消费对自评健康有显著的正向影响，有烟酒消费的集中供养特困人员自评健康状况好的概率更高。年龄越大的集中供养特困人员，自评健康差的概率越高；身体有残疾的集中供养特困人员的自评健康较差；有配偶的集中供养特困人员自评健康差的概率更高。

烟酒消费、性别、残疾状况是分散供养特困人员日常生活活动能力指标（ADL）的主要影响因素。烟酒消费对集中供养特困人员的ADL指标有正向影响，有烟酒消费的特困人员，其ADL得分比没有烟酒消费的人员更高。男性的ADL指标得分比女性的ADL指标得分高；残疾状况对ADL指标有显著的反向影响，残疾集中供养特困人员的ADL指标高于非残疾人员。

营养状况、年龄、性别、残疾状况和受教育程度是分散供养特困人员有无住院经历的主要影响因素。营养状况对住院情况有显著负向影响，经常食用荤菜和水果的集中供养特困人员的住院概率较低。年龄越大的集中供养特困人员住院情况概率越高；男性住院概率低于女性住院的概率；有残疾比没有残疾的集中供养特困人员的住院概率要高；受过小学或初中教育的人员比没有上过学的人员住院情况更普遍。

烟酒消费、年龄和城乡户籍是分散供养特困人员是是否患大病的主要影响因素。有烟酒消费的集中供养特困人员患大病的概率反而越低。年龄越大的集中供养特困人员三年内患大病的概率越高；城市集中供养员比农村集中供养特困人员患大病的概率更高。

烟酒消费、年龄、城乡户籍和受教育程度是是否患有慢性病的主要影响因素。烟酒消费对集中供养特困人员的慢性病情况有显著的反向影响；年龄越大，患有慢性病的概率越大；城市的集中供养特困人员比农村的集中供养特困人员患有慢性病的概率更高；小学或初中学历的集中供养特困人员比没有上过学的集中供养特困人员患有慢性病的概率更高。

第四节　总结与讨论

特困人员的健康保障问题突出。其中，特困人员的基本活动能力、健康状况、社会交往等方面存在较大困难，医疗保障存在较大改进空间。

一 研究总结
（一）特困人员生活自理能力相对较差

特困人员中残疾人员所占比例较高，达29.73%，且不少特困人员为重大疾病患者，健康状况和活动能力受到严重影响。调查发现，有超过10.00%的特困人员无法自主生活，需要得到生活照料，大部分特困人员基本可以自主完成难度较小的活动。除此之外，统计结果还显示，超过95.00%的特困人员能够完全自主完成吃饭和穿衣这两项活动。对于如厕、上下床、室内行走和洗澡四项活动，分散供养特困人员中不能自主在室内行走的比例为9.37%，不能自主洗澡的比例达11.81%；集中供养特困人员中，不能自主在室内行走的比例达9.55%，不能自主洗澡的比例达12.20%。

1. 不同供养方式人员的生活自理能力存在差异

从生活自理能力的六项指标来看，不同供养方式的特困人员之间存在差异。具体来看，集中供养特困人员中能够自主吃饭、穿衣、上下床能力的比例略高于分散供养特困人员，相比之下，分散供养特困人员中能够自主如厕、室内行走和洗澡的比例略高于集中供养特困人员。六项测量指标对个人活动能力的要求依次递增，这说明集中供养特困人员能够完成较难活动的比例较低，活动能力相对较差。可能的原因是特困人员大多无法定赡养人和抚养义务人，活动能力存在困难的特困人员选择集中供养的比例相对较高。

2. 有无残疾的特困人员日常生活活动能力差距较大

残疾人员的日常生活活动能力显著低于非残疾人员的活动能力。从能够完成各项活动能力的指标来看，随着活动能力的难度提升，残疾人员与非残疾人员能够完成各项指标的比例差距有逐渐增加的趋势。具体来看，分散供养特困人员中残疾与非残疾人员能够自主吃饭的比例相差8.22个百分点，集中供养特困人员中残疾与非残疾人员能够自主吃饭的比例相差3.73%;特困人员中有无残疾的人员能够自主完成洗澡的比例差距最大,分散供养的残疾人员和非残疾人员能够自主洗澡的比例相差16.46%,集中供养特困人员相差14.35%。相较而言,分散供养的残疾和非残疾特困人员能够完成各项活动能力的比例差距较大,且随着生活自理能力难度的加大,这种差异性呈现扩大趋势。

(二) 特困人员健康状况不容乐观

1. 自评健康差异大,分散供养特困人员较为消极

在不同供养方式下,特困人员的生活方式及照护获得存在较大差异,由此使得他们对自身健康的评价也存在较大差异。相较而言,集中供养特困人员健康自评状况较好,分散供养特困人员的自评健康较差。具体来看,分散供养特困人员中,自评健康状况较好的比例为26.75%,相比之下,集中供养特困人员中自评健康较好的比例高达33.90%,除此之外,有23.99%的分散供养特困人员认为自身健康状况较差,而集中供养特困人员中认为自己身体健康状况较差的比例只有17.94%。由此可见,集中供养特困人员对自身健康的评价较为积极,自评健康好的比例较高,而分散供养特困人员自评健康状况相对消极。可能的原因是,分散供养特困人员身体健康状况较差时较难得到及时治疗,而集中供养机构多数有对应的医疗机构,且有专门护理人员照料,患有疾病时能够相对及时得到有效治疗,也不需要担心疾病给身体以及家庭经济情况带来损失,因此导致集中供养特困人员对身体状况的态度较为乐观,自评健康相对较高。

2. 分散特困人员患病比例较高,集中供养特困人员住院比例较高

患病情况和住院情况能够集中衡量特困人员的客观健康状况。总的来说,特困人员身体状况较差,高达56.74%的特困人员患有慢性病;患有大病的比例达到11.18%,近半数的特困人员在三年内有过住院经历。

集中供养特困人员患大病和慢性病比例均略低于分散供养特困人员。数据显示,集中供养特困人员患大病的比例为10.04%,分散供

养特困人员为 12.32%；集中供养特困人员中患慢性病的比例为 55.92%，而分散供养特困人员患慢性病的比例仅为 57.56%。说明集中供养特困人员身体状况相对较好。

集中供养特困人员住院比例高于分散供养特困人员。数据显示，集中供养特困人员过去三年住过院的比例为 50.71%，分散供养特困人员为 42.09%。

集中供养特困人员患大病和慢性病的比例略低于分散供养特困人员，但患病时接受住院治疗的比例较高。可能的原因在于：一方面，集中供养特困人员的医疗可得性较高，表现为（1）相对于分散供养特困人员，集中供养特困人员的居住场所与医疗机构距离较近，医疗资源可及性较高；（2）多数集中供养机构拥有对应的医疗机构，部分集中供养特困人员的住院花费由供养机构安排，集中供养特困人员就医及医疗保险报销更为方便。另一方面，存在部分分散供养特困人员"生病不就医"的情况，相对而言，分散供养特困人员患病治疗的成本较高，医疗报销程序较为复杂。

3. 普遍缺乏精神慰藉

特困人员的家庭禀赋、社会资本和人脉资源原本就十分匮乏，因此，来自各个方面的心理关怀和精神慰藉也相应匮乏。多数特困人员社会交往范围有限，除周边亲属和供养机构内部人员外，极少与外界沟通。在调整中发现，部分特困人员是因为外界目光或自评较低，以致产生自卑情绪，不敢或不愿与外界交流；也有部分人员是受到突发事件的刺激，因而丧失积极生活的信心或排斥与外界的联系。

具体来说，从日常交流看，分散供养特困人员的日常交往对象主要是其亲属及周边人员，而集中供养特困人员的日常交往对象主要为供养机构院友、工作人员以及日常生活中能够接触的其他相关人员。说明特困人员的交往范围较窄，"就近"特征显著。

从聊天比例看，分散供养特困人员不与他人沟通交往的比例远高于集中供养特困人员。原因在于，分散供养特困人员中独居的比例较高，因没有近亲属帮衬，易受到他人的欺负和歧视，与人沟通障碍较多。此外,不少分散供养特困人员居住在较为偏远的地点,周围人际网络单薄。相比之下,集中供养机构中入住的大多是同样境况的特困人员,且居住距离较近,相互沟通的机会更多。数据显示,17.01%的集中供养特困人员表示经常与机构工作人员聊天,1.15%的集中供养特困人员表示有护理人员为自己读书、读报。

从社会交往看,表示有人经常去看望自己的分散供养特困人员有24.34%,集中供养特困人员为21.70%。

(三) 特困人员医疗保障需求未得到充分满足

1. 医疗保障政策基本落实

特困人员医疗保障政策落实情况较好,具体表现在:

第一,医疗费用基本由政府承担。调查显示,67.16%的分散供养特困人员,其医疗费用的"大头"由政府承担;65.23%的集中供养特困人员表示"生病有人管,看病拿药不花钱"。

第二,医疗服务基本可及。对分散供养特困人员来说,由于其居住较为分散,不同分散供养特困人员抵达最近的医疗机构所花费的时间存在巨大差异。调查显示,40.64%的分散供养特困人员从居住地15分钟内可以到达最近的医疗机构,平均到达最近的医疗机构所需时间为22.04分钟,但距离较近的医疗机构多为社区/村卫生所,医疗资源有限。相比分散供养特困人员而言,集中供养特困人员的医疗可及性更高。数据显示,集中供养特困人员中有41.00%的人员表示其入住的供养机构内设医疗机构,且多数供养机构位于乡镇或街道办事处的中心附近,交通相对便利,能够及时到达医疗机构。此外,对于部分活动能力较差的人员,集中供养机构还会安排专门人员陪送就医。

2. 分散供养特困人员医疗费用自付比例较高

分散供养特困人员的自费比例较高。具体来看,分散供养特困人员中政府承担医疗花费的比例介于"政府承担大部分"和"政府承担小部分"之间,29.69%的分散供养特困人员表示医疗花费要自费或政府承担小部分;而集中供养特困人员的医疗费用保障程度介于

"政府全部承担"和"政府承担大部分"之间,仅13.53%的集中供养特困人员表示医疗花费要自付或政府承担小部分。

不同供养方式下特困人员的医疗费用由政府承担程度存在巨大差异,这反映出不同供养方式的特困人员救助供养政策运行的效果。集中供养特困人员生病时,供养机构会帮助特困人员选择报销比例较高、保障程度较高的就诊方式,且在后续医疗费用报销程序上提供指导和帮助;相比之下,分散供养特困人员受到交通条件等方面的限制,小病往往就近在小诊所买药,反而不能享受医疗费用报销。大病就医后,由于对医疗政策了解不足,则可能没有申请医疗救助,而自己承担了医疗保险报销以外的费用。

3. 意外伤害保险参与情况地区差异较为明显

意外伤害保险主要为商业保险的范围。实际调查发现,国家目前尚未形成对特困人员意外伤害保险的统一规定,各地方根据实际情况对本属地范围内的特困人员的意外伤害进行保障支持,大体采用两种方式:一是部分地区的政府为缓解特困人员生活困难和免遭意外事件的损失,全款或部分支持特困人员购买意外伤害保险,以降低特困人员受到意外伤害时的风险;二是部分地区资助生存能力较差的特困人员购买意外伤害保险,如为农村特困人员、残疾特困人员、老年人等提供支持。

(四)营养状况和生活习惯显著影响特困人员的健康状况

营养状况主要通过荤菜食用情况和水果食用情况来衡量。一般来说,营养状况越好的特困人员,其身体健康状况也越好。对分散供养特困人员来说,荤菜食用情况是其生活水平的直接体现。受到经济能力的限制,分散供养特困人员的荤菜可获得性不高,但适当的摄取荤菜有利于降低患病概率,促进健康。统计结果显示,荤菜食用频率高的分散供养特困人员自评健康状况越好,患大病的比例也越低。对集中供养特困人员来说,荤菜主要由供养机构统一提供,且普遍存在"频率高但量少质差"的特征,因此荤菜食用情况对其身体健康及生病情况的影响不显著,相比之下,水果食用周期对特困人员自评健康具有显著的正向影响作用,即水果食用频率高的集中供养特困人员自评健康好的概率越高。

烟酒消费是一种不健康的生活方式,因此有吸烟喝酒习惯的特困人员健康水平显著低于无烟酒习惯的人员,但烟酒等不良饮食习惯对特困人员的患病具有显著的负向影响,即有烟酒消费的人员患病比例反而越低。可能的原因是,身体状况较好的特困人员可能对健康生活方式的关注度不高,因此更容易产生不良的生活消费。

二 讨论与思考

特困人员的身体状况普遍较差,行动能力受到严重限制,在看病就医时大多会选择离住地较近的基层医疗机构,或需要医生上门看病。调查数据显示,不少特困人员生病时就医存在困难,16.38%的分散供养特困人员表示需要上门看病的服务。而在现实中,基层医疗资源的匮乏严重影响了特困人员的医疗获得。此外,特困人员由于经济支付能力较差,对医疗费用报销的依赖程度很高,部分医疗花费不能及时报销在某种程度上会加重特困人员的经济负担和生活压力。为更好地落实特困人员健康保障,以下提出几点建议:

(一)促进医疗资源下沉,提高医疗可及性

完善基层医疗机构对特困人员的倾向性福利,鼓励优质医疗机构的医务人员定期巡诊或到基层医疗机构轮班,为就医困难人员进行诊治、记录,提供康复护理建议以及更便捷的就医渠道,带动基层医疗机构医疗水平的提升;基层政府工作人员应为就医困难人员提供健康及所需药品的定期记录,统一购买及配送基层机构不能供应的药品,为买药困难特困人员提供便利。

(二)加强日常健康监测和大病扶助

建立特困人员健康状况追踪监测和动态记录,为难以负担长期医药费用的特困人员及时给予适当的医疗救助,以避免特困人员因病陷入极度贫困;为行动能力、认知能力较差的特困人员提供陪送就医或上门诊治的服务,减少"有病不医"的情况。

（三）鼓励社会参与，加大政府购买力度

通过政府购买服务等多种形式，吸引并发动社会力量参与特困人员的照料活动，为行动不便的特困人员提供上门看病服务或日间照料服务。如福州市西南社区为解决特困人员与低保人员的就医困难及"换药之愁"，依托社区党员力量及社区医疗机构的资源优势，成立"社区药箱"和以社区医务退休人员为主的"医疗志愿服务队"，定期组织医疗巡诊，及时为就医困难和需要长期医疗诊治的困难群体提供便捷的医疗服务。

（四）完善医疗保障体系，简化报销流程

从调查可知，医疗费用报销对特困人员来说是一项较为复杂的保障程序。因此，为保证特困人员充分享受医疗保障，应做到：一是医疗机构应及时完整提供就医诊治的各项凭证，减少特困人员获取凭证的成本；二是降低医疗报销程序的复杂性，及时向特困人员或其监护人宣传医疗保障方面的政策规定，特困人员就医住院应适当安排陪同人员。

（五）加强心理关怀和精神慰藉

一方面，建立专业的心理疏导和辅助制度。具体来说，对分散供养特困人员应加强定期上门探问，了解其需求，积极解决其生活中遭遇的问题，让其感受到关心和善意；对集中供养特困人员，要加强机构内的心理咨询工作，多与特困人员聊天，了解其思想动态和内心渴望。另一方面，建立多维度的社会支持网络。具体可通过动员亲友、社区、慈善组织、志愿者等对特困人员进行探望，组织集体性的社交活动、文娱活动、体育活动，扩大特困人员的交际圈子和交际内容，缓解其心理压力。

分报告四　特困人员照护服务状况研究报告

本分报告主要对特困人员的照护服务状况进行阐释和分析。具体来说，第一节为特困人员照护保障政策的描述；第二、三节分别对分散供养特困人员和集中供养特困人员的基本照护情况、照护服务可得性情况以及长期照护保险参与情况，照护服务供给中存在的突出问题，以及影响照护服务获得的因素进行阐述和分析；第四节为研究结论以及针对性建议。

第一节　特困人员照护保障政策解读

特困人员的医疗服务和护理需求明显高于其他群体。现阶段，分散供养特困人员的家庭照料和集中供养特困人员的护理服务供给普遍不足，特困人员的家庭照料和护理服务需求缺口大。国家在制定相关政策的过程中，根据特困人员生活自理能力的差异性，采取了分类实施救助补贴的办法；各地政府部门根据实际情况，也相继出台特困人员照护保障的相关措施；长期护理保险制度也已开始在全国多地试点。本节主要介绍特困人员照护保障政策的具体内容及其相关社会保障政策的衔接。

一　特困人员照护保障政策概述
（一）特困人员照护标准

特困人员照护标准是针对部分"无依无靠"、生活不能自理的特困人员，由政府为其提供的能够维持基本生活的照料护理服务，照料护理内容主要包括生活照料、日常看护和住院期间的陪护等。

特困人员照护标准由省、自治区、直辖市或者设区的市级人民政府确定。其中，照料护理费用可由县级人民政府民政部门统筹，用于购买特困人员照料护理服务。特困人员照护标准依据特困人员的自理能力和护理需求分为三档，并将其作为特困人员享受生活照护标准不同档次的依据。各地政府部门在制定本地特困人员照护标准时，应根据实际情况，参照当地日常生活照料、供养机构护理费用以及最低工资标准，在照护标准和服务内容上体现差异性。调查样本区的特困人员平均照料护理补贴标准显示（见图4-1）：自理能力越高，照护标准越低；城市户籍特困人员照护标准高出农村户籍特困人员。

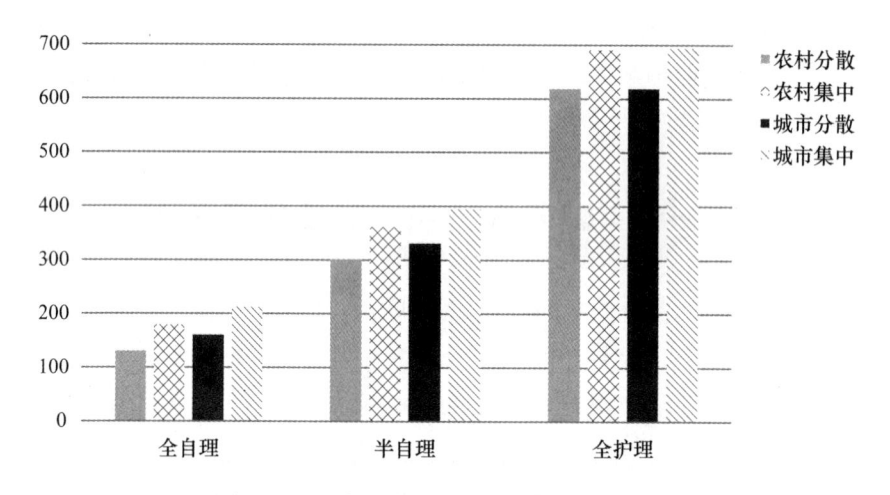

图4-1 调查样本区平均照料护理补贴标准

（二）照护服务供给主体

《民政部关于贯彻落实〈国务院关于进一步健全特困人员救助供养制度的意见〉的通知》（民发〔2016〕115号）规定，对于需要照料的分散供养特困人员，应按照其自身意愿，由乡镇人民政府（街道办事处）委托其亲友或村（居）民委员会、供养服务机构、社会组织等为其提供日常看护、生活照料、住院陪护等服务，确保分散供养特困老年人"平日有人照应，生病有人看护"；有条件的地方可以为分散供养特困人员提供无偿或低偿的社区日间照料服务。

对于有集中供养需求的特困人员，县级民政部门按照便于管理的原则，就近安排供养服务机构，由供养服务机构提供照护服务。对于未满16周岁的未成年人，应该安置到儿童福利机构。

（三）照护服务规范

面向集中供养特困人员的照护服务，因其由供养机构提供，所以有较为明确的照护服务规范；面向分散供养特困人员的照护服务则缺乏相应规范。

供养机构提供的照护服务包括日常生活照料、送医陪护等。《民政部关于贯彻落实〈国务院关于进一步健全特困人员救助供养制度的意见〉的通知》（民发〔2016〕115号）指出，在有条件的地区，供养机构可经由卫生计生行政部门批准设立医务室或护理站，为特困人员提供基本的医疗服务；供养机构应根据特困人员的实际情况和现实需求，建立起具有针对性的管理规范，不断健全内部管理、安全管理、服务管理等制度；供养机构的人员配备应根据入住供养机构人数和照料护理需求确定，优先加强护理型服务人员的配备，提高专业社会工作者的比例，为特困人员提供专业的护理服务；供养机构应重点强化机构建设和设施改造，在床位、无障碍设施、应急呼叫系统、消防设备、安全监控等方面加快投入和改建，以满足无法自理的特困人员的照料需求；在部分地区，可以将区域内的失能、半失能特困人员集中安置到具备照料能力的机构，进行专业化集中供养，为失能特困人员提供专业的照料以及康复护理；鼓励和支持社会力量参与供养服务机构建设和运营，为特困人员提供护理服务，以满足特困人员的个性化服务需求。

（四）长期护理保险制度

长期护理保险是为因年老、疾病或伤残而需要长期照顾的被保险人提供护理服务费用补偿的保险，其目的是为丧失劳动能力的人员以及失能老人提供日常生活照料。目前，我国已经开始探索并建立长期护理保险制度,推进长期护理保险制度试点工作,试点地区包括承德、长春、齐齐哈尔、上海、南通、苏州、宁波、安庆、上饶、青岛、荆门、广州、重庆、成都、石河子15个城市。

《人力资源社会保障部办公厅关于开展长期护理保险制度试点的指导意见》(人社厅发〔2016〕80号)指出:长期护理保险制度的保障对象是长期处于失能状况的参保人,重点解决重度失能人员基本生活照料和与生活密切相关的医疗护理等所需费用。在试点阶段,长期护理保险的对象主要是职工基本医疗保险的参保人,在实施过程中,可以根据地区的基金承受能力,为相关特殊困难群体提供护理保障。在调查地区中,南通、荆门、长春、成都、重庆5个城市已经开展长期护理保险试点。截至2018年12月,南通市[①]和荆门市明确规定将特困人员纳入长期护理保险覆盖范围,全额资助特困人员参加长期护理保险的个人缴费部分;长春市表示将适时将特困人员纳入长期护理保险参保范围。

(五)护理保障政策与其他政策的衔接

特困人员护理保障的对象主要是有护理需求的失能人员,在制度执行过程中,应注意不同制度之间的衔接。首先,应处理好特困人员护理保障与残疾人两项补贴之间的关系。由于特困供养救助包括了基本生活标准和分生活自理能力等级的护理补贴标准,因此,特困人员享受特困救助供养后,将不再享受困难残疾人生活补贴和重度残疾人护理补贴。另外,应处理好特困人员的护理保障与长期护理保险之间的衔接,在已有社会保障制度和国家法律规定支付的护理项目和费用的情况下,长期护理保险将不再给予支付。

二 特困人员照护保障政策分析

近年来,我国特困人员照料护理保障制度日渐完善,特困人员能

---

① 南通市试行的长期护理保险制度名称为"基本照护保险制度",详见《关于建立基本照护保险制度的意见(试行)》(通政发〔2015〕73号),http://www.nantong.gov.cn/ntsrsj/zhbxzc/content/337E0048A29C46339C5C6FCE1BDF2D5A.html。

够享受到特困供养救助制度提供的日常看护、生病就医陪送等护理供给，基本生活能够得到保障，护理服务需求也能够得到满足。然而，我国特困人员护理保障制度还存在一些有待完善之处。

（一）针对分散供养对象的照护规范不明、供给不足

目前，相关政策仅表示应当给予生活不能自理的分散供养特困人员提供照护服务，但并没有为分散供养特困人员提供实质性照料。以现金方式发放的照护补贴，标准较低，难以支撑分散供养特困人员购买照护服务的需要。此外，民政部门对具体的照护形式、照护内容、照料实施等照护规范均未做出明确规定，导致分散供养特困人员照护服务无规可依，服务质量参差不齐，独居分散供养特困人员往往得不到任何照护服务，特困人员的基本护理服务需要不能有效保障。由于分散供养特困人员的护理服务没有统一安排且护理服务获得性与分散供养特困人员是否和亲属同住密切相关，按护理程度提高特困人员的照护标准，增加自理能力较差人员的收入，有利于增加其购买照护服务的经济能力。

（二）分级照护评定不能满足差异性

照护标准应按照特困人员的实际需求，分类制定相关标准，以体现差异性。整体来看，集中供养特困人员的供养金标准随自理能力的上升呈现下降趋势，但是一些地方的下降趋势较小，如安阳市部分丧失生活自理能力和完全丧失生活自理能力的特困人员照料护理补贴仅相差 20 元/月，不能体现并对应不同护理等级特困人员的照护需求。此外，由于导致特困人员贫困的原因多样，其护理需求也各有不同，在这种情况下，各地区制定的照料护理补贴标准并不能完全满足特困人员的需求。

（三）长期护理保险制度尚不完善

长期护理保险的实施有效提升了失能人员的基本生活质量和尊严，但就整体而言，尚处于探索阶段。目前试点长期护理保险制度的 15 个城市，主要覆盖职工基本医疗保险的参保人，仅部分地区明确将特困人员纳入长期护理保险参保范围。此外，长期护理保险制度的保

障内容尚不明确,各地长期护理保险试点在筹资渠道、保障范围、受益规模、照护标准和护理水平等方面均存在较大差异。而商业性长期护理保险价格较高,远远超出特困人员的支付能力。

(四) 政策衔接不畅

特困人员照护标准是以资金的形式发放至特困人员或监护人,照护标准的使用尚未形成具体实施明细,在政策具体实施过程中,存在重复保障和"漏保"现象。

第二节 分散供养特困人员照护服务状况分析

本节主要从基本照护情况以及付费照护的需求与使用情况两个方面,对分散供养特困人员的照护服务状况展开分析。并在此基础上,对其中存在的突出问题及影响照护服务可得性的因素进行分析。

一 基本情况

调查发现,在特困供养保障政策下,大部分分散供养特困人员每年进行一次身体检查,但近三成分散供养特困人员在生病时无人照护。在考虑付费的情况下,分散供养特困人员对就医陪护的需求较高、使用率也较高,对送餐、洗澡、家务等服务的需求和使用率较低。

(一) 分散供养特困人员基本照护情况

1. 体检情况

体检是维护特困人员身体健康的重要照护形式。分散供养特困人员由于身体能力及经济条件的限制,定期体检存在较大困难。问卷中关于体检情况的测量指标为"您通常多久进行一次体检"。调查数据统计显示(见表4-1),分散供养特困人员中保持在至少一年体检一次的人员比例为70.19%,这与基层医疗机构每年组织特困人员免费体检有关。同时,22.01%的分散供养特困人员表示从未体检过,其中,一部分人员认为自身身体健康状况较好,无须体检;另一部分则由于身体活动能力以及认知能力的限制而不愿意或不能参加体检。

表 4-1　　　　　　分散供养特困人员体检频率

	频数	百分比(%)
三年内	61	2.44
两年内	134	5.36
一年内	1754	70.19
从未体检	550	22.01

从不同人口特征的分散供养特困人员体检情况差异来看（见表4-2），不同性别分散供养特困人员每年体检的比例相差较小，但男性从未体检过的比例显著高于女性，女性一年内和两年内进行一次体检的比例均高于男性。农村分散供养特困人员接受体检的频率高于城市人员。数据显示，农村分散供养特困人员一年体检一次的比例为70.59%，城市为63.64%。残疾分散供养特困人员的体检频率显著低于非残疾人员。非残疾人员几乎每年体检的比例达到71.98%。可能的原因在于部分残疾人员身体活动能力较差，或部分精神残疾和智力残疾人员存在认识方面的障碍，无法参与体检。有配偶分散供养特困人员一年体检一次的频率较高，为79.77%，且无配偶人员从未体检的比例远高出有配偶人员，可能的原因是有配偶人员的健康意识较高，比较重视日常保健，因此更愿意参与体检。从受教育程度来看，受教育程度越高，分散供养特困人员的体检比例相对越高，但高中/中专/技校受教育程度的人员高频率体检和低频率体检的比例均较高。可能的原因是高受教育程度的分散特困人员自评健康较好[1]，很多自评健康较好的人员认为不需要体检。除此之外，在高中/中专/技校受教育程度的分散供养特困人员中，一年以内进行过体检的比例相对其他受教育程度的人员较多，这与高受教育程度人员的健康意识较强有关。无房产分散供养特困人员的体检频率小于有房产人员。

---

[1] 由分报告三的数据分析可知，41.18%的分散供养特困人员自评健康状况较好，没有上过学、小学、初中受教育程度的人员自评健康状况较好的比例分别为26.24%、26.04%和30.18%。

表4-2　　不同人口特征下分散供养特困人员体检频率

		从未体检		三年内		两年内		一年内	
		频数	百分比(%)	频数	百分比(%)	频数	百分比(%)	频数	百分比(%)
性别	男性	508	22.62	54	2.40	108	4.81	1567	70.17
	女性	42	16.60	7	2.77	26	10.28	178	70.36
城乡	城市	44	28.57	5	3.25	7	4.55	98	63.64
	农村	504	21.64	55	2.36	126	5.41	1644	70.59
残疾状况	残疾	202	26.34	22	2.87	36	4.69	507	66.10
	非残疾	348	20.23	37	2.15	97	5.64	1238	71.98
婚姻状况	有配偶	39	14.89	4	1.53	10	3.82	209	79.77
	无配偶	511	22.85	57	2.55	124	5.55	1544	69.05
受教育程度	没有上过学	284	23.43	27	2.23	70	5.78	831	68.56
	小学	207	20.20	25	2.42	54	5.22	748	72.34
	初中	49	22.69	8	3.70	9	4.17	150	69.44
	高中/中专/技校	9	26.47	1	2.94	0	0	24	70.59
房产状况	有房产	332	19.47	41	2.40	99	5.81	1233	72.32
	无房产	218	27.46	20	2.52	35	4.41	521	65.62

注：表格中的百分比表示在该横向类别的人群中，选项为该纵向选项的人员比例。以性别变量中男性"从未体检"为例，数值22.62表示从未体检的男性分散供养特困人员占全部男性分散供养特困人员的22.62%。

2. 生病照护情况

生病时是否有人护理体现了特困人员生病时的照料可获得情况，同时也侧面体现了其对照护服务的需求情况。调查数据显示（见表4-3），分散供养特困人员生病时主要由亲友照护，占比64.14%，由邻居/朋友照护的仅为3.49%。高达28.39%的分散供养特困人员生病时无人照护。原因在于，分散供养特困人员的监护人除了近亲属，还包括远亲、邻居、村干部。目前分散供养特困人员独居比例较高，独居比例高达58.82%[1]，部分分散供养特困人员与监护人处于

---

[1] 数据来源于分报告二。

分离状态，监护人仅为名义上的监护人，与分散供养特困人员联系较少；相当部分的监护人长期缺位，不仅距离特困人员住所较远，甚至常年外出打工，难以履行监护责任。

表4-3　　　　分散供养特困人员生病照护服务获得情况

	频数	百分比（%）
无人护理	707	28.39
亲属	1597	64.14
朋友/邻居	87	3.49
其他人	99	3.98

注：分析时将"从未生病"作为缺失值处理。

此外，3.98%的分散供养特困人员在生病时主要由其他人照顾。"其他人"中包括慈善组织、志愿者等社会力量。社会力量参与分散供养特困人员照料护理，对于缓解基层救助力量不足、提升专业化护理水平十分重要，如青岛市推出了从特困家庭经济评估到照料护理"五位一体"的社会力量参与特困人员救助供养模式。政府委托居家服务组织为辖区内的分散供养特困人员提供送餐、就医、陪护、精神慰藉等基本照料护理服务，使特困人员的居住环境和生活质量得到了大大改善。

不同人口特征的分散供养特困人员生病时的照护服务获得情况有所差异（见表4-4）。男性分散供养特困人员较女性更缺少生病时的照护服务。数据显示，男性分散供养特困人员无人护理的比例高达30.59%，而女性分散供养特困人员依靠亲属照护的比例较高。城市分散供养特困人员无人照护的比例达到38.96%，且农村人员由亲属照顾的比例比城市人员高，可能的原因与农村居住特点相关，农村特困人员获得邻里间互助的可能性较大，且与亲属居住距离较近，使农村分散供养特困人员更易得到照顾。残疾分散供养特困人员生病能够得到照料的比例高于非残疾人员。数据显示，残疾分散供养特困人员生病时无人护理的比重小于非残疾人员,且有亲属护理的人员的比例高达74.25%。有配偶分散供养特困人员主要由配偶进行护理,因此生病无人护理的比重较低,只有11.49%,由亲属护理的比例为83.91%;无配偶人员的身体健康状况和经济能力相对较差,无人护理的比例高达30.34%,说明无配偶人员的护理服务缺口较大。从受教育程度来看,高中/中专/技校受教育程度的分散供养特困人员由亲属照料的比重最高,高达76.47%,由朋友和邻居照料的比例相对其他受教育程度人员也较高;没有上过学的分散供养特困人员由亲属照料的比例也较高,为68.68%。无房产分散供养特困人员得到照护的比例相对较高。

表4-4 不同人口特征下分散供养特困人员生病照护服务获得情况

		无人照护		亲属		朋友/邻居		其他人	
		频数	百分比(%)	频数	百分比(%)	频数	百分比(%)	频数	百分比(%)
性别	男性	684	30.59	1381	61.76	78	3.49	93	4.16
	女性	23	9.06	216	85.04	9	3.54	6	2.36
城乡	城市	60	38.96	79	51.30	6	3.90	9	5.84
	农村	645	27.80	1506	64.91	81	3.49	88	3.79
残疾状况	残疾	142	18.56	568	74.25	21	2.75	34	4.44
	非残疾	562	32.81	1021	59.60	65	3.79	65	3.79
婚姻状况	有配偶	30	11.49	219	83.91	7	2.68	5	1.92
	无配偶	676	30.34	1378	61.85	80	3.59	94	4.22
受教育程度	没有上过学	293	24.28	829	68.68	46	3.81	39	3.23
	小学	340	32.91	612	59.24	30	2.90	51	4.94
	初中	69	32.39	128	60.09	8	3.76	8	3.76
	高中/中专/技校	5	14.71	26	76.47	2	5.88	1	2.94
	大专及以上	0	0	0	0	0	0	0	0
房产状况	有房产	511	30.15	1046	61.71	67	3.95	71	4.19
	无房产	196	24.65	551	69.31	20	2.52	28	3.52

照料需求难以满足是目前分散供养特困人员面临的主要困难。尤其是自理能力较差、患有严重疾病的特困人员，照护服务需求与供给"缺口"巨大，不仅缺少亲属的日常照料，且不具有自己购买照护服务的经济能力，正常生活难以维系。而即使有人照顾，这种照顾也多来自亲属、非直接赡养人或扶养义务人员，往往缺乏专业性，难以实现对突发状况的紧急处理以及慢性病的日常监护。

案例4-1：马某，男，62岁，未婚、无子女，初中学历，患有哮喘、慢性肺心病。马某自己单独居住，以前妹妹经常过来帮忙照顾，但现在妹妹患了癌症，没办法照顾他。马某行动不太方便，生活自理能力较差，能够下床的时候就自己做饭吃，生病时不能下床就不吃饭。村里劝他去养老院住，但他不愿意跟很多人一起生活。

(二) 分散供养特困人员付费照护需求与使用情况

整体来看，分散供养特困人员对就医陪护的需求较大，对做饭/送餐、助浴和家务服务需求相对较小。需要特别说明的是，这里的"需求"指的是特困人员表达出来的需求，与其真实需求可能存在调查偏差。

1. 做饭/送餐服务

以下将对比分散供养特困人员对付费做饭/送餐服务的需求和使用情况，来描述分散供养特困人员实际享受该项服务的情况。调查结果显示（见表4-5），9.06%的分散供养特困人员表示需要提供帮忙做饭或送餐上门的服务，但实际使用过该项服务的人员仅为0.74%。分散供养特困人员对付费照护服务的需求表达较低，一方面由于外购食物费用较高，而分散供养特困人员的经济状况较差，不少特困人员为节省开支甚至"半年都没买过肉"，更无力支付较高的送餐服务费用；另一方面由于特困人员接触帮忙做饭或送餐服务的渠道和机会较少，难以获得付费送餐服务。

表4-5 分散供养特困人员对做饭/送餐服务的需求和使用情况

	需求情况		使用情况	
	频数	百分比(%)	频数	百分比(%)
是	225	9.06	18	0.74
否	2259	90.94	2430	99.26

分散供养特困人员做饭/送餐服务的供需情况因其人口特征存在差异（见表4-6）。女性分散供养特困人员对做饭/送餐服务有需求的比例略高出男性，但女性使用过做饭/送餐服务的比例是男性的2倍以上。城市分散供养特困人员对做饭/送餐服务的需求和使用显著高出农村人员。这一方面是由于城市家政服务和送餐服务供给相对完善；另一方面城市分散供养特困人员的供养金标准相对较高，购买该

表4-6 不同人口特征下分散供养特困人员对做饭/送餐服务的需求和使用情况

		需求情况		使用情况	
		频数	百分比(%)	频数	百分比(%)
性别	男性	202	9.05	14	0.64
	女性	23	9.13	4	1.59
城乡	城市	18	11.76	3	2.05
	农村	204	8.81	15	0.66
残疾状况	残疾	64	8.41	8	1.07
	非残疾	161	9.41	10	0.59
婚姻状况	有配偶	24	9.30	2	0.78
	无配偶	201	9.03	16	0.73
受教育程度	没有上过学	102	8.47	11	0.92
	小学	105	10.18	7	0.70
	初中	16	7.51	0	0
	高中/中专/技校	2	6.06	0	0
	大专及以上	0	0	0	0
房产状况	有房产	164	9.70	8	0.48
	无房产	61	7.69	10	1.28

项服务的能力较强。残疾分散供养特困人员对于做饭/送餐服务的需求比例低于非残疾人员,这是因为不少残疾分散供养特困人员由亲属照料,无须请人帮忙做饭或送餐服务;但残疾人员使用过做饭/送餐服务的人员比例高出非残疾人员。有无配偶分散供养特困人员对于做饭/送餐服务的需求和使用情况差别较小。从受教育程度来看,小学受教育程度的分散供养特困人员对做饭/送餐服务需求高出其他受教育程度的人员,由上文分散供养特困人员生病护理情况的分析可知,受教育程度为小学的分散供养特困人员无人照料的比例较高,因此对该项服务需求相对较大。有房产人员多为单独居住,对做饭/送餐服务的需求比例高出无房产人员,但实际使用过做饭/送餐服务的比例显著低于无房产人员。

调查发现,残疾人员多与父母同住,部分分散供养特困人员的父母在感情上无法接受将严重失能的子女送去供养机构,认为入住供养机构会对其生活和精神产生不利影响。但其父母年龄较大、护理能力不足,且一旦父母患病或去世,残疾人员将面临更大的照护困难。

案例4-2:张某,男,62岁,患有智力残疾,监护人是其弟弟,但其弟弟常年在外打工,事实上是由其88岁的母亲监护照料。其母年迈体弱,双目几近失明,自身行动已经十分困难,也需他人照料,很难再照料患有精神病的儿子,唯一能做的就是每餐把做好的饭送到儿子屋里。母子二人无论哪一方患病,对方都不能及时送医或提供有效照护。村干部多次动员其母亲带着智残儿子一起入住养老院,但其母亲不同意,坚持要等到自己完全丧失行为能力,不能再照顾儿子的时候才同意将其送入养老院。

2. 助浴服务

分散供养特困人员对助浴服务的要求相对较低。助浴服务涉及个人隐私,大多数特困人员不愿购买助浴服务,因此使用和需求情况较其他服务更低。调查数据显示(见表4-7),6.72%的分散供养特困人员表示自己需要助浴服务,但实际上仅有0.29%的人员使用过助浴服务,说明助浴服务的供给不足。

表4-7　　分散供养特困人员对助浴服务的需求和使用情况

	需求情况		使用情况	
	频数	百分比(%)	频数	百分比(%)
是	167	6.72	7	0.29
否	2319	93.28	2436	99.71

不同人口特征的分散供养特困人员对助浴服务需求和使用情况有所差异(见表4-8)。女性分散供养特困人员对助浴服务需求的比例相对较高,为9.52%,但没有女性特困人员使用过助浴服务。城市分散供养特困人员对于助浴服务的需求相对较高,但城市分散供养特困

表4-8　　不同人口特征下分散供养特困人员对助浴服务的需求和使用情况

		需求情况		使用情况	
		频数	百分比(%)	频数	百分比(%)
性别	男性	143	6.40	7	0.32
	女性	24	9.52	0	0
城乡	城市	16	10.46	0	0
	农村	149	6.43	7	0.31
残疾状况	残疾	53	6.95	3	0.40
	非残疾	114	6.66	4	0.24
婚姻状况	有配偶	16	6.23	0	0
	无配偶	151	6.78	7	0.32
受教育程度	没有上过学	80	6.64	4	0.34
	小学	73	7.08	3	0.30
	初中	11	5.14	0	0
	高中/中专/技校	3	9.09	0	0
	大专及以上	0	0	0	0

人员没有人使用过助浴服务。残疾分散供养特困人员对于助浴服务的需求和使用比例比非残疾人员要高。由于配偶之间可以相互照料，有配偶分散供养特困人员需要助浴服务和使用过助浴服务的比例均比无配偶人员要低。从受教育程度来看，受教育程度较高的人员对于助浴服务的要求更高，其中，高中/中专/技校受教育程度的人员需要助浴服务的比例最高，但仅小学受教育程度和没有上过学人员使用过付费助浴服务，其他高受教育程度人员均未使用过助浴服务。

3. 家务服务

家务服务的市场供给比较充足，特困人员对于家务服务的获取相对简单，但是在考虑付费的情况下，他们对该项服务的需求不高、使用不多。调查数据显示（见表4-9），有8.38%的特困人员表示需要付费家务服务，其中，仅1.39%的分散供养特困人员使用过付费家务服务。

表4-9　分散供养特困人员对家务服务的需求和使用情况

	需求情况		使用情况	
	频数	百分比(%)	频数	百分比(%)
是	208	8.38	34	1.39
否	2274	91.62	2411	98.61

不同人口特征的分散供养特困人员对于家务服务的需求和使用情况有所差异（见表4-10）。男性分散供养特困人员对于家务服务的需求和使用比例均低于女性。原因在于，一方面男性对于家务活动以及清洁卫生的重视程度不高；另一方面女性分散供养特困人员的活动能力和健康状况相对较差[①]，自己无法完成家务劳动的比例较高。城市分散供

[①] 由分报告三数据分析发现，女性分散供养特困人员的活动能力较男性差：女性能够自主吃饭、穿衣、上厕所、上下床、室内走动和洗澡的比例分别为86.61%、83.86%、79.53%、82.28%、79.53%、74.02%，而男性分别为96.26%、94.34%、93.36%、93.85%、91.89%、89.79%；女性分散供养特困人员的健康状况较男性差：女性自评健康好的比例22.13%，而男性为27.27%。

特困人员对家务需求的比例高出农村,而农村分散供养特困人员使用过家务服务的比例高出城市。可能的原因是,城市分散供养特困人员健康状况相对较差[①],因此对于做家务的需求高出农村;而农村近邻之间互帮互助的可能性更大,较容易请人帮忙做家务。残疾分散供养特困人员对于做家务服务的需求和使用情况均低于非残疾人员。有配偶分散供养特困人员对于付费做家务的需求低于无配偶人员,而使用情况高出无配偶人员。从受教育程度来看,随着受教育程度的提高,分散供养特困人员对于做家务服务的使用情况基本呈下降趋势。有房产的分散供养特困人员对于做家务服务的需求高出无房产人员。

表4-10 不同人口特征下分散供养特困人员对家务服务的需求和使用情况

		需求情况		使用情况	
		频数	百分比(%)	频数	百分比(%)
性别	男性	182	8.16	29	1.32
	女性	26	10.32	5	1.98
城乡	城市	19	12.42	1	0.69
	农村	185	8.00	33	1.44
残疾状况	残疾	61	8.02	10	1.34
	非残疾	147	8.60	24	1.42
婚姻状况	有配偶	20	7.78	9	3.52
	无配偶	188	8.45	25	1.14
受教育程度	没有上过学	90	7.48	20	1.68
	小学	98	9.51	11	1.10
	初中	18	8.45	3	1.40
	高中/中专/技校	2	6.06	0	0
房产状况	有房产	147	8.71	23	1.38
	无房产	61	7.68	11	1.40

① 由分报告三数据分析发现,城市分散供养特困人员自评健康好的比例为24.03%,农村为26.98%;城市分散供养特困人员近三年住院、患大病和患慢性病的比例分别为50.00%、20.26%;农村为62.34%、41.68%、11.84%。

4. 就医陪护服务

就医陪护是特困人员需求较大的一项服务,多数患大病或严重疾病的特困人员生活难以自理,需要就医陪护。调查结果显示(见表4-11),分散供养特困人员生病期间的照料需求较大,陪护缺失问题相对突出。11.62%的分散供养特困人员表示需要就医陪护服务,高出对送餐、洗澡和做家务的服务需求,但仅有1.81%的人员使用过该项服务,亦高出其他付费服务的使用比例。

表4-11 分散供养特困人员对就医陪护服务的需求和使用情况

	需求情况		使用情况	
	频数	百分比(%)	频数	百分比(%)
是	287	11.62	44	1.81
否	2182	88.38	2391	98.19

不同人口特征下分散供养特困人员的就医陪护服务的需求和使用对比状况如表4-12所示。男性分散供养特困人员对于就医陪护的需求和使用情况高出女性。部分原因在于女性分散供养特困人员的身体健康状况较差,与亲属居住比例较高,就医时能够获得较多的照料;而男性多为独居,无人照料,需要购买服务的比例较高。城市分散供养特困人员对于就医陪护服务的需求和使用情况均高出农村人员,这是因为城市基本服务市场相对成熟,服务购买相对便捷,且城市分散供养特困人员健康状况较差,需要经常就医或住院较多。非残疾人员对就医陪护服务的需求和使用情况均高出残疾人员,这是因为非残疾人员由于日常照料服务获得较少,生病时对于照料的需求和付费使用的情况相对较多。由于配偶之间可以互相照料,而无配偶人员需要自己照顾自己,所以无配偶分散供养特困人员对就医陪护服务的需求和使用比例高出有配偶人员。而且分散供养特困人员对就医陪护的需求和使用比例随受教育程度的提高基本呈上升趋势。有房产分散供养特困人员对于付费就医陪护服务的需

求高出无房产人员，而使用过该项服务的比例低于无房产人员，这是因为有房产人员多为独居且无人照护，但其经济状况又不允许其购买该项服务。

表 4-12　不同人口特征下分散供养特困人员对就医陪护服务的需求和使用情况

		需求情况		使用情况	
		频数	百分比(%)	频数	百分比(%)
性别	男性	262	11.82	41	1.88
	女性	25	9.92	3	1.20
城乡	城市	21	13.73	3	2.08
	农村	263	11.43	41	1.80
残疾状况	残疾	76	10.04	13	1.75
	非残疾	211	12.41	31	1.84
婚姻状况	有配偶	27	10.63	3	1.19
	无配偶	260	11.74	41	1.88
受教育程度	没有上过学	126	10.54	19	1.60
	小学	130	12.67	20	2.00
	初中	27	12.86	5	2.36
	高中/中专/技校	4	11.76	0	0
	大专及以上	0	0	0	0
房产状况	有房产	202	12.02	28	1.69
	无房产	85	10.77	16	2.05

需要特别指出的是，虽然现阶段残疾分散供养特困人员对照护服务的需求低于非残疾人员，但必须看到，残疾人员受到的照护服务可持续性不强，多数残疾人员与父母同住，其父母年龄较大，一旦患病或去世，残疾人员将面临较大的照护困难。

社会力量参与社会救助，是完善救助保障体系、提升救助照护能力的重要途径。调查中发现，不少社会力量参与了分散供养特困人员的照护服务提供。例如，在中秋、重阳等传统节日时，很多由社会组织、共青团或学校组织的志愿者到特困人员家中帮助老人剪指甲、做卫生。但是，由于志愿者专业能力有限，且提供的往往是短期或周期较长的志愿服务，导致社会力量在提供照护服务方面作用有限。

不过，南通市探索建立的"照护保险义工服务"机制，却较好地发挥了社会力量在特困供养照护服务中的作用。南通市向包括特困人员在内的参加当地基本照护保险并经评定为重度或中度失能的人员，提供义工照护服务。失能特困人员在南通照护保险手机 APP 提出照护需求后，义工响应并佩戴统一标识到失能人员家中或者照护机构提供洗头洗澡、洗脚修脚、读书读报以及提供血压、血糖测量等服务，失能人员或其亲属接受服务后在 APP 上给予评价。义工服务时长按照每服务 1 小时记 10 分、2 小时记 20 分类推进行积分，积分终身有效，并可由直系亲属继承。义工的积分可在其直系亲属中共享，义工本人或者其直系亲属被评定为重度或中度失能后，在享受基本照护保险待遇的基础上，可以享受积分奖励。义工的积分可兑换照护保险相关待遇，积分 100 分可接受专业照护公司 1 小时、积分 200 分可接受 2 小时套餐服务，积分 100 分，另可申请辅助器具 100 元、积分 200 分可申请辅助器具 200 元额度的服务，以此类推；此外，义工积分还可以按照 1∶1 比例兑换其他义工的服务时间。①

二 照护服务可得性的影响因素分析

分散供养特困人员照护服务的获得情况一方面受照护服务需求的影响，另一方面由照护服务的供给状况决定。营养状况、自评健康状况、是否独居、社会交往状况、医疗费用负担情况等是体现分散供养特困人员照护服务需求和供给的重要指标，也是影响其照料服务获得的重要因素。

照护服务可得性以分散供养问卷中的问题"如果您生病了，主要由谁来照护"作为衡量指标，将选项为"无人照护"的样本赋值为

---

① 南通市人民政府：《南通市照护保险推出义工服务新闻发布会》，http://www.nantong.gov.cn/ntsrmzf/xwfbh/content/b2877d33-4126-4a63-9383-b6c72b6cf6b8.html。

0，选项为"亲属""朋友/邻居""其他人"三项合并，赋值为1，表示特困人员生病时有人照顾。从统计结果（表4-13）可知，72%的分散供养特困人员在生病时有人照顾。

是否独居来源于问题"您目前和谁居住在一起"，选项为"单独居住"的赋值为1，其他为0。统计结果（表4-13）可知，独居分散供养特困人员的比例约有六成（59%）。

社会交往状况以问卷中"2017年，有人到您家看望您吗"作为衡量方法，将选项为"经常有""偶尔有"和"从来没有"分别赋值为1、2、3。

营养状况、自评健康状况以及医疗费用负担、年龄、性别、城乡户籍、残疾状况、婚姻状况、是否有子女、受教育程度等其他变量与分报告一处理方式相同，基本状况与前文描述一致，在此不一一赘述。

表4-13　　分散供养特困人员照护服务可得性数据描述性统计结果

变量	观测值	均值	最小值	最大值
照护服务可得性	2490	0.72	0	1
营养状况	2501	0.20	0	1
自评健康	2501	0.27	0	1
是否独居	2499	0.59	0	1
社会交往状况	2502	1.98	1	3
医疗费用负担情况	2407	2.23	1	4
年龄（岁）	2493	66.93	3	98
性别	2504	0.90	0	1
城乡户籍	2488	0.06	0	1
残疾状况	2492	0.31	0	1
婚姻状况	2503	0.10	0	1
是否有子女	2501	0.05	0	1
受教育程度	2501	1.63	1	4

表4-14给出了Probit模型估计结果。模型1重点考察营养状况对分散供养特困人员的照护服务获得情况的影响，模型2重点考察自

评健康状况对分散供养特困人员照护服务获得情况的影响，模型3重点考察独居情况对分散供养特困人员照护服务获得情况的影响，模型4重点考察社会交往情况对分散供养特困人员获得照护服务情况的影响。

表4-14 分散供养特困人员照护服务可得性影响因素分析

	模型1	模型2	模型3	模型4
营养状况	0.254***			
	(0.073)			
自评健康		-0.081		
		(0.064)		
是否独居			-0.934***	
			(0.072)	
社会交往状况（参照组：经常有）				
偶尔有				-0.399***
				(0.078)
从来没有				-0.920***
				(0.087)
医疗费用负担情况（参照组：政府全部承担）				
政府承担大部分	0.168**	0.160**	0.165**	0.191***
	(0.070)	(0.070)	(0.072)	(0.071)
政府承担小部分	0.138	0.096	0.158	0.196*
	(0.110)	(0.110)	(0.112)	(0.111)
自费	-0.132*	-0.127	-0.127	-0.080
	(0.079)	(0.079)	(0.081)	(0.080)
年龄（岁）	0.000	-0.000	0.006**	-0.003
	(0.003)	(0.003)	(0.003)	(0.003)
性别	-0.653***	-0.640***	-0.591***	-0.590***
	(0.122)	(0.123)	(0.129)	(0.126)
城乡户籍	-0.487***	-0.451***	-0.392***	-0.412***
	(0.113)	(0.112)	(0.116)	(0.113)
残疾状况	0.473***	0.462***	0.371***	0.374***
	(0.074)	(0.074)	(0.075)	(0.075)

续表

	模型1	模型2	模型3	模型4
婚姻状况	-0.054	-0.040	-0.157	-0.099
	(0.141)	(0.141)	(0.149)	(0.142)
是否有子女	0.576***	0.560***	0.090	0.595***
	(0.116)	(0.117)	(0.124)	(0.119)
受教育程度（参照组：没有上过学）				
小学	-0.208***	-0.203***	-0.181***	-0.238***
	(0.061)	(0.061)	(0.063)	(0.062)
初中	-0.186*	-0.172*	-0.171	-0.207*
	(0.104)	(0.104)	(0.108)	(0.107)
高中/中专/技校	0.363	0.380	0.439	0.237
	(0.299)	(0.300)	(0.306)	(0.310)
常数项	1.014***	1.101***	1.289***	1.654***
	(0.228)	(0.233)	(0.241)	(0.246)
N	2355	2355	2354	2356
R^2	0.0702	0.0661	0.1348	0.1071

注：括号内为标准差，***、**、*分别表示在1%、5%和10%的水平下显著。

可以看出，营养状况与照护服务获得情况呈现显著的正向影响关系，营养状况较好的分散供养特困人员获得照护服务的概率比营养状况差的人员要高。自评健康状况对分散供养特困人员照护服务获取情况具有负向影响，自评健康较好的分散供养特困人员在生病时能够得到照料的概率小于自评健康较差的人员。独居分散供养特困人员生病时被照顾的概率显著低于非独居分散供养特困人员。分散供养特困人员主要依靠亲友或监护人照料；非独居人员与亲属同住，能够得到相对较多的照料服务。分散供养特困人员社会交往频率越高，社会交往程度越密切，能够获得照料服务的概率就越大。而随着社会交往频率的下降，分散供养特困人员能够获得照护服务的概率呈阶梯式下降。

此外，男性分散供养特困人员获得照护服务的概率显著小于女性分散供养特困人员；城市分散供养特困人员获得照护服务的概率小于农村分散供养特困人员；残疾和有子女的分散供养特困人员获得照护服务供给的概率比非残疾和无子女的分散供养特困人员大；小学和初中受教育程度的分散供养特困人员获得照护服务的概率显著小于没有上过学的人员；自费医疗费用比例越少的人员获得照护服务的概率越高。

第三节 集中供养特困人员照护服务状况分析

本节主要从基本照护情况以及照护服务获得情况两个方面对集中供养特困人员的照护服务状况展开分析。在此基础上，进一步对可能存在的问题及影响照护服务可得性的因素进行分析。

一 基本情况

调查发现，在特困供养保障政策下，接近九成集中供养特困人员每年进行一次身体检查，有24.50%的集中供养特困人员在生病时无人照护。

（一）集中供养特困人员基本照护情况

1. 体检情况

集中供养特困人员的体检频率较高。调查数据显示（见表4-15），仅7.28%的集中供养特困人员表示从未体检过，88.09%的集中供养特困人员在一年内接受过体检。集中供养特困人员相对分散供养特困人员体检频率较高，原因在于部分集中供养机构定期组织特困人员体检，且四成左右的供养机构内设医疗机构，集中供养特困人员就医体检较为便利。

表4-15　　　　集中供养特困人员体检频率

	频数	百分比(%)
三年内	22	0.87
两年内	95	3.76
一年内	2226	88.09
从未体检	184	7.28

不同人口特征的集中供养特困人员体检情况存在差异（见表4-16）。女性集中供养特困人员体检频率整体高于男性。可能的原因是，卫生部、财政部、全国妇联自2009年开始在全国范围内开展农村妇女"两癌"检查，农村女性对身体检查的了解较多、重视度较高；而且女性选择居住的供养机构中有医疗机构的比例较高，女性得到体检的可能性更大①。城乡集中供养特困人员体检频率的差异性较小，农村集中供养特困人员体检频率略高于城市。残疾集中供养特困人员的体检频率在一年一次的人员占90.14%，且残疾人员从未体检过的频率低于非残疾人员。有配偶集中供养特困人员在一年内和两年内体检的频率高出无配偶人员。随着受教育程度的提升，集中供养特困人员一年内体检的比例基本呈上升趋势。高中/中专/技校受教育程度的集中供养特困人员从未体检的比例最低，仅为6.25%，且受教育程度高的人员，从未体检的比例也相对较低。有房产的集中供养特困人员从未体检的比例约为无房产人员的2倍，无房产人员每年体检的比例达到89.93%。

表4-16　　不同人口特征下集中供养特困人员体检频率

		从未体检		三年内		两年内		一年内	
		频数	百分比（%）	频数	百分比（%）	频数	百分比（%）	频数	百分比（%）
性别	男性	173	7.51	19	0.83	86	3.73	2025	87.93
	女性	11	4.91	3	1.34	9	4.02	201	89.73
城乡	城市	18	7.44	2	0.83	12	4.96	210	86.78
	农村	166	7.30	20	0.88	83	3.65	2005	88.17
残疾状况	残疾	46	6.39	5	0.69	20	2.78	649	90.14
	非残疾	137	7.65	16	0.89	75	4.19	1563	87.27
婚姻状况	有配偶	14	6.93	1	0.50	6	2.97	181	89.60
	无配偶	169	7.29	21	0.91	89	3.84	2040	87.97

---

① 由分报告三（《特困人员健康状况研究报告》）数据分析可知，女性集中供养特困人员入住的供养机构中有医疗机构的比例为48.11%，男性仅为40.30%。

续表

		从未体检		三年内		两年内		一年内	
		频数	百分比（%）	频数	百分比（%）	频数	百分比（%）	频数	百分比（%）
受教育程度	没有上过学	98	7.15	12	0.88	49	3.57	1212	88.40
	小学	67	7.20	10	1.08	40	4.30	813	87.42
	初中	17	9.19	0	0	6	3.24	162	87.57
	高中/中专/技校	2	6.25	0	0	0	0	30	93.75
	大专及以上	0	0	0	0	0	0	3	100
房产状况	有房产	87	10.15	9	1.05	37	4.32	724	84.48
	无房产	97	5.81	13	0.78	58	3.48	1501	89.93

2. 生病照护情况

集中供养特困人员入住供养机构的相对较多，在生病时，供养机构的工作人员和照护人员会为其提供必要的照护服务。调查结果显示（见表4-17），50.00%的集中供养特困人员表示生病时主要由照护人员照护，由供养机构室友照护的人员达到12.93%，24.50%的集中供养特困人员表示生病时无人照护，还有12.57%的集中供养特困人员生病由其他人员照护，这里"其他人"包括社会组织、志愿者等社会力量。例如，合肥市包河区民政局与合肥市爱邻社会工作服务社联合，在大圩镇敬老院实施专业社工介入院舍养老项目，通过政府购买社会组织服务的形式，由社会组织派出两名专职社工驻点该院，长期

表4-17　集中供养特困人员生病照护服务获得情况

	频数	百分比（%）
无人照护	616	24.50
敬老院/福利院室友	325	12.93
敬老院/福利院照护人员	1257	50.00
其他人	316	12.57

注：将"从未生病"作为缺失值处理。

开展为老服务项目。①社会力量参与集中供养特困人员照料护理，有助于缓解集中供养机构照护压力，通过集中供养机构配合、社会组织参与、政府支持等多方参与的形式，可以为集中供养特困人员提供更专业、更有针对性的服务。

不同人口特征下的集中供养特困人员生病时的照护情况有所不同（见表4-18）。整体来看，在集中供养特困人员中，非残疾人员和有房产人员由于身体状况较好，经济能力相对较高，无人护理的比例最高。有配偶的集中供养特困人员和城市人员生病时由院友照料的比例相对较高；高中/中专/技校及以上受教育程度的集中供养特困人员由照护人员照料的比例较高。具体来说，男性集中供养特困人员生病时无人照护的比重高达25.33%，而女性集中供养特困人员主要由院友和照护人员提供照护的比例均高出男性。农村集中供养特困人员无人照护以及由其他人照护的比例高出城市，而城市集中供养特困人员由院友和照护人员照护的比例均高出农村。

表4-18　不同人口特征集中供养特困人员生病照护服务获得情况

		无人照护		院友		照护人员		其他人	
		频数	百分比（%）	频数	百分比（%）	频数	百分比（%）	频数	百分比（%）
性别	男性	580	25.33	287	12.53	1128	49.26	295	12.88
	女性	36	16.07	38	16.96	129	57.59	21	9.38
城乡	城市	53	22.08	42	17.50	126	52.50	19	7.92
	农村	561	24.79	282	12.46	1123	49.62	297	13.12
残疾状况	残疾	130	18.16	105	14.66	388	54.19	93	12.99
	非残疾	481	26.99	216	12.12	863	48.43	222	12.46
婚姻状况	有配偶	27	13.43	39	19.40	82	40.80	53	26.37
	无配偶	588	25.49	285	12.35	1172	50.80	262	11.36

---

① 安徽省民政厅：《安徽省合肥市包河区：敬老院率先引入专业社工服务项目》，http://www.ahmz.gov.cn/lxyzzt/list_Show.asp?id=27306。

续表

		无人照护		院友		照护人员		其他人	
		频数	百分比(%)	频数	百分比(%)	频数	百分比(%)	频数	百分比(%)
受教育程度	没有上过学	323	23.65	168	12.30	724	53.00	151	11.05
	小学	246	26.62	130	14.07	429	46.43	119	12.88
	初中	41	22.40	22	12.02	81	44.26	39	21.31
	高中/中专/技校	4	12.50	3	9.38	20	62.50	5	15.63
	大专及以上	1	33.33	0	0	2	66.67	0	0

（二）集中供养特困人员照护获得情况

集中供养特困人员的照护服务由供养机构提供，包括做饭/送餐、助浴、家务服务和就医陪护等。

1. 做饭/送餐服务

集中供养特困人员的基本生活照护由集中供养机构安排和提供，多数供养机构为入住人员提供基本的做饭及送餐服务，也有部分供养机构提供小厨房满足集中供养特困人员自己做饭吃的需求。调查数据显示（见表4-19），79.65%的集中供养特困人员表示供养机构工作人员为其提供做饭/送餐服务。

表4-19　集中供养特困人员做饭/送餐服务获得情况

	频数	百分比(%)
是	2012	79.65
否	514	20.35

不同人口特征的集中供养特困人员能够获取做饭/送餐服务的程度存在差别（见表4-20）。女性集中供养特困人员主要依靠照护人员帮忙提供做饭/送餐服务的比例略高出男性，女性为81.70%，男性为79.45%。城市集中供养特困人员获取供养机构做饭/送餐服务的比例更高达到84.30%，这是因为城市集中供养特困人员多居住在规模较大、设施管理较为完善的供养机构，照护服务的供给状况相对完

善。有无残疾的集中供养特困人员获得做饭/送餐服务的差别较小。有配偶集中供养特困人员获得做饭/送餐服务的比例略高出无配偶人员。随着受教育程度的上升，集中供养特困人员表示供养机构为其提供做饭/送餐服务的比例增加，受教育程度越高的集中供养特困人员获得做饭/送餐服务的比例越高。81.72%的有房产集中供养特困人员由照护人员为其提供做饭/送餐服务，可能的原因在于，入住供养机构的有房产人员多数是由于自身照护能力较差才选择集中供养，因此比较看重供养机构提供的照护服务。

表4－20　不同人口特征下集中供养特困人员做饭/送餐服务获得情况

		频数	百分比（%）
性别	男性	1829	79.45
	女性	183	81.70
城乡	城市	204	84.30
	农村	1799	79.15
残疾状况	残疾	581	80.58
	非残疾	1420	79.37
婚姻状况	有配偶	169	84.08
	无配偶	1841	79.35
受教育程度	没有上过学	1091	79.35
	小学	735	79.46
	初中	149	80.54
	高中/中专/技校	29	90.63
	大专及以上	3	100
房产状况	有房产	702	81.72
	无房产	1310	78.63

2. 助浴服务

调查结果显示（见表4－21），仅9.42%的集中供养特困人员表示照护人员为其提供助浴服务。因为助浴涉及个人隐私，多数人员不愿意让他人帮忙，因此由照护人员提供助浴服务的人员的比例相对较低。

表4-21 集中供养特困人员助浴服务获得情况

	频数	百分比(%)
是	238	9.42
否	2288	90.58

从不同人口特征来看（见表4-22），男性集中供养特困人员主要依靠照护人员帮忙助浴的占8.73%，而女性依靠照护人员帮忙助浴占16.52%。农村集中供养特困人员由照护人员助浴的比例相对较高。残疾人员由于自理能力较差，部分无法自主洗澡，因此由照护人员帮忙洗澡的比例较高。从受教育程度来看，不考虑频数较少的高中/中专/技校以上受教育程度的人员，随着受教育程度的提高，集中供养特困人员主要由照护人员助浴的比例呈现下降趋势。无房产人员由照护人员助浴的比例达10.68%，高出有房产人员，这是因为无房产人员的活动能力和健康状况相对较差，需要得到照料的需求相对较高。

表4-22 不同人口特征下集中供养特困人员助浴服务获得情况

		频数	百分比(%)
性别	男性	201	8.73
	女性	37	16.52
城乡	城市	16	6.61
	农村	220	9.68
残疾状况	残疾	98	13.59
	非残疾	138	7.71
受教育程度	没有上过学	148	10.76
	小学	77	8.32
	初中	10	5.41
	高中/中专/技校	2	6.25
	大专及以上	1	33.33
房产状况	有房产	60	6.98
	无房产	178	10.68

3. 家务服务

供养机构对集中供养特困人员的日常卫生服务的提供相对较高，供养机构的照护人员会定期帮助特困人员洗衣服、打扫卫生。调查显示（见表4-23），50.83%的集中供养特困人员表示照护人员帮忙洗衣服，62.79%的人员表示照护人员帮忙打扫卫生。

表4-23　　　　集中供养特困人员家务服务获得情况

	洗衣服		打扫卫生	
	频数	百分比(%)	频数	百分比(%)
是	1284	50.83	1586	62.79
否	1242	49.17	940	37.21

不同人口特征的集中供养特困人员获得家务服务的情况有所差异（见表4-24）。女性集中供养特困人员主要由照护人员提供洗衣服和打扫卫生服务的比例均高于男性，这在一定程度上是因为女性集中供养特困人员的活动能力和健康状况比男性差。城市集中供养特困人员主要由照护人员提供洗衣服和打扫卫生服务的比例显著低于农村户籍人员。残疾人员主要由照护人员提供家务服务的比例明显高于非残疾人员。无配偶集中供养特困人员主要由照护人员做家务的比例高出有配偶人员。从受教育程度来看，随着受教育程度的提升，主要依靠照护人员帮助做家务的比例基本呈下降趋势。没有上过学的集中供养特困人员主要由照护人员帮忙洗衣服和打扫卫生的比例最高，分别占54.11%和65.89%，而受教育程度为高中/中专/技校的集中供养特困人员由照护人员帮忙做家务的比例相对较低。有房产人员由照护人员帮忙做家务的比例高出无房产人员，有房产人员得到供养机构基本照护服务的比例较高。

表4-24　不同人口特征下集中供养特困人员家务服务获得情况

		洗衣服		打扫卫生	
		频数	百分比(%)	频数	百分比(%)
性别	男性	1164	50.56	1436	62.38
	女性	120	53.57	150	66.96
城乡	城市	107	44.21	121	50.00
	农村	1171	51.52	1458	64.14
残疾状况	残疾	409	56.73	475	65.88
	非残疾	866	48.41	1098	61.38
婚姻状况	有配偶	84	41.79	113	56.22
	无配偶	1197	51.59	1470	63.36
受教育程度	没有上过学	744	54.11	906	65.89
	小学	426	46.05	553	59.78
	初中	99	53.51	107	57.84
	高中/中专/技校	14	43.75	18	56.25
	大专及以上	1	33.33	2	66.67
房产状况	有房产	454	52.85	543	63.21
	无房产	830	49.82	1042	62.55

4. 就医陪护服务

特困人员身体健康状况较差，且患病频率较高，供养机构为其安排就医陪护服务能够缓解特困人员生病期间无法自理的困难。调查数据显示（见表4-25），20.78%的集中供养特困人员主要由照护人员帮忙送医陪护。

表4-25　集中供养特困人员是否获得就医陪护服务情况

	频数	百分比(%)
是	525	20.78
否	2001	79.22

不同人口特征的集中供养特困人员就医陪护服务的获得情况有所不同（见表4-26）。数据显示，女性集中供养特困人员由照护人员

陪护就医的比例为 21.43%，要明显高出男性。城市集中供养特困人员的就医陪护服务获得情况显著高于农村，达到 29.34%。25.38% 的残疾人员就医主要由照护人员陪护。有无配偶的集中供养特困人员由照护人员陪护就医的比例相差不大，无配偶人员比例略高。从受教育程度来看，不考虑样本量较少的大专及以上受教育程度的集中供养特困人员，没有上过学和高中/中专/技校受教育程度的集中供养特困人员由照护人员陪护就医的比例相对较低。无房产人员由照护人员帮忙陪护就医的比例为 22.87%，高于有房产人员。

表 4-26　不同人口特征下集中供养特困人员就医陪护服务获得状况

		频数	百分比(%)
性别	男性	477	20.72
	女性	48	21.43
城乡	城市	71	29.34
	农村	450	19.80
残疾状况	残疾	183	25.38
	非残疾	338	18.89
婚姻状况	有配偶	41	20.40
	无配偶	484	20.86
受教育程度	没有上过学	268	19.49
	小学	209	22.59
	初中	41	22.16
	高中/中专/技校	6	18.75
	大专及以上	1	33.33
房产状况	有房产	144	16.76
	无房产	381	22.87

二　照护服务可得性的影响因素分析

集中供养特困人员照护服务的获得情况主要由供养机构的照护供给情况以及与集中供养特困人员健康相关的照护需求决定，前者主要以"入住供养机构是否有照护人员"来衡量，后者以营养状况、自评健康状况、社会交往状况、医疗费用负担等指标来衡量。

照护服务可得性以集中供养问卷中的问题"如果您生病了,主要由谁来照护"作为衡量指标,将选项为"无人照护"的样本赋值为0,选项为"敬老院/福利院室友""敬老院/福利院照护人员""其他人"三项合并,赋值为1,表示特困人员生病时有人照顾。由表4-27可知,75%的集中供养特困人员表示在生病时有人照护,生病时能够得到照护的比例相对较高。

表4-27 集中供养特困人员照护服务可得性数据描述性统计结果

变量	观测值	均值	最小值	最大值
照护服务可得性	2514	0.75	0	1
是否有照护人员	2526	0.95	0	1
营养状况	2150	0.53	0	1
自评健康	2525	0.34	0	1
社会交往状况	2447	2.02	1	3
医疗费用负担情况	2449	1.57	1	4
年龄(岁)	2521	69.55	5	106
性别	2532	0.91	0	1
城乡户籍	2521	0.10	0	1
残疾状况	2516	0.29	0	1
婚姻状况	2526	0.08	0	1
是否有子女	2529	0.06	0	1
受教育程度	2526	1.56	1	5

入住供养机构是否有照护人员来源于机构供养问卷中的题目"您所在敬老院/福利院的护理人员主要帮您做些什么"中"没有照护人员"选项,回答为无照护人员赋值为0,表示供养机构没有配备照护人员;其他赋值为1,表示供养机构配备有照护人员。由表4-27可知,95%的集中供养特困人员表示其入住的供养机构有照护人员,照护人员包括照料生活的人员,可能也包括兼顾照料工作的管理人员。

社会交往状况来源与机构供养问卷中题目"2017年有人到敬老院/福利院看望您吗"作为衡量指标,将选项为"经常有""偶尔有"和"从来没有"的分别赋值为1、2、3。营养状况、自评健康状况、医疗费用负担情况、年龄、性别、城乡户籍、残疾状况、婚姻状况、是否有子女、受教育程度变量与分散供养特困人员照护情况回归中设定一致，统计分布亦与前文相同，在此不一一赘述。

表4-28给出了Probit模型估计结果。其中，模型1重点考察供养机构有无照护人员对集中供养特困人员照护服务获得情况的影响。模型2重点考察营养状况对集中供养特困人员照护服务获得情况的影响。模型3重点考察自评健康状况对集中供养特困人员照护服务获得情况的影响。模型4重点考察社会交往情况对集中供养特困人员获得照护服务情况的影响。

表4-28　集中供养特困人员照护服务可得性影响因素分析

	模型1	模型2	模型3	模型4
是否有照护人员	0.399***			
	(0.130)			
营养状况		0.362***		
		(0.064)		
自评健康			0.077	
			(0.062)	
社会交往状况（参照组：经常有）				
偶尔有				-0.422***
				(0.084)
从来没有				-0.717***
				(0.093)
医疗费用负担情况（参照组：政府全部承担）				
政府承担大部分	-0.464***	-0.465***	-0.480***	-0.458***
	(0.073)	(0.079)	(0.072)	(0.074)
政府承担小部分	-0.475***	-0.428***	-0.459***	-0.418***
	(0.142)	(0.152)	(0.141)	(0.148)
自费	-0.570***	-0.556***	-0.584***	-0.569***
	(0.093)	(0.098)	(0.092)	(0.097)
年龄（岁）	0.002	-0.001	0.002	0.002
	(0.003)	(0.003)	(0.003)	(0.003)

分报告四　特困人员照护服务状况研究报告

续表

	模型 1	模型 2	模型 3	模型 4
性别	-0.164	-0.209*	-0.184	-0.164
	(0.113)	(0.126)	(0.113)	(0.118)
城乡户籍	0.052	0.050	0.086	0.081
	(0.103)	(0.115)	(0.104)	(0.107)
残疾状况	0.256***	0.230***	0.276***	0.255***
	(0.070)	(0.078)	(0.070)	(0.071)
婚姻状况	0.383***	0.306**	0.380***	0.405***
	(0.122)	(0.130)	(0.122)	(0.128)
是否有子女	0.232*	0.185	0.238*	0.237*
	(0.137)	(0.151)	(0.138)	(0.142)
受教育程度（参照组：没有上过学）				
小学	-0.023	0.076	-0.026	-0.048
	(0.062)	(0.068)	(0.062)	(0.064)
初中	0.099	0.183	0.096	0.040
	(0.118)	(0.128)	(0.117)	(0.121)
高中/中专/技校	0.399	0.578*	0.415	0.322
	(0.300)	(0.345)	(0.302)	(0.306)
大专及以上	-0.750	-0.730	-0.740	-0.673
	(0.794)	(0.743)	(0.799)	(0.822)
常数项	0.394	0.852***	0.742***	1.227***
	(0.281)	(0.282)	(0.249)	(0.254)
N	2379	2023	2378	2307
R^2	0.0505	0.0605	0.0473	0.0720

注：括号内为标准差，***、**、*分别表示在1%、5%和10%的水平下显著。

可以看出，自评健康对集中供养特困人员的照护服务获得没有显著影响。

在有照护人员的供养机构中入住的特困人员生病时获得照护服务的概率显著高出没有照护人员的供养机构人员。集中供养特困人员的照护服务照料主要来源于照护人员和机构中的其他人员，有照护人员供给的机构能够在入住集中供养特困人员生病时提供较好的照护服务。

营养状况较好的集中供养特困人员获得照护服务供给的概率显著高出营养状况较差的集中供养特困人员。可能的原因是，特困人员的荤菜、水果是由机构提供的，饮食供给条件较好的供养机构，经济状况较好，照护服务供给也较多，因此，集中供养特困人员在生病时能够获得照护的概率要更大。

社会交往状况对于集中供养特困人员照护服务获得具有显著的正向影响。随着集中供养特困人员社会交往程度的增强，集中供养特困人员获得照护服务的概率增大。集中供养特困人员的照护服务提供主要来源于供养机构的照护人员、入住供养机构的其他人员以及集中供养特困人员的亲属，而后两种照护服务的提供情况与社会交往情况显著相关。

此外，残疾集中供养特困人员在生病时获得照护的概率显著高出非残疾人员；有配偶的集中供养特困人员生病时能够获得照护的概率显著高出无配偶的人员；医疗费用保障程度高的人员，生病时能够得到照护的概率显著高出医疗费用保障程度低的人员。

第四节　总结与讨论

一　研究总结

（一）特困人员体检频率较高，但效果不佳

健康体检可及性较高。针对特困人员的健康体检，旨在对疾病早发现、早预防、早治疗，让特困人员感受更多的关心和关爱。各地医疗机构每年均会组织为老年人、困难群体等提供免费的体检活动，由此导致特困人员的体检频率较高。调查数据显示，至少一年体检一次的特困人员超过70%，集中供养特困人员至少一年体检一次的比例达到88.09%。此外，农村特困人员体检频率略高出城市。

然而，特困人员体检项目相对较少，缺少"干货"。不少特困人员反映当地组织的免费体检较为粗略，体检项目过于基础，医疗设施相对落后，体检"只是走过场"。与此同时，由于行动不方便、距离

乡镇医院较远等原因，不少分散供养特困人员从未进行过体检。数据显示，集中供养特困人员从未体检的比例仅占7.28%，分散供养特困人员从未体检的比例约为集中供养特困人员的3倍，说明分散供养特困人员获得体检的比例较低。

（二）照护服务供给少，服务人员构成单一

1. 近三成特困人员生病时无人照护

分散供养特困人员生病时无人照护的情况较为严重。分散供养特困人员多处于独居状态，照护服务普遍缺失，即使严重失能或在生病期间，也无法得到足够的生活照料。部分监护人仅仅是名义上的监护人，很少能顾及特困人员的基本生活需要。数据显示，分散供养特困人员生病时无人照护的比例达到28.39%。总体来看，分散供养特困人员的基本照护可及性较差，不能自理人员的基本生存和生活难以保障。

集中供养特困人员生病时无人照护的比例略低。相比分散供养特困人员，集中供养特困人员与供养机构中的院友及工作人员接触较多，便于相互照料，因此得到照护的可能性较高。

2. 照护人员呈"就近"特征

分散供养特困人员的照护获得更依赖于"亲缘"。调查数据显示，分散供养特困人员日常照护主要由亲属提供的比例高达64.14%，其次是朋友和邻居。需要指出的是，亲友照护虽然有利于分散供养特困人员获得较大的心理满足和精神慰藉，但这种依赖于"亲缘"和社会关系获得的照料具有很强的不确定性，以及非专业性。

集中供养特困人员的照护依赖于集中供养机构，其基本生活照料主要由供养机构的照护人员和院友提供。供养机构内是集体生活，人员居住较为紧密，生活交叉较多。因此，在照护人员普遍缺乏的情况下，相应的照护工作会由院友、亲属或护工承担。数据显示，50.00%的集中供养特困人员表示生病时由照护人员照料其生活，12.93%的集中供养特困人员生病时由院友照料，此外，还有12.57%的集中供养特困人员住院时由亲属或护工等人照料。

3. 社会力量参与不足

社会力量在提供照护服务方面作用有限。社会力量参与社会救助是完善救助保障体系、提升救助照护能力的重要途径。一方面，我国社会组织及社会工作团队发育仍处于较低水平，使命感不强，专业能力有限，处于生活服务"嫌脏乱"、护理服务"难下手"的尴尬境地；另一方面，社会力量为供养机构提供的服务往往是短期或间隔周期较长的志愿服务，"一阵风"现象较为常见。集中供养机构无法通过志愿性组织获得长期稳定的照料服务供给，集中供养特困人员照料不足的问题无法解决。除此之外，政府购买社会服务进展较为缓慢，特别是在广大农村地区，尚没有形成政府购买服务的长效机制，部分有资质、有能力、有热情的社会组织和机构没有渠道进入照护市场，以至于供养机构只能依靠自身人力或等待财政支持。

（三）照护需求缺口巨大，个性化需求难以满足

分散供养特困人员照料政策落实不到位。目前，针对分散供养特困人员的照护政策仅落实在照料护理补贴的发放上，一般不涉及实际服务供给，虽有部分地区提出日间照料服务或为分散供养特困人员指定照护人，但尚未普遍推广且落实不到位。由于无法从政府或其他渠道获取援助，且照护标准不足以支付付费服务，部分分散供养特困人员仅能获取少量服务甚至无照料服务，部分失能人员甚至面临吃饭困难的问题，基本生存和生活较难维持。调查发现，个别分散供养特困人员受活动能力和身体健康状况的限制，自己没有能力做饭且无亲友帮助。而分散供养特困人员实际使用过做饭/送餐服务的比例不超过1%。

集中供养特困人员生活照护可得性较高，但更高的层次需求难以满足。调查数据显示，接近80%的集中供养特困人员可获得机构统一提供的做饭/送餐服务，部分自理能力较差的人员能够得到更多的照护服务。供养机构照护服务供给的问题在于：一方面，多数集中供养机构提供的照护服务内容单一、形式僵化、水平有限、质量不高，且常常无视或难以顾及个体需求差异，主要表现为饮食不能满足多数人

口味、日常照护服务提供不及时、更高层次的精神陪护基本缺失等；另一方面，基层供养机构普遍缺乏专业护理人员，对重度残疾、失能半失能人员，往往没有能力为其提供合适的看护和照料，更有甚者，一些无依无靠且没有任何近亲属支持的无自理能力人员，可能会受到歧视和不公正待遇。

（四）生活水平及社会交往显著影响照护服务可得性

1. 生活水平较高的特困人员，照护获得较多

生活水平好的特困人员获得照护服务的概率更高，生活水平可以具体从营养状况和健康状况两个方面来衡量。

营养状况好的特困人员获得照护服务的概率显著高出营养状况差的人员。营养状况一定程度上能够体现特困人员的经济状况，营养摄入较多意味着经济状况较好。而特困人员的经济状况一方面源于自身收入，另一方面源于亲属及其他方面的支持，也就是说，经济状况好，通常意味着获得亲友照护和付费照护的概率更高。

健康状况较好的特困人员获得照护服务的概率低于健康状况较差的人员。可能的原因是，健康状况较好的人员对于照护服务的需求较低，影响系数在10%的统计水平上不显著。

2. 社会交往较多的特困人员，照护获得较多

社会交往有利于促进特困人员照护服务的获得，但不同供养方式下的情况存在差异。分散供养特困人员是否与人同住显著影响其生病时获得照护的概率，因此，独居的分散供养特困人员获得照护的概率显著低于与他人同住的人员，而被看望的频率也显著促进分散供养特困人员照护服务的获取概率。

集中供养特困人员的照护服务主要来源于供养机构的护理人员以及院友的照料。在配有照护人员的供养机构中，入住人员获得照护的概率显著高出没有照护人员的供养机构，被看望频率越高，集中供养特困人员能够获得照护服务的概率越高。

二 讨论与思考

特困人员社会经济地位低下，生计资源缺乏，获得高水平照料照

护的可能性较小。特困人员照护面临的主要问题包括：一是照料服务供给严重不足，照护水平较低，无法满足实际需求；二是照料照护资源多来自于关系较远的亲属、供养机构、政府、社会组织和其他慈善人士，服务供给具有较强的不确定性和不可持续性；三是针对监护人的监督管理不足，监护人照料大量缺失，且提供的照料有限，甚至有强迫特困人员劳动换取生活照料的现象；四是特困供养标准中仅有少部分照护标准，实际提供的照料服务较少；五是仅有少数试点地区为特困人员办理长期照护保险，长期照护保险制度发展尚不健全。借此，本部分提出以下建议：

（一）审核监护人资格，加大监管力度

一是提升监护人的责任意识，在特困供养认定时应明确监护人及其职责，鼓励亲属朋友担任特困人员监护人，对所有特困人员监护人进行存档备案；二是对分散供养特困人员的监护人资格进行审核评估，剔除那些常年外出打工或者不尽心、不尽责乃至欺老、虐老的监护人，避免特困保障利益落入他人之手；三是基层政府应当承担起第二监护人的责任，了解特困人员的基本生活需求，加强对特困人员监护人的监督，明确告知监护人其需要履行的职责，以及渎职或违规违法的后果；四是无论是分散供养特困人员的监护人，抑或集中供养机构的管理人员，还是其他任何集体或个人，凡是有歧视、侮辱、虐待或者遗弃特困人员的，视情节轻重，给予不同程度的惩治，凡是涉及法律法规规定的违法行为，均移交司法机关处理。

（二）建立特困人员联络走访制度，及时回应群众诉求

乡镇人民政府以政府购买服务的方式，推进以下两项工作：一是建立分散供养特困人员联络人登记及探视走访、应急处置的帮扶制度；适时评估特困人员的基本生活水平和照护标准，充分了解特困人员的生活状况和需求，对于危害特困人员利益的不当做法应当及时制止。二是提供精神关爱、心理疏导、危机干预等服务。有关社工机构、基层老年协会、社会组织和村医等均可通过有关程序承接上述政府购买服务项目。

（三）发动社会力量，探索互助养老、照护新模式

广泛动员社会力量关注特困人员的生活服务，定期为特困人员提供照护服务。一是针对农村分散供养特困人员独居较多的情况，可探索农村互助养老模式与扶贫攻坚工作相结合的方式，动员村干部和志愿服务者组成农村互助服务队，通过无偿或低偿的方式为困难老人提供养老照护服务。这不仅有助于农村特困人员解决基本生活照护，而且能够为特困人员提供沟通交流、心理慰藉的机会。

二是政府以购买社会服务的形式，在集中供养机构中引入专业社工，不仅可以为入住人员提供专业的照护服务，缓解特困人员照护缺位的困境，而且有利于增强供养机构工作人员的工作活力，调动院内护工的积极性和志愿义工的服务意识。如南通市探索建立的"照护保险义工服务"机制、合肥市与专业社会组织联合开展的专业社工介入院舍养老项目、青岛市推出的"五位一体"社会力量参与特困人员救助供养模式，均是很好的探索，有效缓解了集中供养特困人员照护服务不足的压力，较好地发挥了社会力量在特困供养照护服务中的作用，保障了特困人员的照护服务需求。

（四）建立分层分级的认知症照护体系

以认知能力作为向弱势群体提供照料服务的依据，为弱势群体提供专业的照料服务供给。一是开展专业测量，依托民政和专业机构，对辖区居民进行全面的认知症筛查，建立认知健康数据，为开展认知症照护体系提供实际数据资料支撑；二是政府牵头，推动养老服务机构、医疗服务机构以及社会组织为认知症人员提供相关照料服务供给，积极引进社会力量广泛参与，为患者提供较为健全和专业的康复服务和照料服务，同时集合社会力量及政府支持建立认知症专业照护机构，集中管理认知症患者的日常事务和康复救助培训活动。

分报告五 特困供养机构运行状况研究报告

截至2018年年底,全国共有农村特困人员供养机构(敬老院)1.8万家,床位187.8万张,承担着特困人员兜底保障的重要功能,发挥着农村养老服务体系建设的重要支撑作用,是农村地区重要的民政服务设施。本分报告主要分析供养机构的基本状况,具体包括特困供养机构的政策梳理、特困供养机构的现状描述和特困供养机构存在的问题三方面的内容。

第一节 特困供养机构政策解读

一 特困供养机构政策概述

(一)特困供养机构服务内容

特困供养机构的职责主要是为集中供养特困人员提供基本生活保障和照料护理服务。其中基本生活保障主要包括提供饮食、住房、基础设施等,照料护理服务包括清洁卫生、医疗护理、安宁服务等。此外,各地相关政府部门还立足实际,根据特困供养机构基本情况和特困人员需求状况,改造供养机构服务设施以满足特困人员生活需要;鼓励部分有条件的特困供养机构引进专业社会工作者,提高特困人员护理服务供给水平,为特困人员提供心理疏导、权益维护、社会融入等专业服务。农村特困人员供养服务机构应按规定办理法人登记,充分发挥公办和公建民营养老机构的托底保障作用。

(二) 特困供养机构发展规范

特困供养机构规范主要表现在四个方面：第一，特困供养机构应制定科学、合理的发展目标，改善特困人员供养服务机构的基本条件，为特困人员提供更为优质的供养服务；第二，特困供养机构应加强无障碍设施的改造、设置应急呼叫系统、安全监控系统以及增加安全设施等，为自理能力较差的特困人员提供便捷的设施，满足其照料护理的需求，提高供养机构的服务保障能力；第三，部分条件较好的特困供养机构可经由卫生计生行政部门批准，设立医务室或者护理站，为特困人员就医提供方便，保障入住特困人员基本医疗服务；第四，国家鼓励社会资本通过公建民营、民办公助等方式参与特困人员供养服务机构的建设。

(三) 特困供养机构人员管理

特困供养机构应按照服务对象的人数和照料护理需求配备充足、专业的工作人员，包括护理人员、后勤人员、安全管理人员等，并加强供养机构内部人员的管理，明确工作人员的具体职责。机构应定期开展培训，增加岗位培训机会，发挥多种渠道提升供养机构工作人员的业务能力，并增加持证上岗人员的比例。

(四) 特困供养机构设施建设

现阶段，有关特困人员救助供养政策明确指出：省级民政部门要统筹规划本地区农村特困人员供养服务机构的建设，发挥供养服务机构的兜底保障作用，以及在照料护理方面的辐射功能；针对特困人员供养服务机构运营费用设立专项资金，相关资金由县级以上地方列入财政预算，以保障特困人员服务供养机构的基本运营能力和特困人员的基本生活和护理照料；政府部门应当进一步完善工作协调机制，切实担负起特困人员供养服务机构的资金投入、工作条件保障和监督检查等责任。近年来有多份重要文件均提出要加强特困供养机构设施建设，如《中共中央国务院关于打赢脱贫攻坚战的决定》（中发〔2015〕34号）要求"加强特困人员供养机构等服务设施和队伍建设，不断提高管理水平"；《乡村振兴战略规划（2018—2022年）》明确提出"支持主要面向失能、半失能老年人的农村养老服务设施建设";《"十三五"国家老龄事业发展和养老体系建设规划》要求"推动农村特困人员供养服务机构服务设施和服务质量达标,在保障农村特困人员集中供养需求的前提下,积极为低收入、高龄、独居、残疾、失能农村老年人提供养老服务";2019年4月印发的《国务院办公厅关于推进养老服务发展的意见》(国办发〔2019〕5号)明确要求实施特困人员供养服务设施(敬老院)改造提升工程;2019年8月底、9月初,民政部、发展改革委、财政部印发《关于实施特困人员供养服务设施(敬老院)改造提升工程的意见》(民发〔2019〕80号),民政部、财政部、人力资源社会保障部印发《关于进一步加强特困人员供养服务设施(敬老院)管理有关工作的通知》(民发〔2019〕83号),分别以设施设备提升和优化管理服务为着力点,对特困人员供养服务设施建设做出具体部署。

二 特困供养机构政策分析

在特困人员救助供养、老年人保障、养老机构标准化建设等多项政策的共同作用下,我国特困人员供养服务机构逐渐走向规范化和现代化,集中供养特困人员享受救助的标准和生活质量普遍提高,但有关特困人员供养服务机构的政策仍然存在诸多不足之处:

(一)政策效力不足

目前有关政策和文件多以建议的形式给出,仅针对部分违反法律的行为给予明确禁止。这样做虽然给予相关政府部门及特困供养机构在执行上的灵活性,但直接后果是政策执行过程充满随意性和不确定性,使某些政策执行存在困难,难以落实到位。

(二)监督管理规范不足

目前对供养机构的管理多集中于事前把控,事中、事后监督仍不具有常态性,且缺乏规范。这使得某些政策在职责界定上不够明晰,监督管理无从着手。

(三)供养机构服务标准缺失

相关政策明确提出,供养机构应为特困人员提供基本生活和照料护理,但具体如何实施,应达到何种效果,尚未做出明确规定,导致不同供养机构为特困人员提供的服务内容差异较大。

第二节 特困供养机构基本状况分析

本节主要对供养机构的基本属性和经济状况展开阐述。数据来源于此次特困救助供养调查涉及的 11 个地市的 120 个特困供养机构,其中一些机构接受社会代养人员入住。各地市供养机构调查样本分布如表 5-1 所示。

表 5-1　　　　特困供养机构调查样本的地区分布

	频数	百分比(%)
南通	3	2.50
福州	19	15.83
济南	12	10.00
安阳	16	13.33
信阳	9	7.50
荆门	19	15.83
成都	11	9.17
自贡	10	8.33
重庆	11	9.17
长春	7	5.83
咸阳	3	2.50
合计	120	100.00

一 特困供养机构的基本属性与经济状况

以下将从特困供养机构的规模、成立时间、机构性质、登记注册形式以及主管单位来分析特困供养机构的基本属性,从资金来源及院办经济状况来分析特困供养机构的经济状况。具体而言,供养机构性质包括公建公营、公建民营、民办公助、民建民营、股份制;供养机构的登记注册形式包括事业单位法人、民办非企业法人、企业法人和未办理法人登记；供养机构的主管单位包括乡镇主管、县级民政部门主管和县级以上民政部门主管；供养机构的资金来源包括财政全额拨款、财政差额拨款、自收自支和其他方式。

（一）特困供养机构的基本属性

1. 特困供养机构规模

床位数在一定程度上能够代表特困供养机构的规模大小。统计结果显示（见表5-2）：在调查的120个特困供养机构中，平均床位数为104张，其中，规模最大的特困供养机构，床位数达到890张，而规模最小的机构仅有15张床位。根据研究需要，本分报告将特困供养机构按规模分为三类：床位数在50张以下的、50—99张的和100张及以上的。统计结果显示（详见表5-3）：我国特困供养机构中，床位数在50—99张的供养机构占比最高（37.50%），而床位数在50张以下的和在100张及以上的供养机构占比分别约28.33%和34.17%。

表5-2　　　　　特困供养机构的规模描述

床位平均值（张）	标准差	最小值（张）	最大值（张）	观测值
104	113.19	15	890	120

表5-3　　　　不同床位数的特困供养机构比例分布

	频数	百分比（%）
50张以下	34	28.33
50—99张	45	37.50
100张及以上	41	34.17

不同特征的特困供养机构在床位供给数量上差异明显。具体而言（见表5-4）：从机构性质来看，民建民营特困供养机构的平均床位数最大，为128.67张，其次为公建公营，平均床位数为113.01张，相比之下，公建民营和民办公助特困供养机构的床位数较少，分别为

59.20 张和 73.00 张。公建公营与民建民营的特困供养机构床位数差异较大，而民办公助特困供养机构的床位数相差较小。

表 5-4　　不同特困下供养机构的床位供给数量

		平均值（张）	标准差（张）	最小值（张）	最大值（张）	观测值
机构性质	公建公营	113.01	122.10	17	890	95
	公建民营	59.20	38.01	15	130	20
	民办公助	73.00	18.38	60	86	2
	民建民营	128.67	148.41	40	300	3
登记注册形式	事业单位法人	109.30	111.98	17	890	94
	民办非企业法人	157.50	195.83	38	594	8
	企业法人	44.93	26.35	15	123	15
	未办理法人登记	81.33	22.03	60	104	3
主管单位	乡镇主管	74.45	44.17	17	260	85
	县级民政部门主管	193.46	193.54	15	890	28
	县级以上民政部门主管	126.00	119.41	38	300	4
地区	东部	85.44	64.91	15	300	41
	中部	84.23	75.07	17	482	44
	西部	149.80	172.28	40	890	35

从登记注册形式来看，登记注册形式为民办非企业法人的特困供养机构平均床位数最多，为 157.50 张，其次是事业单位法人的特困供养机构，为 109.30 张，企业法人和未办理法人登记的特困供养机构平均床位数为 44.93 张和 81.33 张。

从主管单位来看，由县级民政部门主管的特困供养机构平均床位数最多，达到 193.46 张，其次为由县级以上民政部门主管的，为 126.00 张，而由乡镇主管的仅为 74.45 张。

从地区分布来看，西部地区特困供养机构的平均床位数为 149.80 张，远远多于东部地区的 85.44 张和中部地区的 84.23 张。西部地区特困供养机构的床位供给数量相差最大，其次为中部地区，东部地区的差异最小。

2. 特困供养机构成立时间

为便于分析，研究中将特困供养机构的成立时间分为四个阶段，即"1960年以前""1960—1979年""1980—1999年"和"2000年以后"。从表5-5来看，我国特困供养机构的成立时间主要集中在1980年以后。具体来说，1980—1999年间成立特困供养机构的比例为33.61%，2000年以后成立的特困供养机构占比为46.22%。

表5-5　　　　　特困供养机构的成立时间列表

	频数	百分比(%)
1960年以前	14	11.76
1960—1979年	10	8.40
1980—1999年	40	33.61
2000年以后	55	46.22

不同特征的特困供养机构在成立时间上有所差异。具体而言（见表5-6）：从机构性质来看，公建公营性质的供养机构在1960年以前和1960—1979年成立的比例分别为14.89%和10.64%，在1980—1999年和2000年以后成立的分别占40.43%和34.04%；分别有1家公建民营性质、民建民营性质的特困供养机构在1980—1999年成立，其他公建民营性质、民建民营性质、民办公助性质的特困供养机构均在2000年以后成立。

从登记注册形式来看，事业单位法人的特困供养机构在1960年以前、1960—1979年、1980—1999年以及2000年以后成立的比例分别为13.98%、10.75%、38.71%和36.56%；民办非企业法人的特困供养机构主要集中在1980年以后成立，仅1个供养机构在1960年以前成立；企业法人和未办理法人登记的特困供养机构主要在2000年以后成立，仅1家未办理法人登记的特困供养机构在1980—1999年成立。

表 5-6 　　　　　　　不同特征下特困供养机构成立时间

		1960 年以前		1960—1979 年		1980—1999 年		2000 年以后	
		频数	百分比（%）	频数	百分比（%）	频数	百分比（%）	频数	百分比（%）
机构性质	公建公营	14	14.89	10	10.64	38	40.43	32	34.04
	公建民营	0	0	0	0	1	5.00	19	95.00
	民办公助	0	0	0	0	0	0	2	100
	民建民营	0	0	0	0	1	33.33	2	66.67
登记注册形式	事业单位法人	13	13.98	10	10.75	36	38.71	34	36.56
	民办非企业法人	1	12.50	0	0	3	37.50	4	50.00
	企业法人	0	0	0	0	0	0	15	100
	未办理法人登记	0	0	0	0	1	33.33	2	66.67
机构床位数（张）	50 以下	1	2.94	1	2.94	12	35.29	20	58.82
	50—99	5	11.11	5	11.11	19	42.22	16	35.56
	100 及以上	8	20.00	4	10.00	9	22.50	19	47.50
地区	东部	2	5.00	2	5.00	10	25.00	26	65.00
	中部	6	13.64	6	13.64	21	47.73	11	25.00
	西部	6	17.14	2	5.71	9	25.71	18	51.43

注：表格中的百分比表示在该横向类别的机构中，选项为该纵向选项的机构比例。以公建公营变量中"1960 年以前"为例，数值 14.89 表示在 1960 年以前建立的公建公营的特困供养机构占全部公建公营特困供养机构的 14.89%。

从机构床位数来看，床位数在 50 张以下的特困供养机构中，2000 年以后成立的比重最大，达到 58.82%；其次为 1980—1999 年，所占比重为 35.29%。床位数在 50—99 张的特困供养机构中，1980—1999 年间成立的数量最多，所占比重为 42.22%。在 100 张及以上床位数的特困供养机构中，2000 年以后成立的数量最多，占比 47.50%。

从地区分布来看，东部地区的特困供养机构主要成立于 2000 年以后，所占比重为 65.00%；1960 年以前及 1960—1979 年间成立的数量最少，均为 5.00%。中部地区的特困供养机构在 1980—1999 年间成立的数量最多，为 47.73%。在西部地区，超过半数的特困供养机构在 2000 年以后成立。

3. 特困供养机构性质

在调查的 120 家特困供养机构中（见表 5-7），公建公营的特困供养机构所占比重最高，为 79.17%；其次为公建民营，所占比重为 16.67%；民建民营的特困供养机构所占比重为 2.50%；相比之下，民办公助的特困供养机构所占比重最低，仅为 1.67%。调查中，未遇到股份制特困供养机构。

表 5-7　　　　　**特困供养机构的机构性质列表**

	频数	百分比（%）
公建公营	95	79.17
公建民营	20	16.67
民办公助	2	1.67
民建民营	3	2.50
股份制	0	0.00

从登记注册形式来看，事业单位法人特困供养机构中，有 93.62% 的为公建公营，其次为公建民营，占比 5.32%，剩下的全部为民办公助，占比 1.06%；在民办非企业法人特困供养机构中，公建公营的占比 50.00%，公建民营的占比 37.50%，剩余的均为民建民营，占比 12.50%；在企业法人特困供养机构中，80.00% 的为公建民营，而民建民营和民办公助的分别占比 13.33% 和 6.67%；未办理法人登记的特困供养机构全部为公建公营。

从机构床位数来看，床位数在 50 张以下的特困供养机构中，约有半数为公建公营性质，其次为公建民营性质，占比 38.24%；在 50—99 张特困供养机构中，超过九成属于公建公营，而公建民营性质和民办公助性质的机构所占比重均为 4.44%；在 100 张以上的特困供养机构中，公建公营性质的机构占比 85.37%，其次为公建民营性质的机构，占比 12.20%。

从地区分布来看，东部地区中有近五成的特困供养机构为公建公营性质的机构；在中部地区，有 95.45% 的特困供养机构为公建公营性质的机构，其余为公建民营性质的机构，所占比重为4.55%；在西部地区，公建公营性质的特困供养机构的比重为94.29%，而公建民营性质的特困供养机构仅占5.71%。

表5-8 不同特征下特困供养机构的机构性质分布

		公建公营		公建民营		民办公助		民建民营	
		频数	百分比(%)	频数	百分比(%)	频数	百分比(%)	频数	百分比(%)
登记注册形式	事业单位法人	88	93.62	5	5.32	1	1.06	0	0
	民办非企业法人	4	50.00	3	37.50	0	0	1	12.50
	企业法人	0	0	12	80.00	1	6.67	2	13.33
	未办理法人登记	3	100	0	0	0	0	0	0
机构床位数（张）	50以下	19	55.88	13	38.24	0	0.00	2	5.88
	50—99	41	91.11	2	4.44	2	4.44	0	0.00
	100及以上	35	85.37	5	12.20	0	0.00	1	2.44
地区	东部	20	48.78	16	39.02	2	4.88	3	7.32
	中部	42	95.45	2	4.55	0	0.00	0	0.00
	西部	33	94.29	2	5.71	0	0.00	0	0.00

4. 特困供养机构登记注册形式

我国特困供养机构的主要登记注册形式包括事业单位法人、民办非企业法人、企业法人和未办理法人登记等。统计结果显示（见表5-9）：在调查样本中，特困供养机构为事业单位法人的比例为78.33%；其次是企业法人，占比12.50%；民办非企业法人和未办理法人登记所占的比重相对较少，所占比重分别为6.67%和2.50%。

表5-9 特困供养机构的登记注册形式列表

	频数	百分比(%)
事业单位法人	94	78.33
民办非企业法人	8	6.67
企业法人	15	12.50
未办理法人登记	3	2.50

不同特征的特困供养机构在登记注册形式上差异明显。具体而言（见表5-10），从机构规模来看，床位数在50张以下的特困供养机构中，具有事业单位法人资格的机构所占比重最高，为55.88%，其次为企业法人机构，为38.24%；在50—99张床位的特困供养机构中，事业单位法人占比84.44%，民办非企业法人占比8.89%，企业法人占比2.22%，未办理法人登记的占比4.44%；在100张及以上床位的特困供养机构中，事业单位法人、民办非企业法人、企业法人和未办理法人登记所占比重分别为90.24%、4.88%、2.44%、2.44%。从地区分布来看，东部地区的特困供养机构中，事业单位法人占比51.22%；在中部地区，大部分特困供养机构都是事业单位法人，所占比重高达97.73%；在西部地区，超过八成的特困供养机构为事业单位法人，11.43%的机构为企业法人，未办理法人登记的机构仅占2.86%。

表5-10　　　　不同特征下特困供养机构的登记注册形式

		事业单位法人		民办非企业法人		企业法人		未办理法人登记	
		频数	百分比（%）	频数	百分比（%）	频数	百分比（%）	频数	百分比（%）
机构床位数（张）	50以下	19	55.88	2	5.88	13	38.24	0	0
	50—99	38	84.44	4	8.89	1	2.22	2	4.44
	100及以上	37	90.24	2	4.88	1	2.44	1	2.44
地区	东部	21	51.22	4	9.76	15	36.59	1	2.44
	中部	43	97.73	0	0	0	0	1	2.27
	西部	30	85.71	4	11.43	0	0	1	2.86

5. 特困供养机构主管单位

我国特困供养机构主要由所在乡镇、县级民政部门或县级以上民政部门主管。统计结果显示（见表5-11），由乡镇主管的特困供养机构占比72.65%；由县级民政部门主管的机构占23.93%；仅有3.42%的机构由县级以上民政部门主管。

分报告五 特困供养机构运行状况研究报告

表 5-11　　　　特困供养机构的主管单位列表

	频数	百分比（%）
乡镇主管	85	72.65
县级民政部门主管	28	23.93
县级以上民政部门主管	4	3.42

不同特征特困供养机构的行政主管情况有所不同。具体而言（见表 5-12）：从登记注册形式来看，事业单位法人特困供养机构中，由乡镇主管的占 73.91%，由县级民政部门主管的占比 23.91%，由县级以上民政部门主管的占比仅 2.17%；在民办非企业法人特困供养机构中，由乡镇主管的占比 50.00%，由县级民政部门主管和县级以上民政部门主管的均占比 25.00%；在企业法人特困供养机构中，由乡镇主管的占比 78.57%，剩余的全部由县级民政部门主管，占比 21.43%；在未办理法人登记特困供养机构中，由乡镇主管和县级民政部门主管的分别占比 66.67% 和 33.33%。

表 5-12　　　　不同特征下特困供养机构的主管单位

		乡镇主管		县级民政部门主管		县级以上民政部门主管	
		频数	百分比（%）	频数	百分比（%）	频数	百分比（%）
登记注册形式	事业单位法人	68	73.91	22	23.91	2	2.17
	民办非企业法人	4	50.00	2	25.00	2	25.00
	企业法人	11	78.57	3	21.43	0	0
	未办理法人登记	2	66.67	1	33.33	0	0
机构床位数（张）	50 以下	28	84.85	4	12.12	1	0.03
	50—99	35	81.40	7	16.28	1	0.02
	100 及以上	22	53.66	17	41.46	2	4.88
地区	东部	28	70.00	9	22.50	3	7.50
	中部	38	90.48	4	9.52	0	0.00
	西部	19	54.29	15	42.86	1	2.86

从机构床位数来看，50张以下床位的特困供养机构中，由乡镇主管的占比84.85%，由县级民政部门主管的占比12.12%，而由县级以上民政主管部门主管的仅为0.03%；在50—99张床位的特困供养机构中，乡镇主管的超过八成，县级民政部门主管的占比16.28%，县级以上民政主管部门主管仅占比0.02%；在100张以上床位的特困供养机构中，由乡镇主管的占比53.66%，由县级民政部门主管的比例高达41.46%。

从地区分布看，东部地区的特困供养机构中由乡镇主管的占70.00%，由县级和县级以上民政主管部门主管的分别占22.50%和7.50%；在中部地区，有超过90.48%的特困供养机构由乡镇主管，其余均为县级民政部门主管；在西部地区，54.29%的特困供养机构由乡镇主管，42.86%的由县级民政部门主管，县级以上民政主管部门主管的仅占2.86%。

（二）特困供养机构经济状况

1. 特困供养机构资金来源

特困供养机构日常运行需要稳定的资金来源。调查结果显示（见表5-13），特困供养机构资金来源以财政全额拨款为主。在被调查的特困供养机构中，财政全额拨款、财政差额拨款、自收自支以及其他[①]的分别有84家、21家、11家和2家，所占比重分别为71.19%、17.80%、9.32%、1.69%。

表5-13　　　　　　特困供养机构的资金来源列表

	频数	百分比(%)
财政全额拨款	84	71.19
财政差额拨款	21	17.80
自收自支	11	9.32
其他	2	1.69

---

① 调查中，在资金来源选为"其他"的2家机构中，一家机构明确表示资金来源于"企业捐赠"，而另一家机构并未明确回答。

不同特征的特困供养机构在资金来源上差异明显。具体而言（见表 5-14）：

表 5-14 不同特征特困供养机构的资金来源

		财政全额拨款		财政差额拨款		自收自支		其他	
		频数	百分比（%）	频数	百分比（%）	频数	百分比（%）	频数	百分比（%）
机构性质	公建公营	78	83.87	12	12.90	2	2.15	1	1.08
	公建民营	5	25.00	8	40.00	6	30.00	1	5.00
	民办公助	1	50.00	0	0.00	1	50.00	0	0.00
	民建民营	0	0.00	1	33.33	2	66.67	0	0.00
登记注册形式	事业单位法人	77	83.70	14	15.22	1	1.09	0	0
	民办非企业法人	3	37.50	1	12.50	3	37.50	1	12.50
	企业法人	2	13.33	5	33.33	7	46.67	1	6.67
	未办理法人登记	2	66.67	1	33.33	0	0.00	0	0.00
机构床位数（张）	50 以下	18	54.55	7	21.21	7	21.21	1	3.03
	50—99	33	73.33	9	20.00	2	4.44	1	2.22
	100 及以上	33	82.50	5	12.50	2	5.00	0	0.00
地区	东部	18	45.00	11	27.50	10	25.00	1	2.50
	中部	37	84.09	7	15.91	0	0.00	0	0.00
	西部	29	85.29	3	8.82	1	2.94	1	2.94

在公建公营性质的特困供养机构中，83.87%由财政全额拨款，12.90%由财政差额拨款，还有少量自收自支和其他情况。在公建民营性质的特困供养机构中，财政差额拨款所占比重最大，为40.00%。在2家民办公助性质的特困供养机构中，财政全额拨款机构和自收自支机构各有1家。在3家民建民营性质的特困供养机构中，1家是财政差额拨款单位，2家是自收自支单位。

从登记注册形式来看，事业单位特困供养机构中，财政全额拨款的比例占83.70%，财政差额拨款的占15.22%；在民办非企业法人特困供养机构中，财政全额拨款的占比37.50%，自收自支的占比37.50%，而财政差额拨款和其他形式的各占比12.50%；在企业法人特困供养机构中,财政全额拨款的占比13.33%,财政差额拨款的占比33.33%,自收自支的占比46.67%,其他形式的占比6.67%;在未办理法人登记特困供养机构中,财政全额拨款和财政差额拨款的比例分别为66.67%和33.33%。

从机构床位数来看,在床位数为50张以下的特困供养机构中,超过半数为财政全额拨款;在床位数为50—99张的特困供养机构中,高达73.33%的为财政全额拨款;在床位数为100张及以上的特困供养机构中,财政全额拨款的占比82.50%,财政差额拨款的占比12.50%,自收自支的占比5.00%。以上数据表明,床位较多、规模较大的特困供养机构享受财政全额拨款的比例较大,而规模较小的特困供养机构通过自收自支的比例较大。

从地区分布来看,东部地区的特困供养机构中,自收自支机构占25.00%,另有45.00%的机构由财政全额拨款、27.50%的机构由财政差额拨款;在中部地区,高达84.09%的特困供养机构为财政全额拨款;西部地区的34家供养机构中,除1家自收自支外,分别有85.29%和8.82%的机构由财政全额拨款或差额拨款。以上数据表明,在经济不发达的地区,特困供养机构主要以财政全额拨款为主,在经济发达地区,自收自支和其他拨款形式所占比重较大。

2. 特困供养机构院办经济

在调查的120家特困供养机构中,有63家机构都有院办经济。院办经济主要用于特困供养机构日常费用补贴,缓解特困供养机构的经济压力。特困供养机构的院办经济主要有以下几种形式:养殖猪、牛、羊等家畜;种植水稻、小麦、玉米等农作物;种植蔬菜;出租临街店面;其他[①]。调查数据显示(见表5-15),在有院办经济的特困供养机构中,90.48%的机构种植蔬菜,养殖家畜的机构占比46.03%,种植农作物的机构占比14.29%,出租店面的占比6.35%,其他形式的占比15.87%。

---

① 包括:饲养家禽;养鱼;种树;自办工厂;寄养其他老人等。

表 5–15　　特困供养机构院办经济情况（多重响应）

院办经济类型	频数	响应百分比(%)	个案百分比(%)
养殖家畜	29	26.61	46.03
种植农作物	9	8.26	14.29
种植蔬菜	57	52.29	90.48
出租店面	4	3.67	6.35
其他	10	9.17	15.87

不同特征的特困供养机构在是否拥有院办经济上存在明显差异。统计结果显示（见表5–16），从机构性质来看，61.05%的公建公营和25.00%的公建民营特困供养机构拥有院办经济，而民办公助和民建民营的特困供养机构均没有院办经济；从登记注册形式来看，37.23%的事业单位法人特困供养机构中拥有院办经济，87.50%的民办非企业法人特困供养机构拥有院办经济，93.33%的企业法人特困供养机构拥有院办经济，未办理法人登记特困供养机构中有院办经济的占比33.33%；从机构床位数来看，床位数为50张以下、50—99张和100张及以上的机构拥有院办经济的比例分别是41.18%、57.78%、56.10%；从地区分布来看，中部地区特困供养机构拥有院办经济的比例最高，为86.36%。

表 5–16　　不同特征下特困供养机构有院办经济的比重

		频数	百分比(%)
机构性质	公建公营	58	61.05
	公建民营	5	25.00
	民办公助	0	0.00
	民建民营	0	0.00
登记注册形式	事业单位法人	35	37.23
	民办非企业法人	7	87.50
	企业法人	14	93.33
	未办理法人登记	1	33.33

续表

		频数	百分比(%)
机构床位数（张）	50以下	14	41.18
	50—99	26	57.78
	100及以上	23	56.10
地区	东部	9	21.95
	中部	38	86.36
	西部	16	45.71

二 特困供养机构服务对象情况

以下分别从供养机构入住人数、入住率、特困人员数量、特困人员比例和全自理特困人员比例五个方面评估特困供养机构的服务对象情况。

（一）特困供养机构入住人数

由表5-17可知，在调查的120个样本中，供养机构平均入住人数为61.87人，但是不同供养机构的入住人数存在较大差异，入住人数最多的供养机构有503人，入住人数最少的仅有6人。

表5-17　　　　　　　　特困供养机构入住人数

变量	平均值	标准差	最小值	最大值	观测值
入住人数（人）	61.87	74.64	6	503	120

不同特征特困供养机构的入住人数存在较大差异。具体而言（见表5-18）：从机构性质来看，民建民营性质的特困供养机构平均入住人数最多，达到110.67人。从登记注册形式来看，民办非企业法人特困供养机构平均入住人数最多（122.00人），其次为事业单位法人特困供养机构，平均为62.07人。从主管单位来看，由县级民政部门主管的特困供养机构入住人数最多，平均为116.36人，其次为由县级以上民政部门主管的特困供养机构，平均人数为88.00人。从地区分布来看，西部地区特困供养机构入住人数最多，平均为

84.31人。

表5-18　　　不同特征下特困供养机构的入住人数

		平均值（人）	标准差	最小值（人）	最大值（人）	观测值
机构性质	公建公营	66.09	79.43	9	503	95
	公建民营	37.25	22.83	15	93	20
	民办公助	34.00	39.60	6	62	2
	民建民营	110.67	133.93	25	265	3
登记注册形式	事业单位法人	62.07	65.66	6	427	94
	民办非企业法人	122.00	174.04	22	503	8
	企业法人	29.40	11.57	15	62	15
	未办理法人登记	57.33	40.61	30	104	3
主管单位	乡镇主管	43.24	26.65	9	138	85
	县级民政部门主管	116.36	128.10	14	503	28
	县级以上民政部门主管	88.00	119.13	6	265	4
地区	东部	53.68	46.62	6	265	41
	中部	51.64	64.75	9	427	44
	西部	84.31	104.42	14	503	35

（二）特困供养机构入住率

入住率用入住人数与供养机构床位之比来衡量。统计结果显示（见表5-19），特困供养机构的平均入住率为60.25%，但不同特困供养机构之间差别很大，入住率最大的为100%，最小的仅为10%。

表5-19　　　特困供养机构入住率

变量	平均值	标准差	最小值	最大值	观测值
特困供养机构入住率（%）	60.25	20.69	10	100	119

不同特征的特困供养机构在入住率上存在较大差异。具体而言（见表5-20）：从机构性质来看，民建民营性质的特困供养机构平均

入住率最高,达到80.71%。从登记注册形式来看,企业法人特困供养机构平均入住率最高,为72.43%,其次为民办非企业法人特困供养机构,平均入住率为68.23%。从主管单位来看,由乡镇、县级和县级以上民政部门主管的特困供养机构平均入住率相差不大。从地区分布来看,东部地区特困供养机构的平均入住率最高,达到65.69%,而中、西部地区机构的平均入住率分别为57.26%和57.55%。

表5-20 不同特征下特困供养机构的入住率

		平均值(%)	标准差	最小值	最大值	观测值
机构性质	公建公营	58.01	19.29	12.15	100.00	94
	公建民营	69.63	22.07	27.50	100.00	20
	民办公助	41.05	43.91	10.00	72.09	2
	民建民营	80.71	15.84	62.50	91.30	3
登记注册形式	事业单位法人	57.38	19.33	10.00	100	93
	民办非企业法人	68.23	25.68	27.50	100	8
	企业法人	72.43	20.53	30.89	100	15
	未办理法人登记	66.94	31.41	37.50	100	3
主管单位	乡镇主管	60.03	18.91	12.15	100.00	84
	县级民政部门主管	60.41	23.80	20.33	100.00	28
	县级以上民政部门主管	59.72	41.95	10.00	100.00	4
地区	东部	65.69	21.41	10.00	100.00	41
	中部	57.26	18.72	12.15	100.00	43
	西部	57.55	21.42	20.33	98.75	35

(三)特困供养机构入住特困人员数量

特困供养机构还有其他社会代养的老人,因此入住人数大于特困人员数量。在调查样本中,特困供养机构中入住的特困人员数量差异显著,平均入住特困人员53.18人。其中,入住特困人员最多的达503人,人数最少的仅2人。

分报告五 特困供养机构运行状况研究报告

表 5-21　特困供养机构的特困人员数量

变量	平均值	标准差	最小值	最大值	观测值
入住特困人员人数（人）	53.18	67.49	2	503	120

不同特征特困供养机构中入住的特困人员数量差异较大。具体而言（见表 5-22）：从机构性质来看，公建公营特困供养机构中入住特困人员的数量最多，平均为 60.25 人。从登记注册形式来看，民办非企业法人特困供养机构中入住的数量最多，平均为 95.00 人，企业法人特困供养机构中入住的特困人员数量最少，平均为 13.07 人。从主管单位来看，由县级民政部门主管的特困供养机构中入住的特困人员数量最多，平均为 101.57 人。从地区分布来看，西部地区特困供养机构入住的特困人员数量最多，平均为 80.74 人。

表 5-22　不同特征下特困供养机构入住的特困人员数量

		平均值（人）	标准差	最小值（人）	最大值（人）	观测值
机构性质	公建公营	60.25	72.38	6	503	95
	公建民营	23.50	24.61	2	87	20
	民办公助	10.50	6.36	6	15	2
	民建民营	55.67	77.37	10	145	3
登记注册形式	事业单位法人	55.89	56.25	6	385	94
	民办非企业法人	95.00	171.19	2	503	8
	企业法人	13.07	5.69	3	23	15
	未办理法人登记	57.33	40.61	30	104	3
主管单位	乡镇主管	38.51	27.24	2	138	85
	县级民政部门主管	101.57	118.54	3	503	28
	县级以上民政部门主管	46.50	66.68	5	145	4
地区	东部	41.20	39.31	2	145	41
	中部	42.43	41.42	6	267	44
	西部	80.74	104.16	14	503	35

(四) 特困供养机构特困人员比例

特困人员比例用特困人员数量与入住人数之比来衡量。统计结果显示（见表5-23），特困供养机构特困人员比例的平均值为85.29%，不同特困供养机构之间的差别很大，特困人员所占比例的最大值为100%，最小值为4%。

表5-23　　　　特困供养机构中特困人员比例

变量	平均值	标准差	最小值	最大值	观测值
特困供养机构特困人员比例（%）	85.29	24.09	4	100	120

不同特征的特困供养机构中特困人员所占比例差异较大。具体而言（见表5-24）：从机构性质来看，公建公营性质的供养机构中特困人员比例最高，其平均值为92.91%，民建民营性质的机构平均值最小，仅为41.10%。公建公营性质的特困供养机构中的特困人员比例约为民建民营的两倍。

表5-24　　　　不同特征下特困供养机构的特困人员比例

		平均值	标准差	最小值	最大值	观测值
机构性质	公建公营	92.91	14.71	29.05	100.00	95
	公建民营	58.06	30.99	4.00	100.00	20
	民办公助	62.10	53.60	24.19	100.00	2
	民建民营	41.10	13.11	28.57	54.72	3
登记注册形式	事业单位法人	92.75	14.49	29.05	100.00	94
	民办非企业法人	64.32	39.43	4.00	100.00	8
	企业法人	46.74	22.32	20.00	100.00	15
	未办理法人登记	100.00	0.00	100.00	100.00	3
主管单位	乡镇主管	87.37	22.11	4.00	100.00	85
	县级民政部门主管	84.57	25.14	20.00	100.00	28
	县级以上民政部门主管	59.41	36.13	13.16	100.00	4
地区	东部	72.29	31.49	4.00	100.00	41
	中部	90.36	17.75	29.05	100.00	44
	西部	94.15	12.22	53.85	100.00	35

从登记注册形式来看,未办理法人登记的特困供养机构中特困人员比例最高,为100.00%,企业法人单位特困供养机构中的特困人员比例最低,仅为46.74%。

从主管单位来看,由乡镇主管的特困供养机构中特困人员比例最高,达到87.37%,而由县级以上民政部门主管的特困供养机构中特困人员比例最低,只有59.41%。此外,乡镇主管的特困供养机构中特困人员比例差异很大,最小值为4.00%,最大值为100.00%。说明县级以上民政部门主管的供养机构已经向区域性养老服务中心转型,在满足特困人员集中供养需求的前提下,为区域内老人提供托养服务。

从地区分布来看,西部地区的特困供养机构中,特困人员比例最高,达到94.15%,东部地区最低,仅为72.29%。东部地区特困供养机构中特困人员比例的最小值为4.00%,中部地区为29.05%,西部地区为53.85%,地区差异明显。

表5-25 不同特征下特困供养机构的女性特困人员比例

		平均值	标准差	最小值	最大值	观测值
机构性质	公建公营	10.14	8.52	0.00	30.23	94
	公建民营	7.07	9.62	0.00	40.00	20
	民办公助	8.33	11.79	0.00	16.67	2
	民建民营	26.69	22.45	8.33	51.72	3
登记注册形式	事业单位法人	10.12	8.52	0.00	30.23	93
	民办非企业法人	17.14	19.34	0.00	51.72	8
	企业法人	5.48	6.80	0.00	20.00	15
	未办理法人登记	10.36	0.23	10.00	10.58	3
主管单位	乡镇主管	8.95	8.21	0.00	30.00	85
	县级民政部门主管	10.74	8.54	0.00	30.23	27
	县级以上民政部门主管	27.93	21.94	3.33	51.72	4
地区	东部	11.66	11.09	0.00	51.72	41
	中部	11.02	9.64	0.00	30.23	43
	西部	6.85	6.28	0.00	24.56	35

（五）特困供养机构中全自理特困人员比例

能够自理的特困人员比例以全自理特困人员数量与总体特困人员数量之比来衡量。统计结果显示（见表 5-26）：特困供养机构中全自理人员占比的平均值为 65.30%，但各机构之间差别很大，特困人员中全自理人员占比最大达到 100.00%，而最小约为 0%，即机构中的特困供养人员都不能完全自理。

表 5-26　　　　特困供养机构中的自理特困人员比例

变量	平均值	标准差	最小值	最大值	观测值
特困人员自理比例（%）	65.30	24.56	0	100	120

不同特征的特困供养机构中全自理特困人员所占比例差异较大。具体而言（见表 5-27）：从机构性质来看，公建民营性质的特困供养机构中全自理特困人员比例最大，为 72.76%。公建公营性质和民办公助性质的特困供养机构中，均存在所有特困人员都不能完全自理的情况。从登记注册形式来看，企业法人特困供养机构中全自理特困人员比例最高，为 79.35%，未办理登记特困供养机构中特困人员自理比例最低，只有 61.29%。在调查的 94 家事业单位法人特困供养机构中，存在所有特困人员都不能完全自理的情况。从主管单位来看，由乡镇主管的特困供养机构中，全自理特困人员比例的均值最大（67.68%），县级民政部门主管和县级以上民政部门主管的特困供养机构中，均存在所有特困人员都不能完全自理的情况。从地区分布来看，西部地区的特困供养机构中全自理特困人员的比例最高，为 69.50%，中部地区最小，为 62.84%。东部地区和西部地区的特困供养机构中，均存在所有特困人员都不能完全自理的情况。

表 5-27　不同特征下特困供养机构中能够自理的特困人员比例

		平均值	标准差	最小值	最大值	观测值
机构性质	公建公营	64.26	23.57	0.00	100.00	95
	公建民营	72.76	23.91	22.73	100.00	20
	民办公助	50.00	70.71	0.00	100.00	2
	民建民营	58.64	31.21	27.59	100.00	3
登记注册形式	事业单位法人	62.91	24.99	0.00	100.00	94
	民办非企业法人	68.56	25.06	27.59	100.00	8
	企业法人	79.35	19.61	42.86	100.00	15
	未办理法人登记	61.29	13.29	46.15	71.05	3
主管单位	乡镇主管	67.68	21.80	16.67	100.00	85
	县级民政部门主管	57.12	27.23	0.00	100.00	28
	县级以上民政部门主管	50.23	44.89	0.00	100.00	4
地区	东部	64.35	0.27	27.21	0.00	41
	中部	62.84	0.23	23.14	16.67	44
	西部	69.50	0.23	23.18	0.00	35

三　特困供养机构人员配备状况

（一）特困供养机构工作人员配备

1. 特困供养机构工作人员比例

特困供养机构工作人员比例用员工数量占入住人员数量之比来表示。总体来看（见表 5-28），不同特困供养机构在工作人员比例上存在较大差距，在调查样本中，特困供养机构工作人员比例的均值为 18.31%，最大值为 83.33%，最小值为 2.53%。

表 5-28　特困供养机构工作人员比例

变量	平均值	标准差	最小值	最大值	观测值
工作人员比例（%）	18.31	11.93	2.53	83.33	119

不同特征特困供养机构的工作人员比例存在较大差异。具体而言（见表 5-29）：从机构性质来看，民办公助的特困供养机构中工

作人员比例的平均值为56.18%,而公建公营、公建民营和民建民营的特困供养机构中工作人员比例分别为17.18%、19.91%和18.65%。

表5-29　　　　　不同特征下特困供养机构工作人员比例

		平均值	标准差	最小值	最大值	观测值
机构性质	公建公营	17.18	9.93	2.53	52.94	95
	公建民营	19.91	12.60	9.09	65.79	19
	民办公助	56.18	38.40	29.03	83.33	2
	民建民营	18.65	8.53	9.52	26.42	3
登记注册形式	事业单位法人	18.12	11.93	2.53	83.33	94
	民办非企业法人	17.48	6.40	11.11	26.42	7
	企业法人	21.64	14.07	9.09	65.79	15
	未办理法人登记	9.32	4.22	4.81	13.16	3
机构床位数（张）	50以下	22.16	10.71	8.33	41.18	33
	50—99	16.46	13.31	2.53	83.33	45
	100及以上	17.23	10.76	3.17	65.79	41
主管单位	乡镇主管	17.03	9.51	2.53	52.94	85
	县级民政部门主管	19.13	12.64	3.17	65.79	28
	县级以上民政部门主管	41.23	36.99	13.95	83.33	3
地区	东部	22.66	14.88	9.09	83.33	40
	中部	17.92	10.34	3.45	41.18	44
	西部	13.82	7.81	2.53	40.98	35

从登记注册形式来看,企业法人特困供养机构的工作人员比例最高,平均值为21.64%,事业单位法人和民办非企业法人特困供养机构的工作人员比例相差不大,分别为18.12%和17.48%,未办理法人登记特困供养机构的工作人员比例最小,均值为9.32%。

从机构床位数来看,床位数在50张以下特困供养机构中,工作人员比例为22.16%,而床位数在50—99张和100张及以上特困供养机构中,工作人员比例分别为16.46%和17.23%。

从主管单位来看,由县级以上民政部门主管的特困供养机构中工作人员比例的平均数最高，达到41.23%，相比之下，由县级民政部门主管和乡镇主管的供养机构工作人员平均值仅为19.13%和17.92%。

从地区分布来看，东部地区的特困供养机构工作人员均值最大，为22.66%，中部地区次之，西部地区最小。

2. 特困供养机构临时员工比例

特困供养机构临时员工比例用临时工作人员数量占工作人员数量之比来表示。总体来看（见表5-30），不同特困供养机构临时员工比例存在明显差距。在调查样本中，特困供养机构临时员工比例的平均值为18.38%，最大值为100%，最小值为2.53%。

表5-30　　　　　　　特困供养机构临时人员比例

变量	平均值	标准差	最小值	最大值	观测值
临时人员比例（%）	18.38	30.90	0.00	100.00	120

不同特征特困供养机构中临时人员比例存在较大差异。具体而言（见表5-31）：从机构性质来看，民办公助特困供养机构中临时人员平均占比最高，为50.00%，而且公建公营、公建民营和民办公助的特困供养机构临时人员比例的最大值均为100.00%，民建民营的最大值为25.00%。从登记注册形式来看，企业法人特困供养机构临时员工比例最高，平均值为37.00%，事业单位法人特困供养机构临时人员比例最低，为14.90%。从机构床位数来看，50张以下床位的特困供养机构中临时员工比例的平均值最高，为26.86%。从主管单位来看，由乡镇主管的特困供养机构临时员工比例的平均值为19.81%，县级民政部门主管的平均值为15.05%，县级以上民政部门主管的特困供养机构仅4个，均没有临时人员。从地区分布来看，东部地区特困供养机构中的临时员工比例的平均值最大，为32.57%。

表 5-31　　不同特征下特困供养机构临时员工比例

		平均值	标准差	最小值	最大值	观测值
机构性质	公建公营	15.62	28.33	0.00	100.00	95
	公建民营	28.83	38.30	0.00	100.00	20
	民办公助	50.00	70.71	0.00	100.00	2
	民建民营	15.00	13.23	0.00	25.00	3
登记注册形式	事业单位法人	14.90	28.23	0.00	100.00	94
	民办非企业法人	31.25	38.25	0.00	100.00	8
	企业法人	37.00	38.30	0.00	100.00	15
	未办理法人登记	0.00	0.00	0.00	0.00	3
机构床位数（张）	50 以下	26.86	31.95	0.00	100.00	34
	50—99	18.33	32.74	0.00	100.00	45
	100 及以上	11.39	26.61	0.00	100.00	41
主管单位	乡镇主管	19.81	32.32	0.00	100.00	85
	县级民政部门主管	15.06	24.85	0.00	75.00	28
	县级以上民政部门主管	0.00	0.00	0.00	0.00	4
地区	东部	32.57	35.99	0.00	100.00	41
	中部	11.44	25.83	0.00	100.00	44
	西部	10.48	24.59	0.00	100.00	35

3. 特困供养机构专业技术员工比例

不同特困供养机构之间的专业技术员工[①]比例差别明显。专业技术员工比例以供养机构内专业技术员工数量与所有员工数量的比值为衡量标准。在调查样本中，特困供养机构中专业技术员工比例的平均值为28.14%，最大值为100.00%，最小值为0.00%，详见表5-32。

表 5-32　　特困供养机构专业技术员工比例

变量	平均值	标准差	最小值	最大值	观测值
专业技术员工比例（%）	28.14	31.37	0.00	100.00	120

---

① 专业技术员工指拥有心理咨询、康复理疗及养老护理等专业技术资质的人员。

分报告五 特困供养机构运行状况研究报告

不同特征特困供养机构的专业技术员工比例存在较大差异。具体而言（见表5-33），从机构性质来看，民办公助特困供养机构中专业技术员工比例的平均值最高，为72.22%。不同性质的特困供养机构中专业技术员工比例的最大值介于28.57%到100.00%之间，最小值介于0.00%到0.44%之间。总体来看，民办公助和公建公营特困供养机构配备专业技术人员的比重较高。从登记注册形式来看，事业单位法人特困供养机构中专业技术员工比例最高，平均值为31.70%。从机构床位数来看，床位数在50张以下的特困供养机构中专业技术员工比例为25.89%，而床位数在50—99张和100张及以上特困供养机构中专业技术员工所占比例分别为23.96%和34.58%。规模较大的特困供养机构配备的专业技术员工比例较高。从主管单位来看，由县级及以上民政部门主管的特困供养机构中专业技术员工比例最高，达到59.81%。

表5-33 **不同特征下特困供养机构专业技术员工比例**

		平均值	标准差	最小值	最大值	观测值
机构性质	公建公营	29.70	32.02	0.00	100.00	95
	公建民营	19.09	24.94	0.00	94.00	20
	民办公助	72.22	39.28	44.00	100.00	2
	民建民营	9.52	16.50	0.00	28.57	3
登记注册形式	事业单位法人	31.70	32.46	0.00	100.00	94
	民办非企业法人	24.18	31.33	0.00	94.00	8
	企业法人	13.51	19.53	0.00	60.00	15
	未办理法人登记	0.00	0.00	0.00	0.00	3
机构床位数（张）	50以下	25.89	35.47	0.00	100.00	34
	50—99	23.96	28.92	0.00	100.00	45
	100及以上	34.58	30.05	0.00	100.00	41
主管单位	乡镇主管	26.85	32.16	0.00	100.00	85
	县级民政部门主管	27.04	27.24	0.00	96.00	28
	县级以上民政部门主管	59.81	43.29	16.77	100.00	4
地区	东部	23.24	28.98	0.00	100.00	41
	中部	36.62	33.45	0.00	100.00	44
	西部	23.16	29.87	0.00	96.00	35

从地区分布来看，中部地区特困供养机构中专业技术员工所占比例最大，为36.62%，东部地区和西部地区特困供养机构专业技术员工所占比例分别为23.24%和23.16%。

(二) 特困供养机构护理人员配备

1. 特困供养机构照护比

供养机构照护比以护理人员数量与入住人员数量的比值作为衡量指标。统计结果显示（见表5-34），特困供养机构照护比的均值为11.20，即特困供养机构平均每100个入住人员配有11个护理人员，但在不同特困供养机构的照护比存在较大差距，最大值为83.00%，最小值为0.00%。

表5-34　　　　　　　　　特困供养机构照护比

变量	平均值	标准差	最小值	最大值	观测值
护理人员数量/入住人员数量个	11.20	10.54	0.00	83.00	117

不同特征特困供养机构的照护比存在较大差异。具体而言（见表5-35），从机构性质来看，民办公助的特困供养机构照护比最高，平均值为44.89%。民办公助的特困供养机构服务照护比的最大值为83.33%，公建公营、公建民营和民建民营的比例依次为40.00%、20.00%和15.09%。从登记注册形式来看，事业单位法人特困供养机构的照护比最高，平均值为11.91%。从机构床位数来看，床位数在50张以下特困供养机构照护比的平均值最高，为13.90%，三种规模的特困供养机构照护比最大值相差很大，其中，床位数在50—99张的特困供养机构照护比最大值为83.33%，100张及以上的大型特困供养机构照护比最大值仅为30.77%。从主管单位来看，由县级以上民政部门主管的特困供养机构照护比的平均值最高，为35.91%。从财政拨款方式来看，由财政全额拨款的供养机构照护比平均值最高，为12.02%，不同财政拨款方式的供养机构护理率最大值中，财政全额拨款的特困供养机构比例最高，为83.33%。从地区分布来看，中部地区特困供养机构照护比的平均值最大，达到13.03%。

分报告五　特困供养机构运行状况研究报告

表5-35　　　　　不同特征下特困供养机构照护比

		平均值	标准差	最小值	最大值	观测值
机构性质	公建公营	11.01	8.69	0.00	40.00	94
	公建民营	8.99	5.09	0.00	20.00	18
	民办公助	44.89	54.36	6.45	83.33	2
	民建民营	7.95	6.20	4.00	15.09	3
登记注册形式	事业单位法人	11.91	11.34	0.00	83.33	93
	民办非企业法人	7.40	7.55	0.00	17.78	6
	企业法人	8.96	5.68	0.00	20.00	15
	未办理法人登记	8.04	6.33	0.96	13.16	3
机构床位数（张）	50以下	13.90	11.18	0.00	40.00	32
	50—99	11.34	12.67	0.00	83.33	44
	100及以上	8.95	6.45	0.00	30.77	41
主管单位	乡镇主管	11.00	8.80	0.00	40.00	83
	县级民政部门主管	9.07	6.33	0.00	21.43	28
	县级以上民政部门主管	35.91	41.17	0.09	83.33	3
财政拨款方式	财政全额拨款	12.02	11.96	0.00	83.33	84
	财政差额拨款	9.79	4.57	4.55	20.00	20
	自收自支	10.11	4.70	0.00	17.78	10
	其他	2.00	2.83	0.00	4.00	2
地区	东部	12.44	13.82	0.00	83.33	39
	中部	13.03	9.37	0.00	40.00	44
	西部	7.43	5.93	0.00	21.43	34

特困供养机构护理人员短缺，护理任务艰巨是目前特困供养机构面临的重要问题。调查中发现，部分农村特困供养机构规模小，入住人员数量少，供养机构工作人员的基本配备是"一名院长，两三名工作人员，工作人员一人兼顾多职"。在能够自理的特困人员比例不高、供养机构缺乏专业护理人员的情况下，特困人员的护理需求难以满足。

2. 特困供养机构护理人员性别比

统计结果显示（见表5-36），特困供养机构中男性护理人员平均占比为33.07%，最大值为100.00%，最小值为0.00%，不同特困供养机构之间的差异明显。

表 5-36　　　　特困供养机构护理人员性别比

变量	平均值	标准差	最小值	最大值	观测值
男性护理人员比例（%）	33.07	30.99	0.00	100.00	105

注：本表仅统计有护理人员的供养机构。

不同特征特困供养机构中男性护理人员比例存在较大差异。具体而言（见表5-37），从机构性质来看，公建公营的特困供养机构中男性护理人员比例最高，为36.40%。从登记注册形式来看，事业单位法人特困供养机构中男性护理人员比例最高，平均值为35.41%。从机构床位数来看，床位数在50—99张的特困供养机构中男性护理人员比例的平均值最大，为41.20%。从主管单位来看，由乡镇主管的特困供养机构中男性护理人员比例的平均值最高，为34.96%，而由乡镇主管和县级民政部门主管的供养机构男性护理人员最大值均为100.00%，由县级及以上民政部门主管的最大值为25.00%。从财政拨款方式来看，除其他方式外，由财政差额拨款的供养机构中男性护理人员比例的平均值最高，为36.58%。从地区分布来看，西部地区供养机构中男性护理人员比例的平均值最大，为44.54%。

表 5-37　　　不同特征下特困供养机构护理人员比例

		平均值	标准差	最小值	最大值	观测值
机构性质	公建公营	36.40	32.01	0.00	100.00	82
	公建民营	23.59	24.66	0.00	83.33	18
	民办公助	0.00	0.00	0.00	0.00	2
	民建民营	20.83	26.02	0.00	50.00	3
登记注册形式	事业单位法人	35.41	32.34	0.00	100.00	83
	民办非企业法人	25.04	29.37	0.00	75.00	5
	企业法人	22.45	22.33	0.00	50.00	14
	未办理法人登记	31.11	30.06	0.00	60.00	3
机构床位数（张）	50以下	24.33	27.85	0.00	100.00	30
	50—99	41.20	34.37	0.00	100.00	39
	100及以上	31.55	28.05	0.00	100.00	36

续表

		平均值	标准差	最小值	最大值	观测值
主管单位	乡镇主管	34.96	29.62	0.00	100.00	71
	县级民政部门主管	32.98	35.99	0.00	100.00	27
	县级以上民政部门主管	12.38	10.21	0.00	25.00	4
财政拨款方式	财政全额拨款	32.98	32.20	0.00	100.00	73
	财政差额拨款	36.58	29.23	0.00	100.00	20
	自收自支	30.26	27.42	0.00	75.00	11
	其他	0	0.00	0.00	0.00	1
地区	东部	28.38	28.22	0.00	100.00	35
	中部	29.68	29.69	0.00	100.00	43
	西部	44.54	34.50	0.00	100.00	27

注：本表仅统计有护理人员的供养机构。

3. 特困供养机构的专业护理人员比例

专业护理人员比例以有护理资格证的专业护理人员数比供养机构中所有护理人员总数作为衡量标准。统计结果显示（见表5-38），特困供养机构中专业护理人员比例的平均值为46.99%，但不同特困供养机构之间差别很大，专业护理人员比例最大值为100.00%，最小值为0.00%。

表5-38 特困供养机构专业护理人员比例

变量	平均值	标准差	最小值	最大值	观测值
专业护理人员比例（%）	46.99	43.42	0.00	100.00	105

注：本表仅统计有护理人员的供养机构。

不同特征特困供养机构专业护理人员比例存在较大差异。具体而言（见表5-39）：从机构性质来看，民办公助的特困供养机构中专业护理人员比例最高，为75.00%。从登记注册形式来看，事业单位法人特困供养机构中专业护理人员比例最高，平均值为53.26%，而在调查的3个未办理法人登记特困供养机构中，均没有护理人员。从机构床位数来看，床位数在100张以上的特困供养机构中专业护理人员的平均值最大，为63.01%。从主管单位来看，由乡镇主管的特困供养机构中专业护理人员比例的平均值最低，只有44.97%。从财政拨款方式看，除其他方式①外，财政全额拨款、财政差额拨款、自收自支特困供养机构中专业护理人员的平均值分别为52.66%、33.33%、38.48%。从地区分布来看，中部地区特困供养机构中专业护理人员比例的平均值最大，达到55.57%。

表5-39　不同特征下特困供养机构专业护理人员比例

		平均值	标准差	最小值	最大值	观测值
机构性质	公建公营	49.91	44.18	0.00	100.00	82
	公建民营	35.65	40.35	0.00	100.00	18
	民办公助	75.00	35.36	0.50	100.00	2
	民建民营	16.67	28.87	0.00	50.00	3
登记注册形式	事业单位法人	53.26	0.44	0.00	100.00	83
	民办非企业法人	29.43	0.28	0.00	57.14	5
	企业法人	26.19	0.37	0.00	100.00	14
	未办理法人登记	0.00	0.00	0.00	0.00	3
机构床位数（张）	50以下	36.69	41.53	0.00	100.00	30
	50—99	40.13	44.24	0.00	100.00	39
	100及以上	63.01	40.50	0.00	100.00	36
主管单位	乡镇主管	44.97	44.02	0.00	100.00	71
	县级民政部门主管	53.46	45.25	0.00	100.00	27
	县级以上民政部门主管	53.75	32.50	25.00	100.00	4
财政拨款方式	财政全额拨款	52.66	43.59	0.00	100.00	73
	财政差额拨款	33.33	43.68	0.00	100.00	20
	自收自支	38.48	37.31	0.00	100.00	11
	其他	0.00	0.00	0.00	0.00	1
地区	东部	41.99	40.86	0.00	100.00	35
	中部	55.57	44.94	0.00	100.00	43
	西部	39.81	43.44	0.00	100.00	27

注：本表仅统计有护理人员的供养机构。

---

① 仅有1个特困供养机构的财政拨款方式为"其他"，该机构无专业护理人员。

4. 特困供养机构的专业护理人员年龄

统计结果显示（见表5-40），特困供养机构中专业护理人员的平均年龄为48.02岁，年龄最大的为59岁，年龄最小的为36岁。

表5-40　　　　**特困供养机构专业护理人员年龄**

变量	平均值	标准差	最小值	最大值	观测值
持证护理人员年龄（岁）	48.02	5.16	36	59	65

从特困供养机构性质来看，公建公营、公建民营、民办公助和民建民营特困供养机构中专业护理人员的平均年龄分别为47.87岁、48.90岁、44.00岁、55.00岁；除民建民营的供养机构只有一个55岁专业护理人员外，公建公营、公建民营和民办公助的特困供养机构中专业护理人员的最大年龄分别为58岁、59岁和48岁，最小年龄分别为36岁、38岁和40岁。

从登记注册形式来看，登记注册形式为民办非企业法人的特困供养机构中专业护理人员的平均年龄为52.00岁，其次为未办理法人登记的特困供养机构，专业护理人员的平均年龄为50.00岁，事业单位法人的特困供养机构中，专业护理人员平均年龄为47.85岁，相比之下，企业法人的特困供养机构中，专业护理人员的平均年龄只有46.50岁。民办非企业法人、未办理法人登记、事业单位法人和企业法人特困供养机构中，专业护理人员的最大年龄分别为58岁、50岁、58岁和59岁，最小年龄分别为45岁、50岁、36岁和38岁。

从机构床位数来看，床位数在50张以下特困供养机构中专业护理人员平均年龄最大，为49.27岁，而床位数在50—99张和100张及以上的特困供养机构中专业护理人员的平均年龄相差不大，分别为47.43岁和47.79岁。床位数在50张以下、50—99张和100张及以上特困供养机构中，专业护理人员的最大年龄分别为59岁、58岁和57岁，最小年龄分别为38岁、40岁和36岁。

从主管单位来看，由乡镇主管的特困供养机构中专业护理人员平均年龄最大，为48.52岁，由县级以上民政部门主管的居次，为48.25岁，由县级民政部门主管的特困供养机构中，专业护理人员平均年龄最小，为47.06岁。由县级和县级及以上民政部门主管的特困供养机构中，专业护理人员的最大年龄均为55岁，而由乡镇主管的特困供养机构中，专业护理人员年龄的最大值为59岁。由乡镇主管、县级民政部门主管和县级及以上民政部门主管的特困供养机构中，专业护理人员的最小年龄分别为36岁、41岁和40岁。

从财政拨款方式来看，财政全额拨款、财政差额拨款和自收自支特困供养机构中，专业护理人员的平均年龄分别为47.92岁、46.22岁和50.63岁。由财政全额拨款、财政差额拨款和自收自支特困供养机构中，专业护理人员的最大年龄分别为58岁、55岁和59岁，最小年龄分别为36岁、38岁和40岁。

从地区分布来看，东部地区特困供养机构的专业护理人员平均年龄最大，为48.43岁，其次为西部地区（48.07岁），中部地区最小，只有47.64岁。东部地区、中部地区和西部地区特困供养机构中专业护理人员的最大年龄分别为59岁、55岁和58岁；最小年龄分别为36岁、40岁和40岁。

表5-41　　不同特征下特困供养机构专业护理人员年龄

		平均值（岁）	标准差	最小值（岁）	最大值（岁）	观测值
机构性质	公建公营	47.87	4.82	36	58	52
	公建民营	48.90	6.64	38	59	10
	民办公助	44.00	5.66	40	48	2
	民建民营	55.00	—	55	55	1
登记注册形式	事业单位法人	47.85	4.83	36	58	54
	民办非企业法人	52.00	5.72	45	58	4
	企业法人	46.50	7.56	38	59	6
	未办理法人登记	50.00	—	50	50	1

续表

		平均值（岁）	标准差	最小值（岁）	最大值（岁）	观测值
机构床位数（张）	50 以下	49.27	5.09	38	59	15
	50—99	47.43	5.40	40	58	21
	100 及以上	47.79	5.09	36	57	29
主管单位	乡镇主管	48.52	5.37	36	59	42
	县级民政部门主管	47.06	4.39	41	55	17
	县级以上民政部门主管	48.25	6.24	40	55	4
财政拨款方式	财政全额拨款	47.92	4.66	36	58	48
	财政差额拨款	46.22	6.16	38	55	9
	自收自支	50.63	6.50	40	59	8
	其他	0.00	0.00	0	0	0
地区	东部	48.43	6.13	36	59	23
	中部	47.64	4.56	40	55	28
	西部	48.07	4.86	40	58	14

（三）特困供养机构工作人员福利待遇状况

1. 工作人员总体待遇水平

统计结果显示（见表 5-42）：特困供养机构工作人员的平均工资为 1987.88 元/月，最高工资为 4500.00 元/月，最低工资为 450.00 元/月。

表 5-42　　**特困供养机构工作人员总体工资待遇**

变量	平均值	标准差	最小值	最大值	观测值
工作人员总体工资（元/月）	1987.88	774.08	450	4500	111

不同特征特困供养机构之间的工作人员工资待遇存在明显差距（见表 5-43）。从机构性质来看，公建民营的特困供养机构工作人员平均工资最高，为 2594.44 元/月，其次是民建民营的特困供养机构，

为2333.33元/月，公建公营和民办公助的特困供养机构平均工资都不到2000元/月。公建民营特困供养机构工作人员福利待遇差距最大，最高4500元/月，最低为450元/月，其次为公建公营特困供养机构，最高与最低间相差3800元/月，福利待遇差距最小的为民办公助，相差仅为800元/月。

表5-43 不同特征下特困供养机构工作人员工资待遇（元/月）

		平均值	标准差	最小值	最大值	观测值
机构性质	公建公营	1854.03	633.44	700	4500	88
	公建民营	2594.44	1123.14	450	4500	18
	民办公助	1900.00	565.69	1500	2300	2
	民建民营	2333.33	577.35	2000	3000	3
登记注册形式	事业单位法人	1868.90	603.06	1000	4500	86
	民办非企业法人	2285	1175.01	700	3600	8
	企业法人	2510.71	1187.14	450	4500	14
	未办理法人登记	2166.67	763.76	1500	3000	3
机构床位数（张）	50以下	1961.17	1037.28	450	4500	30
	50—99	1869.29	621.11	700	3600	42
	100及以上	2136.15	677.13	1100	4500	39
主管单位	乡镇主管	1918.81	744.88	700	4500	77
	县级民政部门主管	2110.96	818.02	450	4500	28
	县级以上民政部门主管	2933.33	602.77	2300	3500	3
财政拨款方式	财政全额拨款	1819.30	643.74	700	4500	78
	财政差额拨款	2386.11	894.72	450	4500	18
	自收自支	2581.82	1007.79	700	3600	11
	其他	1500.00	0.00	1500	1500	2
有无院办经济	有院办经济	1835.09	532.00	1000	3500	57
	无院办经济	2149.17	944.97	450	4500	54
地区	东部	2308.50	913.42	450	4500	40
	中部	1896.35	693.22	1000	4500	37
	西部	1710.29	523.13	1100	3430	34

从登记注册形式来看，事业单位法人特困供养机构工作人员平均工资1868.90元，民办非企业法人特困供养机构工作人员平均工资

2285元，企业法人特困供养机构工作人员平均工资2510.71元，未办理登记法人特困供养机构工作人员平均工资2166.67元。从内部差异来看，企业法人特困供养机构的差距最大，工资最高与工资最低的相差4050元，其次为民办非企业法人特困供养机构，相差3900元，事业单位法人特困供养机构相差3500元，未办理法人登记特困供养机构相差1500元。

从机构床位数来看，三种床位数的特困供养机构内部工作人员福利待遇差距较大。从平均值来看，床位数在100张以上的特困供养机构工作人员的工资水平最高，为2136.15元/月，床位数在50张以下为1961.17元/月，平均工资水平最差的是床位数在50—99张的特困供养机构，每月仅为1869.29元。床位数在50张以下的特困供养机构内部工资待遇相差最大，最低与最高间相差十倍；其次为100张以上的供养机构，相差3400元/月；床位数在50—99张之间的特困供养机构工资待遇差距最小，为2900元。

从主管单位来看，乡镇主管和县级民政部门主管的特困供养机构工作人员的福利待遇不高，前者仅为1918.81元/月，后者为2110.96元/月，但是不同机构之间的工资水平差距很大，工资高的达到4500元/月，工资低的仅为450元/月；相比之下，县级及以上特困供养机构工作人员工资水平普遍较高，平均达到2933.33元/月，且其内部差距较小，最高工资为3500元/月，最低工资为2300元/月。

从财政拨款方式来看，自收自支特困供养机构工作人员月平均工资最高，每月超过2500元，财政差额拨款的为2386.11元/月，而财政全额拨款的每月仅为1819.30元，其他财政拨款方式特困供养机构工作人员工资最低，为1500元/月。财政差额拨款的工资待遇差别最大，其次为财政全额拨款，其他财政拨款方式的工资待遇差别最小。

从有无院办经济来看，有院办经济的特困供养机构工作人员月平均工资为1835.09元/月，内部最高工资为3500元/月，最低工资为1000元/月；无院办经济特困供养机构的工作人员月平均工资为2149.17元，内部最高工资为4500元/月，最低工资为450元/月。有院办经济的供养机构工作人员整体工资相对较低①。

从地区分布来看，东部地区特困供养机构工作人员的月平均工资超过2300元，在中部地区和西部地区还不到1900元。东部地区特困供养机构工作人员月平均工资水平差距最大，中部次之，西部最小。

2. 管理人员待遇水平

统计结果显示（见表5-44）：特困供养机构管理人员的平均工资为2265.25元/月，最高工资为5000.00元/月，最低工资为500.00元/月。

表5-44　　　　　　特困供养机构管理人员工资待遇

变量	平均值	标准差	最小值	最大值	观测值
管理人员工资（元/月）	2265.25	989.84	500	5000	115

不同特征特困供养机构管理人员的工资待遇也存在差距。具体而言（见表5-45），从机构性质来看，公建民营的特困供养机构中管理人员月平均工资最高，为2612.50元/月，其次是民建民营（2250.00元/月）、公建公营（2214.78元/月），民办公助管理人员月平均工资仅为1900元/月。公建公营特困供养机构中管理人员的工资待遇差距最大，最高为5000元/月，最低为700元/月，其次为公建民营特困供养机构，工资待遇差距最小的为民办公助，相差仅为1000元/月。

从登记注册形式来看，事业单位法人特困供养机构管理人员平均工资为2216.21元，民办非企业法人特困供养机构管理人员平均工资2440元，企业法人特困供养机构管理人员平均工资2427.27元，未办理登记法人特困供养机构管理人员平均工资2800元。从内部差异来看，事业单位法人和企业法人特困供养机构的差距最大，工资最高与工资最低的相差4000元，其次为民办非企业法人特困供养机构，相

---

①　从院办经济的形式来看，特困供养机构的院办经济多为种植蔬菜和养殖牲畜，以维持供养机构的日常开销，该两项院办经济形式分别占院办经济总响应的52.29%和26.61%。

差3300元，未办理法人登记的供养机构相差2500元。

表5-45　不同特征下特困供养机构管理人员工资待遇（元/月）

		平均值	标准差	最小值	最大值	观测值
机构性质	公建公营	2214.78	963.92	700	5000	95
	公建民营	2612.50	1104.31	500	4500	16
	民办公助	1900.00	707.11	1400	2400	2
	民建民营	2250.00	1767.77	1000	3500	2
登记注册形式	事业单位法人	2216.21	917.04	1000	5000	94
	民办非企业法人	2440	1337.86	700	4000	7
	企业法人	2427.27	1342.45	500	4500	11
	未办理法人登记	2800	1253.00	1500	4000	3
机构床位数（张）	50以下	1946.00	1032.94	500	4500	30
	50—99	1961.71	752.81	700	4000	44
	100及以上	2824.61	954.53	1380	5000	41
主管单位	乡镇主管	2173.38	980.95	700	5000	80
	县级民政部门主管	2465.50	993.23	500	4500	28
	县级以上民政部门主管	3100.00	778.89	2400	4000	4
财政拨款方式	财政全额拨款	2153.02	915.42	1000	4500	84
	财政差额拨款	2508.33	947.64	500	4500	18
	自收自支	2822.22	1493.97	700	5000	9
	其他	1800.00	282.84	1600	2000	2
有无院办经济	有院办经济	2083.97	827.49	1000	5000	63
	无院办经济	2484.89	1126.02	500	4500	52
地区	东部	2769.44	1095.85	500	4500	36
	中部	2120.68	882.22	1000	4500	44
	西部	1928.40	807.22	1350	5000	35

从机构床位数来看，三种床位数的供养机构管理人员福利待遇差距较大，床位数在100张以上特困供养机构中管理人员工资水平最高，为2824.61元/月，床位数在50张以下和50—99张的，每月平均工资都不高，仅为1950元左右。床位数在50张以下的特困供养机构内部工资水平差距最大，其次为100张以上特困供养机构，床位数在50—99张之间的供养机构管理人员工资水平差距最小，为

3300元。

从主管单位来看,乡镇主管的特困供养机构管理人员月平均工资为2173.38元,县级民政部门主管的特困供养机构管理人员月平均工资为2465.50元/月,县级以上民政部门主管的特困供养机构管理人员月平均工资为3100.00元/月。从内部差异来看,乡镇主管、县级民政部门主管和县级以上民政部门主管特困供养机构管理人员月最高工资分别为5000元、4500元、4000元,最低工资分别为700元、500元、2400元,可知,乡镇主管特困供养机构内部工资差异最大,其次为县级民政部门主管的,县级以上民政部门主管特困供养机构在工资待遇上差别最小。

从财政拨款方式来看,自收自支特困供养机构的管理人员月平均工资最高,为2822.22元/月,其次为财政差额拨款的,为2508.33元/月,而财政全额拨款的工资待遇最低,每个月仅为2153.02元,其他方式特困供养机构中管理人员工资最低,仅为1800.00元/月。自收自支特困供养机构中管理人员工资水平差别最大,最高工资为5000元/月,最低工资为700元/月;其次为财政差额拨款的,最高工资为4500元/月,最低工资仅为500元/月;财政全额拨款的工资待遇差异较小,最高工资为4500元/月,最低工资为1000元/月;其他财政拨款方式的供养机构工资差异最小。

从有无院办经济来看,有院办经济的特困供养机构中管理人员月平均工资为2083.97元/月,内部最高工资为5000元/月,最低工资为1000元/月;无院办经济的月平均工资为2484.89元,最高工资为4500元/月,最低工资为500元/月。

从地区分布来看,东部地区特困供养机构中管理人员月平均工资达到2769.44元/月,中部地区为2120.68元/月,西部地区为1928.40元/月。东部地区管理人员工资水平差距最大,其次是西部地区,中部地区的差距最小。

3. 护理人员待遇水平

统计结果显示(见表5-46):供养机构护理人员的平均工资为

1878.96 元/月,最高工资为 4300.00 元/月,最低工资为 40.00 元/月。

表 5-46　　特困供养机构护理人员工资待遇

变量	平均值	标准差	最小值	最大值	观测值
护理员工资（元/月）	1878.96	904.76	40	4300	95

不同特征特困供养机构中护理人员的工资水平存在差异。具体而言（见表 5-47）：从机构性质来看，民建民营的特困供养机构护理人员平均工资最高，为 3000 元/月，其余依次为公建民营（2818.75元/月）、民办公助（2400元/月）、公建公营（1616.23元/月）。公建民营的特困供养机构中护理人员工资待遇差距最大，最高为 4300元/月，最小值仅为 500 元/月，其次为公建公营特困供养机构，工资水平差距最小的为民办公助，相差仅 200 元/月。

表 5-47　　不同特征下特困供养机构护理人员工资待遇（元/月）

		平均值	标准差	最小值	最大值	观测值
机构性质	公建公营	1616.23	676.17	40	3300	74
	公建民营	2818.75	1110.54	500	4300	16
	民办公助	2400.00	141.42	2300	2500	2
	民建民营	3000.00	866.03	2000	3500	3
登记注册形式	事业单位法人	1650.01	664.10	40	3150	74
	民办非企业法人	2766.67	1562.90	600	4200	6
	企业法人	2850	1062.16	500	4300	12
	未办理法人登记	1866.67	321.46	1500	2100	3
机构床位数（张）	50 以下	2054.80	1195.69	500	4300	25
	50—99	1564.05	855.13	40	4200	37
	100 及以上	2098.82	566.60	1300	3500	33
主管单位	乡镇主管	1803.60	942.83	40	4300	62
	县级民政部门主管	1876.08	735.78	100	3300	26
	县级以上民政部门主管	3000.00	890.69	2200	4000	4

续表

		平均值	标准差	最小值	最大值	观测值
财政拨款方式	财政全额拨款	1632.43	682.403	40	3300	65
	财政差额拨款	2160.72	998.22	243	4200	18
	自收自支	2909.09	1140.57	600	4300	11
	其他	1500.00	—	1500	1500	1
有无院办经济	有院办经济	1724.50	722.77	200	4300	54
	无院办经济	2082.39	1075.59	40	4200	41
地区	东部	2431.21	1048.54	500	4300	33
	中部	1646.92	591.78	200	2600	39
	西部	1480.04	757.79	40	3300	23

从登记注册形式来看，事业单位法人特困供养机构护理人员平均工资为1650.01元，民办非企业法人特困供养机构护理人员平均工资为2766.67元，企业法人特困供养机构护理人员平均工资为2850元，未办理登记法人特困供养机构护理人员平均工资为1866.67元。从内部差异来看，企业法人特困供养机构的差距最大，工资最高与工资最低的相差3700元，其次为民办非企业法人特困供养机构，相差3600元，事业单位法人特困供养机构相差3110元，未办理法人登记特困供养机构相差600元。

从机构床位数来看，床位数100张及以上大型特困供养机构护理人员的工资水平最高，为2098.82元/月，其次为床位数在50张以下的特困供养机构，为2054.80元/月，床位数在50—99张的特困供养机构护理人员的月平均工资为1564.05元。床位数为50—99张特困供养机构护理人员的工资水平差距最大，其次是床位数在50张以下的特困供养机构，床位数在100张以上的特困供养机构工资水平差距最小，为2200元/月。

从主管单位来看，乡镇主管特困供养机构护理人员月平均工资为1803.60元，县级民政部门主管的月平均工资为1876.08元/月，县级以上民政部门主管的月平均工资达到3000元/月。从内部差异来看，乡镇主管、县级民政部门主管和县级以上民政部门主管的特困供养机构护理人员月最高工资分别为4300元、3000元、4000元，最低工资分别为40元、100元、2200元，乡镇主管的供养机构护理人员工资差异最大，其次为县级民政部门主管的，县级以上民政部门主管的护理人员工资水平差异最小。

从财政拨款方式看，自收自支特困供养机构中护理人员月平均工资最高，为2909.09元/月，财政差额拨款的为2160.72元/月，而财政全额拨款特困供养机构每个月仅为1632.43元，其他方式特困供养机构中护理人员工月平均工资为1500.00元。财政差额拨款特困供养机构中护理人员工资水平差别最大，最高工资为4200元/月，最低工资为243元/月；其次为财政全额拨款，最高工资为3300元/月，最低工资为40元/月；自收自支的工资待遇差异最小，最高工资为3300元/月，最低工资为600元/月。

从有无院办经济来看，有院办经济的特困供养机构护理人员月平均工资为1724.50元/月，最高工资为4300元/月，最低工资为200元/月；无院办经济的特困供养机构中护理人员月平均工资为2082.39元/月，最高工资为4200元/月，最低工资为40元/月。

从地区分布来看，东部地区特困供养机构护理人员的月平均工资为2431.21元；中部地区为1646.92元/月，西部地区为1480.04元/月。东部地区特困供养机构护理人员的工资水平差距最大，其次是西部地区，中部地区差距最小。

4. 后勤人员待遇水平

统计结果显示（见表5-48）：供养机构后勤人员的平均工资为1987.88元/月，最高工资为4500.00元/月，最低工资为450.00元/月。

表5-48　　　　特困供养机构后勤人员工资待遇

变量	平均值	标准差	最小值	最大值	观测值
后勤工作人员工资（元/月）	1987.88	774.08	450	4500	111

不同特征特困供养机构后勤人员的工资水平存在差异。具体而言

（见表 5-49），从机构性质来看，公建民营的特困供养机构中后勤人员平均工资最高，为 2452.50 元/月，其余依次为民建民营（1933.33 元/月）、民办公助（1800 元/月）、公建公营（1660.75 元/月）。公建民营特困供养机构中后勤人员工资水平差距最大，最高为 4500 元/月，最小值仅为 450 元/月，其次为公建公营特困供养机构，工资水平差距最小的为民建民营特困供养机构，相差仅 2200 元/月。

表 5-49 不同特征下特困供养机构后勤人员工资待遇（元/月）

		平均值	标准差	最小值	最大值	观测值
机构性质	公建公营	1660.75	655.49	0	3300	93
	公建民营	2452.50	1065.79	450	4500	20
	民办公助	1800.00	—	1800	1800	1
	民建民营	1933.33	1101.51	800	3000	3
登记注册形式	事业单位法人	1649.67	622.85	0	3300	92
	民办非企业法人	2272.50	1016.32	1000	3500	8
	企业法人	2417.86	1251.4	450	4500	14
	未办理法人登记	2433.33	550.76	1900	3000	3
机构床位数（张）	50 以下	1854.71	991.86	450	4500	34
	50—99	1636.19	772.26	0	3500	43
	100 及以上	1942.10	606.25	500	3300	40
主管单位	乡镇主管	1730.23	827.06	0	4500	83
	县级民政部门主管	1913.96	685.91	450	3300	28
	县级以上民政部门主管	2575.00	567.89	1800	3000	4
财政拨款方式	财政全额拨款	1610.98	684.67	0	3300	82
	财政差额拨款	2214.29	943.81	450	4500	21
	自收自支	2520.00	832.40	1000	3500	10
	其他	1650.00	212.13	1500	1800	2
有无院办经济	有院办经济	1693.58	586.83	0	3150	62
	无院办经济	1929.06	974.54	0	4500	55
地区	东部	2209.00	963.99	450	4500	40
	中部	1655.63	565.71	600	2600	43
	西部	1516.12	649.01	0	3300	34

从登记注册形式来看，事业单位法人特困供养机构后勤人员平均

工资1649.67元，民办非企业法人特困供养机构后勤人员平均工资2272.50元，企业法人特困供养机构后勤人员平均工资为2417.86元，未办理登记法人特困供养机构后勤人员平均工资2433.33元。从内部差异来看，企业法人特困供养机构的差距最大，工资最高与工资最低的相差4050元，其次为事业单位法人特困供养机构，相差3300元，民办非企业法人特困供养机构相差2500元，未办理法人登记特困供养机构相差1100元。

从机构床位数来看，床位数在100张及以上的特困供养机构后勤人员的工资水平最高，为1942.10元/月，其次为床位数在50张以下的特困供养机构，为1854.71元/月，床位数在50—99张的特困供养机构后勤人员月平均工资为1636.19元。床位数为50张以下的特困供养机构后勤人员的工资水平相差最大，其次是床位数在50—100张的特困供养机构，床位数在100张以上的特困供养机构工资水平差距最小，为2800元/月。

从主管单位来看，乡镇主管的特困供养机构后勤人员月平均工资为1730.23元，县级民政部门主管的月平均工资为1913.96元/月，县级以上民政部门主管的月平均工资为2575.00元/月。从内部差异来看，乡镇主管、县级民政部门主管和县级以上民政部门主管的特困供养机构后勤人员月最高工资分别为4500元、3300元、3000元，最低工资分别为0元、450元、1800元，乡镇主管的特困供养机构后勤人员工资水平差距最大，其次为县级民政部门主管的，县级以上民政部门主管的后勤人员工资水平差别最小。

从财政拨款方式看，自收自支特困供养机构中后勤人员月平均工资最高，为25200元/月，财政差额拨款的为2214.29元/月，而财政全额拨款特困供养机构每个月仅为1610.98元，其他财政拨款方式特困供养机构后勤人员的月平均工资为1650元。财政差额拨款的供养机构中后勤人员工资待遇差别最大，最高工资为4500元/月，最低工资为450元/月；其次为财政全额拨款，最高工资为3300元/月，最低工资为0元/月；其他资金来源形式的工资差异最小，最高工资为

1800元/月，最低工资为1500元/月。

从有无院办经济来看，有院办经济特困供养机构后勤人员月平均工资为1693.58元/月，最高工资为3150元/月，最低工资为0元/月；无院办经济特困供养机构中后勤人员月平均工资为1929.06元/月，最高工资为4500元/月，最低工资为0元/月。

从地区分布来看，东部地区特困供养机构的后勤人员月平均工资为2209.00元；中部地区为1655.63元/月，西部地区为1516.12元/月。东部地区特困供养机构后勤人员工资水平差距最大，其次是西部地区，中部地区差距最小。

四 特困供养机构医疗服务状况

（一）内设医疗机构情况

在调查的120个特困供养机构中，有医疗机构的占比为39.17%，无医疗机构的占比60.83%，详见表5-50。

表5-50　　　　特困供养机构是否内设医疗机构情况

	变量	频率	百分比(%)
有无医疗机构	有	47	39.17
	无	73	60.83

不同特征特困供养机构是否内设医疗机构的情况有所差别。具体而言（见表5-51），从机构性质来看，公建公营性质的特困供养机构中，有医疗机构的占38.95%；公建民营特困供养机构中有医疗机构的占35.00%；民办公助特困供养机构中有医疗机构的占50.00%，民建民营特困供养机构中有医疗卫生机构配备的占66.67%。可见，民建民营的特困供养机构中有医疗机构的较多。

从登记注册形式来看，事业单位法人的特困供养机构中，有医疗机构的占比40.43%，民办非企业法人的特困供养机构中，有医疗机构的占比50.00%，企业法人特困供养机构中，有医疗机构的占比

26.67%，未办理法人登记的特困供养机构中，有医疗机构的占比 33.33%。

表 5 - 51　不同特征下特困供养机构是否配备医疗机构状况

		频数	百分比（%）
机构性质	公建公营	37	38.95
	公建民营	7	35.00
	民办公助	1	50.00
	民建民营	2	66.67
登记注册形式	事业单位法人	38	40.43
	民办非企业法人	4	50.00
	企业法人	4	26.67
	未办理法人登记	1	33.33
机构床位数（张）	50 以下	10	29.41
	50—99	16	35.56
	100 及以上	21	51.22
主管单位	乡镇主管	31	36.47
	县级民政部门主管	11	39.29
	县级以上民政部门主管	3	75.00
财政拨款方式	财政全额拨款	35	41.67
	财政差额拨款	5	23.81
	自收自支	5	45.45
	其他	0	0.00
有无院办经济	有院办经济	22	38.60
	无院办经济	25	39.68
地区	东部	16	39.02
	中部	22	50.00
	西部	9	25.71

从机构床位数来看，床位数在 50 张以下的特困供养机构中有医疗机构的占 29.41%；床位数在 50—99 张之间的特困供养机构有医疗机构的占 35.56%；100 张及以上的特困供养机构中有医疗机构的占 51.22%。可见，特困供养机构规模越大，有医疗机构的比例越高。

从主管单位来看，乡镇主管的特困供养机构中有医疗机构的占比

36.47%；县级民政部门主管的特困供养机构中有医疗机构的占比39.29%；县级以上民政部门主管的有医疗机构的占75.00%。由此可知，由县级以上民政部门主管的特困供养机构中有医疗机构的占比最高。

从财政拨款方式来看，自收自支特困供养机构中有医疗机构的比例最高，占45.45%，其次为财政全额拨款的特困供养机构，占41.67%，财政差额拨款的特困供养机构中有医疗机构的仅占23.81%。

从有无院办经济来看，有院办经济的特困供养机构中，有医疗机构的占38.60%；而无院办经济的特困供养机构这一比例为39.68%。

从地区分布来看，中部地区特困供养机构中有医疗机构的比例最高，达到50.00%；其次为东部地区，为39.02%；西部地区最低，仅为25.71%。

（二）内设医疗机构性质

统计结果显示（见表5-52），在有医疗机构的特困供养机构中，42.55%的医疗机构具有独立法人资格，51.06%是供养机构的附属机构，另有6.38%属于其他形式[①]。

表5-52　　　　　特困供养机构内设医疗机构性质

	变量	频率	百分比(%)
与供养机构关系	独立法人	20	42.55
	供养机构附属机构	24	51.06
	其他	3	6.38

数据显示（见表5-53），从机构性质来看，公建公营特困供养机构中的医疗机构是独立法人的占43.24%，为特困供养机构的附属机构的占48.65%，其他形式的占8.11%；公建民营特困供养机构

---

① 其他形式包括供养机构同乡镇卫生院签署协议，由乡镇卫生院的医生定期上门问诊等情况。

中，具有独立法人资格和附属机构的比例分别为 28.57% 和 71.43%；民办公助特困供养机构的医疗机构仅一个观察值，为供养机构的附属机构；民建民营特困供养机构的医疗机构仅一个观察值，具有独立法人资格。

表 5-53　不同特征下特困供养机构内设医疗机构性质

		独立法人		内设机构		其他	
		频数	百分比（%）	频数	百分比（%）	频数	百分比（%）
机构性质	公建公营	16	43.24	18	48.65	3	8.11
	公建民营	2	28.57	5	71.43	0	0.00
	民办公助	0	0.00	1	100.00	0	0.00
	民建民营	2	100.00	0	0.00	0	0.00
登记注册形式	事业单位法人	17	44.74	18	47.37	3	7.89
	民办非企业法人	2	50.00	2	50.00	0	0
	企业法人	1	25.00	0	0	3	75.00
	未办理法人登记	0	0	1	100	0	0
机构床位数（张）	50 以下	3	30.00	6	60.00	1	10.00
	50—99	7	43.75	7	43.75	2	12.50
	100 及以上	10	47.62	11	52.38	0	0.00
主管单位	乡镇主管	13	41.94	15	48.39	3	9.68
	县级民政部门主管	5	45.45	6	54.55	0	0.00
	县级以上民政部门主管	1	33.33	2	66.67	0	0.00
财政拨款方式	财政全额拨款	16	45.71	19	54.29	0	0.00
	财政差额拨款	1	20.00	2	40.00	2	40.00
	自收自支	2	40.00	3	60.00	0	0.00
	其他	0	0.00	0	0.00	0	0.00
有无院办经济	有院办经济	10	40.00	12	48.00	3	12.00
	无院办经济	10	45.45	12	54.55	0	0.00
地区	东部	6	37.50	10	62.50	0	0.00
	中部	11	50.00	9	40.91	2	9.09
	西部	3	33.33	5	55.56	1	11.11

从登记注册形式来看，事业单位法人特困供养机构中，独立法人

占 44.74%，属于供养机构的附属机构占 47.37%，其他形式占 7.89%；民办非企业法人特困供养机构中，独立法人和附属机构各占比 50.00%；企业法人特困供养机构中，独立法人占比 25.00%，其他形式占比 75.00%；未办理法人登记的特困供养机构中，医疗机构属于供养机构附属机构占比 100.00%。

从机构床位数来看，床位数在 50 张以下的特困供养机构的医疗机构具有独立法人资格的占 30.00%，属于供养机构附属机构的占 60.00%，其他形式的 10.00%；床位数在 50—99 张之间的特困供养机构中，医疗机构具有独立法人资格和附属机构性质的均占比 43.75%，其他形式的占比 12.50%；床位数在 100 张及以上的特困供养机构中，医疗机构具有独立法人资格的占比约 47.62%，附属机构的占比 52.38%，其他形式为 0。总体来看，较小规模供养机构中的医疗机构为其附属机构的比例相对较大，大中型规模的供养机构中，医疗机构具有独立法人资格和是其附属机构的比例相差不大。

从不同主管单位来看，由乡镇主管的特困供养机构中，医疗机构具有独立法人资格的占比 41.94%，是其附属机构的占比 48.39%，其他形式的占比 9.68%；由县级民政部门主管的特困供养机构中，具有独立法人资格的和是其附属机构的医疗机构分别占 45.45%、54.55%；由县级以上民政部门主管的特困供养机构中，具有独立法人资格的和是其附属机构的医疗机构分别占 33.33%、66.67%。总体上看，县级以上民政部门主管的特困供养机构中，医疗机构为其附属机构的比例较高，由县级民政部门主管的特困供养机构中，医疗机构具有独立法人资格的比例较高。

从财政拨款方式来看，财政全额拨款的特困供养机构中，医疗机构具有独立法人资格的占比 45.71%，是其附属机构的占比 54.29%；在财政差额拨款的特困供养机构中，医疗机构具有独立法人资格的占比 20.00%，是附属机构的占比 40.00%，而其他形式占 40.00%；在自收自支的特困供养机构中，医疗机构具有独立法人资格的和是其附属机构的分别占比 40.00% 和 60.00%。

从有无院办经济来看,有院办经济的特困供养机构中,医疗机构具有独立法人资格、是其附属机构和其他形式的比例分别为40.00%、48.00%和12.00%;而在无院办经济的特困供养机构中,医疗机构具有独立法人资格占比45.45%,是其附属机构的占比54.55%。

从地区分布来看,东部地区的特困供养机构中,医疗机构为附属机构的比重最高,为62.50%,其余的皆具有独立法人资格;在中部地区的特困供养机构中,医疗机构中具有独立法人资格的比重最高,为50.00%,是附属机构的占比40.91%;相比之下,在西部地区的特困供养机构中,医疗机构为其附属机构的比重最大,为55.56%,其次是具有独立法人资格的,占33.33%,其他形式的比重最小,仅为11.11%。

(三) 内设医疗机构是否医保定点情况

在调查样本中,特困供养机构的内设医疗机构为医保定点单位的占比44.44%,不是医保定点单位的占比55.56%。

表5-54　　**特困供养机构内设医疗机构是否医保定点**

	变量	频率	百分比(%)
是否为医保定点单位	是	20	44.44
	否	25	55.56

不同特征特困供养机构中的医疗机构是否医保定点的状况有所差异。具体而言(见表5-55):从机构性质来看,公建公营特困供养机构中,医疗机构为医保定点单位的占比47.22%;公建民营特困供养机构中,有33.33%的医疗机构是医保定点单位;民建民营供养机构中有一半的医疗机构是医保定点单位;而民办公助供养机构中的医疗机构都不是医保定点单位。

从登记注册形式来看,事业单位法人特困供养机构中医疗机构是医保定点单位的占比48.65%,民办非企业法人特困供养机构中医疗机构是医保定点单位的占比66.67%。

表 5-55　不同特征下特困供养机构的内设医疗机构是否医保定点情况

		频数	百分比(%)
机构性质	公建公营	17	47.22
	公建民营	2	33.33
	民办公助	0	0.00
	民建民营	1	50.00
登记注册形式	事业单位法人	18	48.65
	民办非企业法人	2	66.67
	企业法人	0	0
	未办理法人登记	0	0
机构床位数（张）	50 以下	3	30.00
	50—99	6	42.86
	100 及以上	11	52.38
主管单位	乡镇主管	13	43.33
	县级民政部门主管	5	45.45
	县级以上民政部门主管	1	33.33
财政拨款方式	财政全额拨款	17	50.00
	财政差额拨款	1	25.00
	自收自支	1	20.00
	其他	0	0.00
有无院办经济	有院办经济	13	54.17
	无院办经济	7	33.33
地区	东部	4	26.67
	中部	10	47.62
	西部	6	66.67

从机构床位数来看，床位数在 50 张以下的特困供养机构中，医疗机构是医保定点单位的占比为 30.00%；床位数在 50—99 张之间的特困供养机构中，医疗机构是医保定点单位的占 42.86%；在而 100 张及以上的特困供养机构中，医疗机构是医保定点单位占比为 52.38%。这表明，特困供养机构的规模越大，医疗机构为医保定点单位的比例越高。

从主管单位来看，乡镇主管的特困供养机构中，医疗机构为医保定点单位的占43.33%；县级民政部门主管的特困供养机构中，医疗机构为医保定点单位占45.45%；县以上民政部门主管的特困供养机构中，医疗机构为医保定点单位占33.33%。由此可知，县级民政部门特困供养机构中，医疗机构是医保定点单位的比例最高，而由县级以上民政部门主管的比例最少。

从财政拨款方式来看，财政全额拨款的特困供养机构中，医疗机构是医保定点单位的占50.00%；其次为财政差额拨款的特困供养机构，占比25.00%；自收自支的特困供养机构中是医保定点单位的仅占20.00%。

从有无院办经济来看，有院办经济的特困供养机构中，医疗机构是医保定点单位的占54.17%；无院办经济的特困供养机构中，医疗机构是医保定点单位的占33.33%。

从地区分布来看，西部地区特困供养机构中，医疗机构是医保定点单位的比例最高，达到66.67%；其次为中部地区，为47.62%；东部地区最低，仅为26.67%。

第三节 总结与讨论

一 研究总结与突出问题分析

特困供养机构为集中供养特困人员提供了较好的基本生活兜底保障。但是，囿于设施设备短缺、服务能力不强、服务经费不足等方面的限制，一些地方供养机构的服务供给与集中供养特困人员的现实需求还存在差距，制约了机构兜底保障功能的充分发挥。

（一）个别机构尚未办理法人登记，法人地位缺失

供养机构法人登记是做好供养服务的基础和关键。特困供养机构为事业单位法人的比例为78.33%；其次是企业法人，约占12.50%；民办非企业法人和未办理法人登记的所占比重相对较少，分别为6.67%和2.50%。目前，尚有一些农村敬老院（福利院）未登记成

为事业单位法人，单位性质不明确。在这种情况下，农村敬老院（福利院）不能独立行使法人权利、履行相应义务，一些政策上原本可以扶持的项目和资金、社会救助、公益活动等无法落地，供养对象权益和机构自身权益也将受损。

机构法人地位缺失，原因有二：一是机构不具备独立登记条件，包括机构名称不规范、法定代表人无资格、住所产权手续不全、无审批机关批准设立公文等；二是个别机构不想担责、不愿担责、不敢担责，在机构法人登记事项上等、拖、看。

（二）设施设备短缺

1. 供养机构小而散

调查发现，大部分农村集中供养对象居住在农村敬老院（福利院），这些养老院分散在各个乡镇，普遍规模较小，入住人员一般不超过50人，基本的人员配置是1个院长、1个炊事员和3—5个护理员，在服务供给数量和质量上都难以保证。

整体而言，农村机构规模效益不足，运营成本较高，护理人员专业水平低、参培率不高，难以满足特困人员的长期照护需求。一般区、县级的供养机构规模较大，配备有专业化照护人员，失能照护能力和医养结合服务的能力较强，但数量较少。

2. 安全状况堪忧

供养机构普遍配置有基本的消防设施，但是应急呼叫系统、安全监控系统等设施简陋陈旧，或者只是个摆设"不常用"。这种情况在农村敬老院（福利院）更为严重，一些地处偏远的小型集中供养机构消防管理存在漏洞，存在耐火等级低、电气线路老化、消防通道不畅或入住供养人员吸"倒床烟"现象。

个别供养机构未进行适老化改造或无障碍设施改造。特困供养人员以老年人为主，为保障特困人员行动方便、避免摔跤等危险情况发生，应对其居住的房屋进行适老化改造和无障碍设施改造，如修建坡道、进行防滑处理、加装电梯、加装扶手等。但就调查情况来看，除了区、县级养老机构条件较好外，大量农村供养机构并无电梯、坡道,一般是腿脚不便的老人住在楼下,较年轻、身体较好的老人住在楼上。

3. 精神残疾人员供养困难

目前,我国有一定数量的特困人员患有精神残疾,但是针对精神病患者的特困供养机构非常短缺,使其成为特困供养中的"困中之困"。这些特困人员不仅生存能力较差,而且情绪波动大,甚至有暴力倾向,容易伤及他人;选择与其他特困人员共同集中供养,不仅会影响到其自身的生存保障、照料保障、安全保障、康复需求等,而且危及与其接触人员的安全。如果有亲人能够照顾,他们可以选择分散供养,但若无人能够照顾,则面临"无处接收"的供养困境:供养机构一般不愿接收这类特困人员,一是因为缺乏专业医护人员,没有能力接收;二是为了保障其他同住特困供养人员的人身安全,不敢接收,而精神病医院收费较高,特困人员无力承担高额的治疗和托养费用。

(三) 服务能力不足

1. 护理资源匮乏、护理质量较低

一是护理人员短缺且流动性较大。集中供养特困人员的基本生活服务由供养机构的护理人员提供,但供养机构护理人员配备不足,一般来说平均1个护理员要照顾9个供养人员。调查数据显示,不同的特困供养机构在护理员配备上存在较大差距,照护比最高的供养机构其护理人员与入住人员的比例超过8∶10,而照护比最低的机构没有配备护理人员。一些地方由工作人员兼职护理工作,但人员依旧短缺。特困供养机构中工作人员平均数量为10.61人;工作人员比例为18.31%,即每100个入住服务对象平均仅配备工作人员18.31个工作人员;临时员工比例较高,平均为18.38%;专业技术员工比例的平均值为28.14%。由于护理人员及工作人员的短缺,部分供养机构在特困人员生病住院时,不能提供就医陪护或送饭服务,只能由特困人员自己出钱请护工护理。

此外,特困供养机构护理人员流动性很大。问及原因,主要是工作强度大，工资待遇低，付出与回报不成正比。调查数据显示，供养机构工作人员的平均工资为1987.88元/月，其中，管理人员平均工资为2265.25元/月，护理人员的平均工资1878.96元/月，由此可见，特困供养机构工作人员整体工资水平不高，待遇差别很大。目前，国家护理补贴较少，而供养机构本身一般也没有很强的经济支撑，因此，虽然护理需求高，但机构缺乏支付能力。加之护工的工作特点是易于职业厌恶和职业疲惫，护理人员容易产生懈怠。借此，失能失智特困人员的护理经常陷入缺钱、缺人的困境，农村地区的"护工荒""护工贵"问题亦较为突出。

二是护理规范缺失，护理质量较低。大部分农村养老院的护理人员是来自附近的贫困户或由院内供养人员"顶岗"，基本都没有接受过专业机构培训，只在养老机构内部培训后就匆忙上岗，服务技能与老年人的多样化服务需求存在较大差距。此外，激励不足也是护理人员服务水平较低的原因之一。2017年，护理员国家职业资格证书取消，已培训持证上岗护理员的特岗补贴也被取消，"培训过的跟没培训过的工资一个样"。这在降低行业门槛的同时，也对护理队伍的规范化、职业化发展提出挑战。

2. 医养结合能力不足

在调查的120个供养机构中，有医疗机构的占比为39.17%，无医疗机构的占比为60.83%。具体来看，乡镇主管的特困供养机构中内设医疗机构的占比为36.47%，而县级及以上民政部门主管的特困供养机构中配备医疗机构的分别为39.29%和75.00%，农村特困供养机构医养结合能力整体不佳。

一般而言，区、县级敬老院（福利院）一般拥有内设医疗机构，机构内提供医疗服务的医生、护士等持有专业资格证书或执业证书，机构医养结合能力较强。但大多数农村敬老院（福利院）没有内设医疗机构，部分机构距离最近的医院或卫生室距离较远，不具备医养结合能力。

自2013年起，国务院和各部委多次发文推动医养结合，但特困供养机构的医养结合难以推动。究其原因，一是供养机构自设的医疗配套达不到医疗机构基础设施的硬件标准和医务人员配比，难以划入医保报销；二是医养结合所需的全科医生和养护人才紧缺。医养结合需要全科医生和兼有"养"和"护"双重技能的护理队伍。这两支队伍的培养，需要政策推动，也需要市场演化，而大多数供养机构甚至既无全科医生又无专业的养护人员，机构从事医疗护理、康复治疗等服务人员都是由机构管理人员或其他工作人员兼任。

（四）社会力量参与特困供养服务不足

调查发现，虽然早在2016年，国务院就颁布了《关于进一步健全特困人员救助供养制度的意见》，并提出"坚持社会参与"的基本原则，但各地社会力量作用发挥非常有限。

一是社会组织发展不充分。调查中，大部分农村地区没有养老、医疗等社会工作服务机构。二是志愿服务提供不足，不少农村供养机构中，日常几乎没有志愿服务提供，但在重阳、中秋等节假日又会出现志愿服务"扎堆"的现象。三是全社会关心、支持、参与特困人员救助供养工作的氛围不强。调查涉及的120个机构中，仅有福建省的1个机构得到了同村企业家资金扶持。四是存在"诈捐"问题。供养机构原本得到了社会捐赠承诺，但事后捐赠人反悔且不履行捐赠义务，机构对"诈捐"行为束手无策。

二 讨论与思考

为发挥好特困供养人员兜底保障职能，供养机构需着力提升"硬件"、改善"软件"服务，补齐短板、做强弱项，满足当前和今后一个时期特困人员集中供养需求。

（一）归并重组，调整供养机构布局

供养机构布局调整的思路是结合本地区特困供养服务供需情况，将集中供养机构纳入辖区内养老服务骨干网建设的大盘子，统筹布局、合理规划。

一是裁并小而散、管护力量不足、入住人员少的集中供养机构。

供养机构布局调整应以改扩建为主，充分利用现有机构的场地、基础设施、设备，整合资源，提质扩容，转型升级，避免重复建设和资源浪费。

二是在市（区、县）级新建或配建特困人员养护院或特护区，可以将县域内失能、部分失能的特困供养人员集中到具备失能照护能力的机构集中供养。特困人员密集地区，也可以对相邻乡镇的集中供养机构进行归并重组。扩大供养机构规模，服务更多的供养人员，以规模优势降低管理成本，实现规模经济效益。加快构建"1+N"特困人员供养服务联合体。

三是改善供养机构的基础设施，配备专业的管理和服务团队，提升整体供养能力。布局调整中被裁并掉的"多、小、散"的集中供养机构，其设施可以转为公办或公办民营的养老机构。对房屋建筑等基础设施进行加装电梯、坡道、扶手等适老化改造和无障碍改造。检查、更换、增加无障碍设施、应急呼叫系统、安全监控系统等设施。

（二）加强安全管理，消除安全隐患

一是开展重大风险隐患清除攻坚行动，将各类特困供养机构纳入养老机构升级改造和服务质量建设专项行动之中，结合全国养老院服务质量建设专项行动，对照《养老机构重大风险隐患检查指标》等逐项排查，开展针对性整治，对关系老年人生命安全的重点领域，应当做好安全排查工作，做到"天天抓、重点查"。主要工作内容包括：特种设施设备、消防、食品、防范食物中毒、走失、疫病流行、医疗事故和欺老虐老等。

二是落实供养服务机构安全管理主体责任，完善安全管理制度，强化消防安全、食品安全等的监管，更新、增配消防设施设备、食品安全设施设备。

三是加强与专业监管部门之间的工作协调。例如，由民政部门聘请消防救援大队的专业技术人员，对养老设施的消防安全进行解读和指导。

（三）配备专业人才，提高服务能力

一是提升照护能力。增加照护型床位、专业照护人员数量，落实

工作人员与供养对象的配备比例；重点提升区、县级供养服务设施的照护能力，强化失能、部分失能特困人员的兜底保障，确保失能、半失能特困人员能享受到照护服务。

二是强化护理人员队伍建设。特困人员护理尤其是失能失智老人的护理工作，一方面是劳动密集型的业态，另一方面又存在"职业疲惫"乃至"职业厌恶"倾向。建议加大特困供养机构护理人员的职业技能培养力度，委托专业机构定期开展护理人员培训，提高专业化护理水平。建立科学的能力、水平评价体系和有效的培训补贴、上岗补贴、任职年限补贴等激励机制，增强从业人员职业荣誉感和社会认同感，提高护理人员薪酬待遇，并根据工作量、工作绩效等提高其绩效工资水平。

三是提高专业化水平。通过政府购买等方式引入社会工作者、心理咨询师等专业人才。

四是提高医养结合能力。供养机构通过内设医疗机构或与周边医疗机构开展协议合作等方式提升医疗卫生服务水平，并增加应用康复辅助器具设备，提升医养结合能力。供养机构设置的医疗机构符合医疗保险定点医疗机构条件的，应当按照规定纳入医疗保险协议定点范围，并按医疗保险规定联网结算。在供养机构和医疗卫生机构之间，开通双向转接绿色通道。基层医疗卫生机构应当根据需求和规划设置老年护理床位，以承接政府购买服务的方式为特困人员提供保健、护理、安宁疗护等服务。

五是建立针对精神障碍患者的集中托养救治。特困人员中患精神障碍的比例较高，他们的认知能力有限，生活往往无法自理。此外，部分精神障碍患者破坏力较强，很容易伤害到自己或其他人员。采取集中供养的方式与其他人员同住存在较大的安全隐患，所有多数供养机构不接受精神障碍人员，但分散供养又存在较大的社会安全隐患。在这种情况下，对精神障碍患者的倾向性关注是特困人员救助的重要内容。目前，国内已有多地开展针对精神障碍患者的集中托养救治。如陕西省凤县建立脱贫惠民中心，使用临时救助资金、精神病患者救助资金、患病家属补贴以及向上级政策部门申请的部分资金，为贫困家庭中严重精神障碍患者进行集中治疗和托养，提供日常生活照料、管理和康复治疗等方面的服务。

（四）加强内部管理

一是联防联控，加强监管。由区（县）级及以上的人民政府，结合本地实际，协调组织负有养老执法职能的专业部门对养老机构的多个检查事项，开展一次性的联合抽查。这是一种"信息互换、监管互认、执法互助、纵横联动"的跨部门联合监管，也包括了联合执法和联合惩治。部门协同的共治共保和联防联控，能够以较低的运行成本提高执法效能。

二是强化管理人员职业能力和职业素养。选拔经验丰富、专业能力较强、职业素养较高，富有爱心和责任心，熟悉机构运营管理的管理人员担任农村养老机构负责人。严肃处理有虐待老人、优亲厚友情况的机构负责人。加强对管理人员尤其是机构负责人的培训，定期组织对供养服务机构负责人轮训，保障供养服务机构负责人队伍专业化、职业化。

（五）加强事中事后监管

一是落实年度财务报送制度。养老机构年度财务状况报送制度属于非现场检查范畴。它所具有的内在机理是监督机构可以通过报表系统及其指标体系，对养老机构的执业资格和运营情况进行结构性分析，及早发现风险因素，并且在风险表面化、扩大化和公开化之前及时预警。养老机构须对年度报告的真实性、合法性负责，在规定的期限内，通过信用信息公示系统向社会公示养老机构年度财务状况报告，任何单位和个人均可查询，接受社会监督。

二是建立健全信用监管及其"黑红名单"制度。信用监管及其"黑红名单"制度是事中事后监管的主要举措之一。重心是划定"黑名单"，"黑名单"在划定时，要根据行为性质、情节轻重、社会危害后果的严重程度等标志，将失信行为分为一般失信行为、较严重失信行为和严重失信行为。一般来说，一旦养老机构或从业人员有发生重大安全责任事故、欺老虐老、违法违规开展金融活动、弄虚作假套取骗取财政资金、综合责任险出险等行为之一的，就属于严重失信行为，会被录入信用档案及黑名单范围，定期向社会公布。加强信用监管"结果"的应用，实施"守信联合激励、失信联合惩戒"。"一处违规、处处受限"，违法者会面临很高的失信成本。对于列入行业信用"黑名单"的养老机构和从业人员，不仅要将其整改结果列入不良信息记录，还要将其列入日常监管检查或者抽查的重点名单范围，提高监测、检查、督办的频次或强度。与此同时，设置"回车"机制，包括信用修复及异议处理机制。处罚不是目的，要给予机构悔过自新的机会。

三是开展绩效评价、公布评价结果并使用。民政部门自己或委托第三方，对特困人员供养服务机构进行督导考核和绩效评价。考核评价成绩好的机构，将给予相应的激励措施，起到示范效应；成绩不好的机构，将进行工作约谈、扣减次年相关资金分配额度，还要通报相关情况。

（六）落实经费保障

一是严格落实特困人员救助供养政策，保障供养经费落实到位。全面落实《国务院关于进一步健全特困人员救助供养制度的意见》（国发〔2016〕14号）要求，将政府设立的供养服务机构运转费用列入财政预算，强化新建和改扩建供养服务机构经费保障。

二是及时动态调整供养标准。基本生活标准应当满足特困人员基本生活所需，并根据经济社会发展和物价上涨及时予以调整。照料护理标准根据特困人员生活自理能力和服务需求确定，主要用于保障照料服务产生的经费支出。

（七）推进社会化改革，发挥社会力量作用

一是加大政府购买力度，鼓励引导公益慈善组织、社会工作服务机构、企事业单位和志愿者等社会力量，承接特困人员认定、日常照料、康复护理等供养服务和供养服务质量评估。

二是通过公建民营、民办公助等方式，采用政府和社会资本合作

（PPP）模式，推进供养服务机构建设，完善供养机构消防、应急呼叫系统，保障入住人员的安全。特困人员供养服务机构在满足特困人员集中供养需求基础上，可向社会开放床位，按相关规定实行市场定价，但收益必须用于支持兜底保障对象的供养服务。

三是通过政府购买服务，请社会化服务机构在特困人员入住精神病照料中心、医院时为其提供护理服务。

四是鼓励有条件的公办供养服务设施通过承包经营、委托运营、联合经营等方式，引入具备相应条件的企业或社会服务机构参与运营管理。积极培育发展一批能够承担特困供养服务任务的连锁化、品牌化、专业化的运营主体。

附录　调查问卷

问卷编码：

类型码	地市码	县/区码	乡/街	对象码

2018年度中国城乡特困人员基本状况调查问卷（分散供养）

您好！

为了全面了解我国特困人员基本状况，反映您对特困人员救助供养工作的看法和评价，全面分析和评估相关政策效果，特组织本次调查。您的一切信息仅用于统计研究工作。我们会严格遵照《中华人民共和国统计法》，保证对您所提供的个人资料予以严格保密。

"2018年度中国城乡特困人员基本状况调查"课题组
2018年4月

访问时间：＿＿＿月＿＿＿日＿＿＿：＿＿＿－＿＿＿：＿＿＿（24小时制）

访问对象姓名：＿＿＿＿＿＿＿＿＿＿　联系电话：＿＿＿＿＿＿＿＿＿＿

访问地点：＿＿＿＿＿省（自治区、直辖市）＿＿＿＿＿市＿＿＿＿＿区（县）

城乡特困人员救助供养调查研究报告

_____街道（乡镇） _____社区（村）

访问员签字：_____ 访问员手机号：_____

现场督导签字：_____ 现场督导手机号：_____

填写说明

1. 没有特别说明"可多选"的问题，都是单选题。
2. 单选或多选题，请在选项序号上打√，或按题后要求填答对应数字。
3. 在横线上填写数字或相关说明性文字。
4. "【】"内为提醒访员注意的内容，访问时不需要读出。
5. 本问卷采取访员与被访对象面对面互动访问的方式，由访员用黑色签字笔填写。
6. 十六周岁以下及其他没有填答能力的被访者可以由监护人代答，但监护人无需填答 B13、B14、E3、E11、E13 题。另外，有老年痴呆症、严重精神障碍等行为无能力者不能代答。

A：个人基本情况

A1. 您的年龄是：____周岁【以身份证出生年份为准】

A2. 您的性别是：

1. 男； 2. 女

A3. 您的户籍是？

1. 城市； 2. 农村

A4. 您是否有残疾？【以残疾证为准】

1. 是→
> A4—1 您的残疾程度为：
> 1. 残疾一级（极重度）；2. 残疾二级（重度）；
> 3. 残疾三级（中度）；4. 残疾四级（轻度）；5. 不知道

2. 否；

A5. 您的婚姻状况是？

1. 未婚； 2. 已婚； 3. 离异； 4. 丧偶

A6. 您目前是否还有子女？

1. 是； 2. 否

A7. 您的受教育程度是：

附录　调查问卷

1. 没有上过学； 　　　　2. 小学； 　　　　3. 初中；
4. 高中/中专/技校； 　　5. 大专及以上

A8. 您是否拥有自己的土地（不包括宅基地）？

1. 是→
> A8—1. 您的土地目前主要由谁来管理？
> 1. 亲属；2. 朋友；3. 村干部；4. 其他人（请注明）；
> 5. 自己管理

2. 否；

A9. 您是否拥有自己的房产？

1. 是→
> A9—1. 您的房产目前主要由谁来管理？
> 1. 亲属；2. 朋友；3. 村干部；4. 其他人（请注明）；
> 5. 自己管理

2. 否；

B：生活状况

B1. 2017年，您每月平均在饮食方面（不包括抽烟、喝酒）的花费大约是___元。

B2. 您目前的消费支出主要花在什么地方？（可多选）

1. 饮食； 　　　　　　2. 水果； 　　　　　　3. 烟、酒；
4. 衣服鞋帽； 　　　　5. 日用品； 　　　　　6. 人情往来；
7. 交通； 　　　　　　8. 看病/医疗； 　　　　9. 其他（请注明）

B3. 您平时吃饭问题主要怎么解决？

1. 自己烧饭； 　　　　2. 吃食堂； 　　　　　3. 在亲朋家吃饭；
4. 合伙做饭； 　　　　5. 别人到家来帮忙做； 6. 其他（请注明）

B4. 您平常多久能吃一次荤菜（不包括鸡蛋）？

1. 几乎每天吃； 　　　　　　　2. 每周至少吃一次；
3. 每月至少吃一次； 　　　　　4. 至少两个月以上吃一次；
5. 很少吃或从不吃； 　　　　　6. 吃素，不吃荤

B5. 您平常多久能吃一次新鲜水果？

1. 几乎每天吃； 　　　　　　　2. 每周至少吃一次； 　　　　　　3. 每月至少吃一次；
4. 至少两个月以上吃一次； 　　5. 很少吃或从不吃

B6. 您目前和谁居住在一起？（可多选）【与被访老人关系】

1. 单独居住；   2. 夫妇俩同住；   3. 和子女合住；

4. 和兄弟姐妹合住；   5. 和其他亲属合住；   6. 其他（请注明）

B7. 您家现住房来源属于以下哪一类？

1. 自建房；   2. 自购经济适用房或限价商品房；

3. 自购普通商品房；   4. 拆迁安置房；

5. 政府补贴建房；   6. 工作单位提供免费住房；

7. 租住单位住房；   8. 租住廉租房；

9. 租住公租房；   10. 市场租房；

11. 借房；   12. 其他（请注明：_____）

B8. 您家现在的住房状况属于以下哪一类？

1. 棚屋；   2. 土房；   3. 砖瓦房；

4. 六层及以下楼房；   5. 六层以上楼房；   6. 其他【请注明】_____

B9. 您家现住房建筑面积（仅计算住房建筑面积，不包括附带的院落等）为_____平方米。

您家现住房建于____年，当时建房/买房花费____万____千____百____十____元。

B10. 您平时主要和谁聊天？（可多选）

1. 配偶；   2. 子女；   3. 其他亲属；   4. 邻居/朋友；

5. 村干部   6. 其他人（请注明）；   7. 不聊天

B11. 2017 年，有人到您家看望您吗？【领导视察不算】

1. 经常有；   2. 偶尔有；   3. 从来没有

B12. 您平时的主要娱乐休闲方式是什么？（限选 3 项）

1. 聊天；   2. 看电视；   3. 听广播；   4. 打扑克、麻将；

5. 下棋；   6. 看书、读报；   7. 书画、摄影；   8. 栽花种草；

9. 电脑上网；   10. 其他（请注明）

B13. 您是否愿意入住敬老院/福利院？【由监护人代答的，无需填答此题】

1. 愿意；

2. 不愿意→   B13—1. 如果不愿入住敬老院/福利院，那么主要原因是什么（可多选）
1. 敬老院/福利院条件不好或服务差；2. 住敬老院/福利院名声不好；3. 住敬老院/福利院不自由；4. 自己有财产和土地；5. 希望自己由亲人照顾；6. 其他原因（请注明）；7. 自己能照顾自己

3. 无所谓

B14. 请给现在自己的生活幸福感打分。（0—100 分）【由监护人代答的,无需填答此题】

C：健康护理状况

C1. 请访问员询问或观察老年人的活动能力情况,并作评价。【请在相应的序号上画√】

C1—1. 吃饭	1. 做得了;	2. 有些困难;	3. 做不了
C1—2. 穿衣	1. 做得了;	2. 有些困难;	3. 做不了
C1—3. 上厕所	1. 做得了;	2. 有些困难;	3. 做不了
C1—4. 上下床	1. 做得了;	2. 有些困难;	3. 做不了
C1—5. 在室内走动	1. 做得了;	2. 有些困难;	3. 做不了
C1—6. 洗澡	1. 做得了;	2. 有些困难;	3. 做不了

C2. 您认为自己的身体健康状况如何?

1. 好；　　　　　2. 一般；　　　　　3. 差

C3. 过去三年有无因病住过院?

1. 有；　　　　　2. 无

C4. 您在过去的三年内患有大病（指卫计委公布的大病病种）吗?

1. 有；　　　　　2. 无

C5. 您在过去的三年内有无患慢性病（高血压、糖尿病、心脑血管疾病、哮喘、慢性肺心病、慢性胃炎、慢性肾炎、风湿性关节炎等）?

1. 有；　　　　　2. 无

C6. 2017 年,您看病花费的医疗费主要由谁来承担?

1. 政府全部承担；　　　2. 政府承担大部分；

3. 政府承担小部分；　　4. 自费；　　　5. 不清楚

C7. 您目前所参加的医疗保险有哪些?（可多选）

1. 农村合作医疗；　　　2. 城镇居民医疗保险；

3. 城镇职工医疗保险；　4. 意外伤害保险；

5. 其他（请注明）；　　6. 不清楚

C8. 您通常多久时间进行体检?

1. 三年内；　　　　　　　2. 两年内；

3. 一年内；　　　　　　　4. 从未体检

C9. 如果您生病了，主要由谁来护理？

1. 无人护理；　　　　　　2. 亲属；

3. 朋友/邻居；　　　　　　4. 其他人（请注明）

C10. 如果您生病了，你通常会选择去哪一级医疗机构看病？

1. 村/社区卫生所；　　　　2. 乡镇医院；

3. 县级医院；　　　　　　4. 县级以上医院；

5. 其他（请注明）　　　　6. 不治疗

C11. 从您家到达最近的医疗机构（如卫生服务中心、诊所、医院等）需要____分钟（以通常交通方式为准）

D：服务保障和需求

D1. 您觉得目前您面临的主要困难有哪些？（可多选）

1. 缺钱；　　　　　　　　2. 就医支出大；

3. 想入住敬老院/福利院但是无法入住；

4. 在村里/社区没人照顾；　5. 住房条件差；

6. 其他（请注明）；　　　　7. 没有困难

D2. 您对以下服务项目的需求和利用情况如何？【请在考虑付费的情况下回答是否需要以下服务项目；请在相应的序号上画√】

服务项目	是否需要	是否用过
D2—1. 送餐上门	1. 是；　2. 否	1. 是；　2. 否
D2—2. 提供洗澡服务	1. 是；　2. 否	1. 是；　2. 否
D2—3. 上门做家务（做饭，打扫卫生等）	1. 是；　2. 否	1. 是；　2. 否
D2—4. 上门看病、送药	1. 是；　2. 否	1. 是；　2. 否
D2—5. 就医陪同、陪护	1. 是；　2. 否	1. 是；　2. 否
D2—6. 精神慰藉、聊天解闷	1. 是；　2. 否	1. 是；　2. 否
D2—7. 提供法律服务（如，处理财产问题等）	1. 是；　2. 否	1. 是；　2. 否
D2—8. 其他（请注明）	1. 是；　2. 否	1. 是；　2. 否

D3. 您现在最大的愿望是什么？（选3项）

1. 有一个健康的身体； 2. 吃得更好些；

3. 住得更好一些； 4. 有更多零花钱；

5. 文娱活动更丰富； 6. 外出观光游玩；

7. 其他（请注明）

E：政策落实效果

E1. 您什么时候开始享受特困人员救助供养？　　　　年

E2. 您享受特困人员供养救助是否签订了供养服务协议？

1. 是； 2. 否； 3. 不清楚

E3. 您是否知道每月享受的供养金是多少元？

1. 知道→　　　E3—1. 您每月享受的供养金是　　　元

2. 不知道

E4. 您对目前供养金标准是否满意？【由监护人代答的，无需填答此题】

1. 非常满意； 2. 比较满意； 3. 还可以；

4. 不太满意； 5. 很不满意

E5. 除了供养金之外，您现在是否有额外收入？

1. 有→　E5—1. 您的额外收入主要来源是哪里？
　　　　1. 自己劳动所得；2. 亲属支助；3. 政府的临时补贴；4. 其他（请注明）

2. 无

E6. 您是否知晓以下的政府的社会福利和社会救助政策项目？【请在对应的方框里填数字】

社会福利和社会救助项目		是否知晓 1＝是；2＝否
老年福利津贴	E6—1. 高龄老人津贴	
	E6—2. 生活困难老人养老服务补贴	
	E6—3. 失能老人护理补贴	
儿童福利津贴	E6—4. 孤儿基本生活费	
	E6—5. 困境儿童补贴	

续表

社会福利和社会救助项目		是否知晓 1 = 是；2 = 否
残疾人津贴	E6—6. 贫困残疾人生活补贴	
	E6—7. 重度残疾人护理补贴	
	E6—8. 家庭无障碍改造补贴	
	E6—9. 康复救助	
E6—10. 医疗救助		
E6—11. 住房补贴（包括危房改造补贴）		
E6—12. 临时救助		
E6—13. 教育救助/奖助学金及助学贷款		
E6—14. 节假日慰问补助		
E6—15. 水电气物业等减免与补贴		
E6—16. 其他政府补贴		

E7. 从申请特困人员救助供养到获得救助，您（或代申请人）到政府办公/受理场所去了几次？

1. 一次； 2. 二次； 3. 三次；

4. 四次及以上； 5. 不清楚

E8. 您当时申请特困人员救助供养的时候，政府是否派了工作人员到您家里进行情况核查？

1. 是； 2. 否； 3. 不清楚

E9. 在申请特困人员救助供养的过程中，您觉得政府受理、审核、审批的工作是不是公正？

1. 非常公正； 2. 比较公正； 3. 不太公正；

4. 很不公正； 5. 说不清

E10. 您的供养金是通过什么方式发放的？

1. 转账到您的银行存折或银行卡；

2. 自己到街道或社区（村委会）领取现金；

3. 工作人员入户将现金送到您手上；

4. 其他方式（请注明）

E11. 您的供养金多久发一次？

1. 每月发一次； 2. 每两个月发一次； 3. 每季度发一次；

4. 其他（请注明）； 5. 不知道

E12. 您对供养金的发放方式的满意度怎么样？【由监护人代答的，无需填答此题】

1. 非常满意； 2. 比较满意； 3. 一般；
4. 不太满意； 5. 很不满意； 6. 说不清

E13. 针对特困人员救助供养工作，您有没有投诉过？

1. 有→
> E13—1. 您为什么投诉？（可多选）
> 1. 供养金没按时发或少发了；2. 申请材料复杂、程序太多；
> 3. 工作人员态度不好；4. 审批时间太长；5. 其他（请注明）

2. 没有

E14. 您认为特困供养金和供养服务对您的生活改善作用大吗？【由监护人代答的，无需填答此题】

1. 作用非常大； 2. 作用比较大； 3. 作用不太大；
4. 没有作用； 5. 说不清

F. 访问员确认

F1. 访问过程中是否有人代替被访特困供养人员回答了任何问题？【如果选1，请继续填答 F2 题】

1. 是； 2. 否

F2. 如果是，那么问卷主要由谁代答。（可多选）
1. 配偶； 2. 子女； 3. 配偶和子女之外的其他亲属；
4. 邻居/朋友； 5. 村干部； 6. 其他人（请注明）

调查到此结束，谢谢您的合作！

问卷编码：

类型码	地市码	县/区码	乡/街	对象码

2018年度中国城乡特困人员基本状况调查问卷（机构供养）

您好！

为了全面了解我国特困人员基本状况，反映您对特困人员救助供养工作的看法和评价，全面分析和评估相关政策效果，特组织本次调查。您的一切信息仅用于统计研究工作。我们会严格遵照《中华人民共和国统计法》，保证对您所提供的个人资料予以严格保密。

"2018年度中国城乡特困人员基本状况调查"课题组

2018年4月

访问时间：___月___日___：___—___：___（24小时制）

访问对象姓名：_____ 联系电话：_____

访问地点：_____省（自治区、直辖市）_____市_____区（县）

_____街道（乡镇）_____社区（村）

访问员签字：_____ 访问员手机号：_____

现场督导签字：_____ 现场督导手机号：_____

填写说明

1. 没有特别说明"可多选"的问题，都是单选题。

2. 单选或多选题，请在选项序号上打√，或按题后要求填答对应数字。

3. 在横线上填写数字或相关说明性文字。

4. "【】"内为提醒访员注意的内容，访问时不需要读出。

5. 本问卷采取访员与被访对象面对面互动访问的方式，由访员用黑色签字笔填写。

6. 十六周岁以下及其他没有填答能力的被访者可以由监护人代答，但监护人无需填答B5、B12、B13、E8、E10题。另外，有老年痴呆症、严重精神障碍等行为无能力者不能代答。

附录 调查问卷

A：个人基本情况

A1. 您的年龄是：____周岁【以身份证出生年份为准】

A2. 您的性别是：

1. 男；   2. 女

A3. 您的户籍是？

1. 城市；   2. 农村

A4. 您是否有残疾？【以残疾证为准】

1. 是→ | A4—1 您的残疾程度为：
1. 残疾一级（极重度）；2. 残疾二级（重度）；3. 残疾三级（中度）；4. 残疾四级（轻度）；5. 不知道 |

2. 否；

A5. 您的婚姻状况是？

1. 未婚；   2. 已婚；   3. 离异；   4. 丧偶

A6. 您目前是否还有子女？

1. 是；   2. 否

A7. 您的受教育程度是：

1. 没有上过学； 2. 小学；   3. 初中；   4. 高中/中专/技校；

5. 大专及以上

A8. 您在农村是否拥有土地（不包括宅基地）？

1. 是→ | A8—1. 您的土地目前由谁来帮忙管理？
1. 亲属；2. 朋友；3. 村干部；4. 其他人（请注明）____；
5. 没人帮忙，自己管理 |

2. 否；

A9. 您在农村是否拥有房产？

1. 是→ | A9—1. 您的房产目前由谁来帮忙管理？
1. 亲属；2. 朋友；3. 村干部；4. 其他人（请注明）____；
5. 没人帮忙，自己管理 |

2. 否；

B：生活状况

B1. 您目前的消费支出主要花在什么地方？（可多选）

1. 饮食；   2. 水果；   3. 烟、酒；

4. 衣服鞋帽；   5. 日用品；   6. 人情往来；

7. 交通；   8. 看病/医疗；   9. 其他（请注明）

B2. 您多久能吃一次荤菜？【荤菜不包括鸡蛋】

1. 几乎每天吃；   2. 每周至少吃一次；

3. 每月至少吃一次；   4. 至少两个月以上吃一次；

5. 很少吃或从不吃；   6. 吃素，不吃荤

B3. 您多久能吃一次新鲜水果？

1. 几乎每天吃；   2. 每周至少吃一次；

3. 每月至少吃一次；   4. 至少两个月以上吃一次；

5. 很少吃或从不吃

B4. 您对目前的敬老院/福利院室友满意吗？【由监护人代答的，无需填答此题】

1. 很满意；   2. 基本满意；   3. 一般；   4. 不满意；

5. 很不满意

B5. 您对目前的居住条件满意吗？【由监护人代答的，无需填答此题】

1. 很满意；   2. 基本满意；   3. 一般；   4. 不满意；

5. 很不满意

B6. 您平时主要和谁聊天？（可多选）

1. 敬老院/福利院院友；   2. 敬老院/福利院工作人员；

3. 其他人（请注明）；   4. 不聊天

B7. 2017 年有人到敬老院/福利院看望您吗？【领导视察不算】

1. 经常有；   2. 偶尔有；   3. 从来没有

B8. 您平时的娱乐休闲方式是什么？（选 3 项）

1. 聊天；   2. 看电视；   3. 听广播；

4. 打扑克、麻将；   5. 下棋；   6. 看书、读报；

7. 书画/摄影；   8. 栽花种草；   9. 电脑上网；

10. 其他（请注明）

B9. 您什么时候入住的敬老院/福利院？____年【一年中临时住几个月的人员

不答此题】

B10. 您所在敬老院/福利院的护理人员主要帮助您做什么？（可多选）

1. 做饭/送饭；   2. 洗衣物；   3. 打扫卫生；

4. 洗澡；   5. 购物；   6. 聊天；

7. 读书（报）；   8. 陪送看病；   9. 其他（请注明）；

10. 没有护理人员

B11. 您对敬老院/福利院护理人员的服务满意程度是：【由监护人代答的，无需填答此题】

1. 非常满意；   2. 基本满意；   3. 一般；

4. 不太满意；   5. 很不满意

B12. 您喜欢敬老院/福利院的生活吗？（可多选）【由监护人代答的，无需填答此题】

1. 喜欢→ B12—1. 您喜欢敬老院/福利院生活的原因是什么？（可多选）
1. 朋友多，不寂寞；2. 减轻亲人负担；3. 有护理人员照顾；4. 娱乐休闲活动多；5. 条件和设施好；6. 其他（请注明）

2. 不喜欢→ B12—2. 您不喜欢敬老院/福利院生活的原因是什么？（可多选）
1. 亲人不在身边；2. 和敬老院/福利院其他人相处不融洽；3. 敬老院/福利院生活条件差；4. 住敬老院/福利院名声不好；5. 住敬老院/福利院不自由；6. 其他（请注明）

B13. 请给现在自己的生活幸福感打分。（0—100 分）【由监护人代答的，无需填答此题】

C：健康护理状况

C1. 请访问员询问或观察老年人的活动能力情况，并作评价。【请在相应的序号上画√】

C1—1. 吃饭	1. 做得了；	2. 有些困难；	3. 做不了
C1—2. 穿衣	1. 做得了；	2. 有些困难；	3. 做不了

续表

C1—3. 上厕所	1. 做得了；	2. 有些困难；	3. 做不了
C1—4. 上下床	1. 做得了；	2. 有些困难；	3. 做不了
C1—5. 在室内走动	1. 做得了；	2. 有些困难；	3. 做不了
C1—6. 洗澡	1. 做得了；	2. 有些困难；	3. 做不了

C2. 您认为自己的身体健康状况如何？

1. 好；　　　　　2. 一般；　　　　　3. 差

C3. 过去三年有无因病住过院？

1. 有；　　　　　2. 无

C4. 您在过去的三年内患有大病（指卫计委公布的大病病种）吗？

1. 有；　　　　　2. 无

C5. 您在过去的三年内有无患慢性病（高血压、糖尿病、心脑血管疾病、哮喘、慢性肺心病、慢性胃炎、慢性肾炎、风湿性关节炎等）？

1. 有；　　　　　2. 无

C6. 您去年来看病花费的医疗费主要由谁来承担？

1. 政府全部承担；　　　　2. 政府承担大部分；

3. 政府承担小部分；　　　4. 自费；　　　　5. 不清楚

C7. 您目前所参加的医疗保险有哪些？（可多选）

1. 农村合作医疗；　　　　2. 城镇居民医疗保险；

3. 城镇职工医疗保险；　　4. 意外伤害保险；

5. 其他（请注明）；　　　6. 不清楚；

C8. 您通常多久时间进行体检？

1. 三年内；　　　　　　　2. 两年内；

3. 一年内；　　　　　　　4. 从未体检

C9. 如果您生病了，主要由谁来护理？

1. 无人护理；　　　　　　2. 敬老院/福利院室友；

3. 敬老院/福利院护理人员；　4. 其他人（请注明）

D：服务保障和需求

D1. 您觉得您所在敬老院/福利院需要在哪些方面进一步改进？（可多选）

1. 提高供养金标准；　　　　2. 改善膳食；

附录　调查问卷

3. 改善基础设施（居住条件等）；　　4. 改善医疗条件；

5. 增加护理人员；　　　　　　　　　6. 提高管理水平；

7. 提供更丰富的休闲娱乐活动；　　　8. 其他（请注明）；

9. 说不清

D2. 您现在最大的愿望是什么？（限选 3 项）

1. 有一个健康的身体；　　　　　　　2. 吃得更好些；

3. 住得更好一些；　　　　　　　　　4. 有更多零花钱；

5. 文娱活动更丰富；　　　　　　　　6. 外出观光游玩；

7. 其他（请注明）

E：政策落实效果

E1. 您什么时候开始享受特困人员救助供养？　　　　年

E2. 敬老院/福利院每月给您的零花钱有多少元？

E3. 除了敬老院/福利院每月给您的零花钱之外，您现在是否有额外收入？

1. 有　　E4—1. 您的额外收入主要来源是哪里？
　　　　　　　1. 亲属支助；2. 政府的临时补贴；3. 其他（请注明）

2. 无

E4. 您是否知晓以下的政府的社会福利和社会救助政策项目？【请在对应的方框里填数字】

社会福利和社会救助项目		是否知晓
		1 = 是；　　2 = 否
老年福利津贴	E4—1. 高龄老人津贴	
	E4—2. 生活困难老人养老服务补贴	
	E4—3. 失能老人护理补贴	
儿童福利津贴	E4—4. 孤儿基本生活费	
	E4—5. 困境儿童补贴	
残疾人津贴	E4—6. 贫困残疾人生活补贴	
	E4—7. 重度残疾人护理补贴	
	E4—8. 家庭无障碍改造补贴	
	E4—9. 康复救助	

续表

社会福利和社会救助项目	是否知晓 1＝是； 2＝否
E4—10. 医疗救助	
E4—11. 住房补贴（包括危房改造补贴）	
E4—12. 临时救助	
E54—13. 教育救助/奖助学金及助学贷款	
E4—14. 节假日慰问补助	
E4—15. 水电气物业等减免与补贴	
E4—16. 其他政府补贴	

E5. 从申请特困人员救助供养到获得救助，您（或代申请人）到政府办公场所去了几次？

1. 一次； 2. 二次； 3. 三次；

4. 四次及以上； 5. 不清楚

E6. 您当时申请特困人员救助供养的时候，政府是否派了工作人员到您家里进行情况核查？

1. 是； 2. 否； 3. 不清楚

E7. 在申请特困人员救助供养的过程中，您觉得政府受理、审核、审批的工作是不是公正？

1. 非常公正； 2. 比较公正； 3. 不太公正；

4. 很不公正； 5. 说不清

E8. 针对特困人员救助供养工作，您有没有投诉过？

1. 有→
> E9—1. 您为什么投诉？（可多选）
> 1. 供养金没按时发或少发了； 2. 申请材料复杂、程序太多； 3. 工作人员态度不好； 4. 审批时间太长； 5. 其他（请注明）

2. 没有

E9. 您认为特困供养金和供养服务对您的生活改善作用大吗？【由监护人代答的，无需填答此题】

1. 作用非常大； 2. 作用比较大； 3. 一般

4. 作用不太大； 5. 没有作用； 6. 说不清

附录　调查问卷

F. 访问员确认

F1. 访问过程中是否有人代替被访老人回答了任何问题?【如果选1，请继续填答 G2 题】
　　1. 是；　　　　2. 否

F2. 如果是，那么问卷主要由谁代答。（可多选）
　　1. 敬老院/福利院院友；　　2. 敬老院/福利院工作人员；　　3. 其他人（请注明）

调查到此结束，谢谢您的合作！

问卷编码：

类型码	地市码	县/区码	乡/街	对象码

2018年度中国城乡特困人员基本状况调查问卷（供养机构状况）

您好！

为了全面了解我国特困人员基本状况，反映您对特困人员救助供养工作的看法和评价，全面分析和评估相关政策效果，特组织本次调查。您的一切信息仅用于统计研究工作。我们会严格遵照《中华人民共和国统计法》，保证对您所提供的单位和个人资料予以严格保密。

"2018年度中国城乡特困人员基本状况调查"课题组
2018年4月

访问时间：____月____日____：____—____：____（24小时制）
访问对象姓名：_____　联系电话：_____
访问地点：_____省（自治区、直辖市）_____市_____区（县）
_____街道（乡镇）_____社区（村）

❖ 城乡特困人员救助供养调查研究报告 ❖

访问员签字：_____ 访问员手机号：_____
现场督导签字：_____ 现场督导手机号：_____

填写说明

1. 没有特别说明"可多选"的问题，都是单选题。
2. 单选或多选题，请在选项序号上打√，或按题后要求填答对应数字。
3. 在横线上填写数字或相关说明性文字。
4. 本部分由访问员询问供养机构工作人员，访员用黑色签字笔填写。

G 供养机构基本状况

G1. 您所在敬老院/福利院的成立时间是：_____年

G2. 目前您所在敬老院/福利院的机构性质是：

1. 公建公营；　　　　　2. 公建民营；
3. 民办公助等其他形式社会力量参与；
4. 民建民营；　　　　　5. 股份制

G3. 目前您所在敬老院/福利院的注册登记的形式是：

1. 事业单位法人；　　　2. 民办非企业法人；
3. 企业法人；　　　　　4. 未办理法人登记

G4. 目前您所在敬老院/福利院的主管单位是：

1. 乡镇主管；　　　　　2. 县级民政部门主管；
3. 县以上民政部门主管

G5. 目前，您所在敬老院/福利院共有床位___张，共有入住人员___人，其中特困供养人员___人。所供养的特困人员中男性___人，女性___人。所供养的特困人员中，能够生活自理的___人，半自理的___人，不能自理的___人。

G6. 近五年来（2012—2017年），您所在敬老院/福利院共有___位入住人员去世，其中特困供养人员___人。平均每年去世人员数为___人。

G7. 目前，您所在敬老院/福利院共有工作人员___人，其中行政编制人员___人，事业编制人员___人，合同聘用人员___人，临时工作人员___人。所有工作人员中，拥有心理咨询、康复理疗及养老护理等专业技术资质的人员___人。

G8. 您所在敬老院/福利院是否有护理人员？

附录 调查问卷

> 1. 是→
>
> G8—1. 您所在敬老院/福利院护理人员的来源是?(可多选)
>
> 1. 持证专业护理人员；2. 由管理者充当；3. 由供养机构老人充当；4. 聘用的村民/居民充当；5. 其他人员（请注明）
>
> G8—2. 在全部护理人员中中，男性人，女性人；其中有护理资格证的人。接受过专业培训的比例约为 %。
>
> G8—3. 持证专业护理人员平均年龄大约在岁，其中年龄在40岁以下的人，40—50岁的人，51—60岁人，60岁以上人

2. 否

G9. 2017年，敬老院/福利院员工的总体工资大约平均为每月元，其中，管理人员的平均工资为每月元，后勤人员的平均工资为每月元，护理人员的平均工资为每月元。

G10. 您所在敬老院/福利院的财政拨款方式是?

1. 财政全额拨款； 2. 财政差额拨款；

3. 自收自支； 4. 其他（请注明）

G11. 您所在敬老院/福利院有哪些院办经济?(可多选)

1. 没有； 2. 养猪、牛羊；

3. 种水稻/小麦/玉米； 4. 种菜；

5. 出租店面； 6. 其他（请注明）

G12. 目前敬老院/福利院内是否设有医疗机构/医务室?

> 1. 有→
>
> G12—1. 该医疗机构/医务室与敬老院/福利院的关系是：
>
> 1. 独立的法人；2. 敬老院/福利院的内设机构；3. 其他（请注明）
>
> G12—2. 该医疗机构/医务室是否是医保的定点单位?
>
> 1. 是； 2. 否

2. 没有

调查到此结束，谢谢您的合作!

参考文献

1. 著作类

洪大用：《转型时期中国社会救助》，辽宁教育出版社2004年版。

赵曼：《社会保障学》，高等教育出版社2010年版。

2. 论文类

崔维珍、王金东、张桂敏：《我国农村空巢老人心理健康状况研究的概述》，《四川精神卫生》2011年第4期。

贡森、王列军、佘宇：《农村五保供养的体制性问题和对策——以山东省为例》，《江苏社会科学》2004年第3期。

郭小东：《涟水县农村养老模式研究》，硕士学位论文，南京农业大学，2015年。

韩鹏云：《我国农村五保供养的制度变迁与路径选择》，《安徽师范大学学报》（人文社会科学版）2015年第3期。

焦亚波：《关于完善农村"五保户"供养制度的探讨》，《市场与人口分析》2006年第3期。

康信恩：《江西省农村孤寡老人供养制度研究——以江西省泰和县为例》，硕士学位论文，兰州大学，2016年。

李春根、赖志杰：《我国农村五保供养制度：回顾和评述》，《沈阳师范大学学报》（社会科学版）2009年第1期。

李银龙：《我国贫困地区农村"光棍"老人养老保障问题与对策研

究》,硕士学位论文,贵州大学,2015年。

李莹、韩克庆:《我国困境儿童托底性保障制度的建构》,《江淮论坛》2015年第5期。

罗锐、谢圣远:《农村五保供养制度的完善》,《社会保障研究》2011年第3期。

任银梅:《浅析农村敬老院的养老现状及潜在的文化张力——以安徽省两所农村敬老院为例》,《辽宁行政学院学报》2013年第7期。

石人炳:《我国农村老年照料问题及对策建议——兼论老年照料的基本类型》,《人口学刊》2012年第1期。

史薇:《特困老人救助研究现状》,《西南石油大学学报》(社会科学版)2012年第3期。

宋士云:《新中国农村五保供养制度的变迁》,《当代中国史研究》2007年第1期。

苏瑞:《"五保"供养制度调查研究——以陕西省府谷县S村为例》,硕士学位论文,沈阳师范大学,2014年。

苏祥、周长城、陈天柱:《西部农村特困儿童社会救助的需求与供给研究》,《社会保障研究》2014年第4期。

孙才坚、徐静罡、周裕智、吴国卿、仲伟安、宋佩秋、冯筱明:《上海市卢湾区社区特困老人医疗服务的社会救助研究》,《中华医院管理杂志》2000年第12期。

汪文新、毛宗福、杨玉茹、李贝、肖瑛、倪俊婷:《不同供养环境对农村五保老人心理健康影响》,《中国公共卫生》2006年第4期。

王翠绒、刘亦民:《公平底线:农村孤寡老人最低生活保障研究——以湖南两县的实证调查为例》,《湖南师范大学社会科学学报》2008年第6期。

王媚:《雅安市芦山县农村"五保"供养制度存在的问题及对策分析——以芦山县清仁乡为例》,硕士学位论文,四川农业大学,2016年。

王三秀、杨媛媛:《我国农村机构养老面临的现实困境及其对策研究——基于 Z 省 B 县的个案调查》，《四川理工学院学报》（社会科学版）2017 年第 3 期。

王思斌：《积极托底的社会政策及其建构》，《中国社会科学》2017 年第 6 期。

肖云、王冰燕：《中国五保失能老人长期照护服务的困境与解困》，《重庆大学学报》（社会科学版）2015 年第 4 期。

杨团、张时飞：《当前我国农村五保供养制度的困境与出路》，《江苏社会科学》2004 年第 3 期。

应荣华：《南京市 82 名独居老人的心理调查研究》，《社会心理科学》2016 年第 1 期。

翟永兴：《论我国农村五保供养制度的变迁》，《中国集体经济》2010 年第 19 期。

战建华：《农村五保供养制度的历史演变》，《经济与社会发展》2010 年第 5 期。

张潇：《老龄化背景下冀南地区村镇养老建筑设计研究》，硕士学位论文，河北工程大学，2015 年。

郑功成：《维护生存权与底线公平的根本性制度保障》，《中国社会保障》2009 年第 9 期。

郑杭生、李迎生：《全面建设小康社会与弱势群体的社会救助》，《中国人民大学学报》2003 年第 1 期。

周玲丽：《机构供养中老年人养老问题的社会工作探索——以 G 市社会福利院为例》，硕士学位论文，贵州大学，2015 年。

祝方林、沈道权：《恩施州分散供养五保户调查》，《湖北民族学院学报》（哲学社会科学版）2004 年第 2 期。

邹文开：《我国"五保"供养制度的沿革及其前景分析》，《求索》2004 年第 1 期。

后　记

城乡特困人员是我国现阶段最贫困的群体之一，也是最需要"托底"保障的弱势人群。为进一步了解城乡特困人员基本状况和相关救助供养制度执行情况，2018年民政部政策研究中心在1个直辖市（重庆）、4个省会城市（长春、济南、福州、成都）、6个地市（南通、信阳、安阳、荆门、咸阳、自贡），组织开展了问卷调查。民政部政策研究中心和中南财经政法大学赵曼教授带领的研究团队联合对调查数据进行了分析开发，形成了本报告。本报告主要运用描述性分析和回归模型分析的方法，结合有关案例全面分析了城乡特困人员基本生活状况以及特困救助供养政策实施效果，提出了相关政策建议。

本报告由王杰秀和赵曼审定框架，赵曼组织起草工作。参与报告撰写人员有：鲍莹莹、程翔宇、李真、甘丹丽、姚琛、何凡、葛艳艳、李亚琪、代刘邹、王轶群、陈宇、汪李娜、李想、陈雨涵、李莼、王诗洁、胡晓蔓。江治强负责调查统筹工作，刘丽娟承担了调查协调联络工作，付长良、江治强、刘振杰、安超参与了报告框架拟定和书稿修改。王杰秀对全书进行了修改审定。

在此，谨对参与本项研究的所有人员表示感谢！

编者

2020年5月